KB153177

편역자 나종우(羅鍾宇)

4289년 생. 도학과 역학 연구가
저서에 『천지의 통일』, 역서에 『혼의과학』, 『환단유기』 등이 있으며
유·불·선 및 역학, 신비가들의 각종 서적들을
수집하고 연구·번역하고 있음

기의 세계 22
西王母
孫不二 女丹法
서왕모
손불이 여단법

2002년 1월 5일 인쇄
2002년 1월 10일 발행

편 역·나 종 우
발행인·이 재 연
발행처·여강출판사

121 - 110 서울시 마포구 신수동 340 - 1
전 화·(02) 3274 - 0037~8
전 송·(02) 3274 - 0039
등록 제10 - 1978호 (2000. 6. 3)

ⓒ 나종우 2002 값 10,000원
ISBN 89 - 7448 - 193 - 6 93150
잘못된 책은 바꿔 드립니다.

기의 세계 22

서왕모
손불이 # 여단법

西王母
孫不二 # 女丹法

나종우 편역

여강출판사

머리말

우리는 속세에 살면서 수많은 제약 속에 놓여 있다. 작게는 육신의 틀로부터 가정과 세계, 종교와 사상이라는 테두리 안에 갇혀 있는 것이다.

우리가 참된 자유를 누리고 영원한 생명을 얻고자 한다면 그 가운데에서 우리가 가장 먼저 해결해야 할 문제는 육신과 마음의 틀이다.

우리가 아무리 좋은 음식과 약을 끊이지 않고 먹으면서 몸을 보호한다고 해도 그 몸은 항상 무너져 가고 있으며, 아무리 많은 지식을 쌓고 세상의 온갖 진리를 다 섭렵한다고 해도 그것으로 우리에게 참된 마음의 자유를 가져다 줄 수는 없는 것이다.

그러나 속세의 사람으로서 수련으로 대 자유인이 된 신선이란 존재가 있으니, 신선이란 육신과 물질과 마음의 경계를 넘고 시공을 초탈하여 무한의 경지에서 노니는 존재이다.

신선이란 인간이 육신으로 완성한 경지로서 손에 닿을 수 없는 곳에 있는 것이 아니다.

모든 종교와 사상의 틀에서 벗어나고 참된 자유와 깨달음을 얻으려
는 사람들은 힘써 탐구하기 바란다.

간방의 한 사람

나 종 우

서왕모 손불이 여단법 · 차례

손불이 내단시 주해

孫不二 內丹詩 註解

손불이(孫不二) 원저

진영녕(陳攖寧) 엮음

이 글은 손불이 여선(女仙)이 시 형식으로 선도 공부의 요체를 기술한 것이다. 중국 선학의 거두 진영녕이 특별히 여자 선도 수련자들을 위해 두 차례에 걸쳐 주해한 것으로, 이론보다는 실천을 앞세우는 선도의 특성이 잘 나타나 있다. 정신 수련자라면 「수진전도론(修眞傳道論)」과 더불어 반드시 읽어야 할 내용이다.

손불이(孫不二) 중국 산동성 사람으로 호를 청정산인이라 한다. 금나라 천보 2년 생이며 마의보와 결혼하여 자식을 셋 두었는데, 마의보는 곧 중국 선도에서 북파 일곱 진인이라 일컬어지는 마단양(馬丹陽) 진인이다. 남편 마단양과 함께 왕중양 조사의 이끎으로 입도하여 갖은 어려움 속에서 선도를 이루고, 금나라 세종 22년 12월 29일에 앉아서 시 한 수를 남기고 선화하였다.

진영녕(陳攖寧) 1880년 생으로 원명은 지상이다. 열 살 때에 『신선전(神仙傳)』을 읽고 선도를 배우겠다는 마음이 싹텄고 열아홉 살 때 한 은자를 만나 산 속에 머물며 그에게 가르침에 구했다. 그 뒤 각 명산을 찾아다니며 명사를 탐방하고 백운관에 머물러 도교의 경전인 『도장』을 삼 년 동안 탐독하기도 했다. 그 뒤 선도 학회지를 발간하기도 하고 각종 선도경전을 주해 정리하다가 1969년에 선화하였다.

손불이(孫不二)

손불이 내단결시 주해 황서
孫不二 內丹訣詩 註解 黃序

내가 책을 받아 배우기 시작한 후로부터 갈홍(葛洪)의 『신선전(神仙傳)』을 읽었는데 그 고상한 모습을 몹시 사모하게 되어 드디어는 도술에 뜻을 두게 되었다.

장년의 나이에 관리가 되어 사방을 돌아다닐 때에는 발걸음이 닿는 곳에 이인(異人)이 있다는 소문을 들으면 반드시 힘을 다하여 찾아보고 진리를 구했으며, 비밀한 서적을 보면 반드시 마음을 가라앉히고 즐겨 읽었으나 방문(旁門)을 논의하지는 않았다.

사십 년을 지내오면서 바른 도를 수련하는 사람을 만나면 매번 심도 있는 많은 토론을 하였는데, 그 가운데에서 인격이 가장 순수하고 공손한 사람은 마땅히 정정승군(鄭鼎丞君)을 들 수 있겠고 학식이 가장 정밀하고 박식한 사람은 진영녕군(陳攖寧君)을 들 수 있겠다.

그 두 사람은 삼원단법(三元丹法)에 대해서 모두 올바른 가르침을 얻었으며 지원단법(地元丹法)의 항목에서는 또 모두 노고를 두려워하지 않고 친히 자신들이 노(爐)에 임했는데, 비록 마장(魔障)이 거듭 일어나고 추위와 더위가 여러 번 바뀌어도 항상 그 뜻을 조금도 꺾지 않았다.

나는 두 사람 사이를 다니면서 또한 여러 번 실험하는 일을 참관하였는데 외부의 일에 나아가서 내부의 공을 증명하였으니 얻은 바가 진실로 적지 않았다.

정군(鄭君)의 저술은 예전에 다행히 이미 그 완성을 보았고 이제 다시 진군(陳君)이 그가 지은 『손불이 여단시주(孫不二女丹詩註)』한 권을 내놓고 서로 보면서 아울러 서문을 부탁하였다.

나는 본래 남종(南宗)을 익혀왔으므로 북파(北派)의 단서와 구결에는 매우 의심스러운 생각이 있었으나 이 주해를 보면서 활연히 관통하게 되었다. 남북 두 파의 단법(丹法)이 남녀 양성의 수련법에서 같지 않은 것은 수련을 시작하는 현묘한 이치에 있으나 반드시 같은 것은 하나로 관통하는 묘한 도리에 있다는 것을 비로소 알게 된 것이다.

손불이의 시가 참으로 좋고 진영녕의 주해는 더욱 상세하니 내가 어찌 쓸데없는 말을 하겠는가만은, 다만 이전을 기억해 보니 그때 진군이 외운 손불이 여선의 칠언절구(七言絶句) 시 한 수가 미묘한 가르침을 내포한 것 같아서 오언절구(五言絶句) 시들을 자세히 살펴보았으나 언급이 되지 않았으므로 특별히 보태어 여기에 수록한다.

시에 이르기를

봉래(蓬萊)섬으로 돌아가려거든 모름지기 짝을 맺어야 하고
일신(一身)의 어려움은 벽암두(碧巖頭)에 올리라.
만약 고목과 같이 쓸쓸하게 수련하려거든
약수(弱水)를 조그만 배에 가득 차게 하라.

배우는 사람이 열네 구절로 된 시의 작용을 진실로 투철하게 깨달

아 안 연후에 이 일곱 마디로 된 구절에 나아가 자세히 읽고 깊이 생
각하면 그 말 속에 다른 뜻이 있을 것이니, 마땅히 자세하게 음미해
볼 것이다.

청강황수(淸江黃鎹)

손불이 여공내단시 해석 일러두기
孫不二 女功內丹 次第詩註 凡例

1. 원래의 시(詩) 열네 수는 글 구절이 우아하고 포함하고 있는 뜻이 단결(丹訣) 중에 상승(上乘)이 되므로 그 전부를 이 편(篇)의 끝에 실어 배우는 사람들이 외우고 익히는 데에 편리하게 하였다.

2. 원래의 시는 비록 제목을 「여공내단」이라고 하였으나 남녀 단결 전부를 말한다면 다른 것은 열 가운데 한둘이며 같은 것이 열 가운데 여덟, 아홉 가지가 되므로 남자로서 수선(修仙)하는 사람들도 또한 이 시에서 깨달아 얻는 것이 많을 것이다.

3. 시 가운데에는 선가(仙家)의 전문적인 술어가 섞여 쓰여서 널리 배운 사람들도 오히려 그 현묘하고 심오함을 쉽게 엿볼 수 없으니, 보통의 여성들은 말할 것도 없다. 부족하나마 내가 이 해석에서 힘을 다해 밝혀내어 숨겨진 비밀을 다 누설시켰으므로 진구결(眞口訣)은 이미 글 가운데 확연하나, 그 공부를 처음부터 끝에 이르도록 단계를 세워서 설명할 수 없었던 것은 원문이 한정됨으로 말미암아 어쩔 수 없었다.

또 해석 가운데에서 옛말을 많이 인용한 것은 모두 그때마다 손 가

는 대로 가져온 것으로서 오묘한 진리에 들어맞는 것이니, 내 자신이
지은 것에 비해 뛰어나고 또한 오류가 많은 저술을 면하기 위한 것이
다.

4. 해석 중의 문자들은 비록 보통 쓰이는 말은 아니나 비유를 없애어
모두 사실적인 말로써 이해하기 쉽게 하였다. 대개 글자를 읽을 수 있
는 사람들은 이 글을 보면 스스로 쉽게 이해할 수 있을 것이나 만약
이 글을 대하고도 아직 어려움이 있다면 그 사람은 아마도 선도(仙道)
에 인연이 없을 것이다.

　무릇 이와 같이 위없는 도의 미묘한 이치는 반드시 근기(根器)를 지
닌 사람을 선택해서 주는 것이니, 이 시를 지은 사람의 뜻도 다만 자
신의 감정을 드러내는 데에 있고 본래 다른 사람들의 이해를 바란 것
이 아니었다. 해석을 한 사람의 뜻도 높고 깊은 학술로써 널리 알려지
기를 바라거나 널리 세속에서 환영받기를 바라는 것이 아니다. 그러
므로 일반적인 설은 본 편에서 취급하지 않는다.

5. 선가(仙家)의 상승공부(上乘工夫)는 간이하고 하나로 통하여 본래
선후의 차례가 없는 것인데, 이 시에서 차례대로 말한 것은 효험의 깊
고 얕음을 말한 것뿐이다. 만약 공부로 말할 것 같으면 시의 첫째 구
절에서 열네 번째 구절에 이르기까지 모두 일기(一氣)로 이루는 것이
지 열네 단락으로 나누어 구분할 수 없는 것이다. 그러므로 반드시 앞
뒤를 하나로 합쳐보아야 바야흐로 그 주된 요지를 얻을 것이니, 마디
나 구절로는 추측하지 말기 바란다.

6. 여자가 선도를 닦으면서 천원복식법(天元服食法)을 빠뜨리면 장애
가 따르고 막히게 되어 수행이 어려워진다. 인원쌍수(人元雙修)에 대

해서는 붓으로 기록하지 않는다고 맹세하였으니 그 외에는 예로부터 지금에 이르기까지 겨우 이 한 문(門)이 큰 도라 이를 만하다.

그 나머지의 여러 문파에서 말한 것이나 종교단체들에서 전한 것들은 명목이 복잡하고 종류가 각각 달라 잘못 배운 사람들에게서는 온갖 피해가 속출하였는데, 비록 잘 배운다 해도 겨우 몸을 건강하게 하고 수명을 연장하여 병 없이 죽는 것이니 그것은 선도와는 거리가 멀다. 큰 뜻이 있는 사람은 이 편을 마땅히 세 번 생각해 보라.

7. 옛사람들은 도를 배우는 데에 십여 년이나 이십여 년 동안 스승을 모셨으니 음장생(陰長生)이나 백옥섬(白玉蟾), 오충허(伍冲虛) 같은 사람들이다. 이들은 모두 스승과 제자가 한 곳에 같이 살면서 실지로 연습하고 그때그때 이끌어서 점차 그릇된 것을 바로잡은 연후에 완전한 성공을 이룰 수 있었다.

지금 사람들은 의지와 기운이 경박하여 꾸준하게 일을 하는 마음이 없으므로 도를 성취하기가 어렵고, 교활하게 속이는 자들은 늘 자신들의 이익만을 탐내는 수단을 쓰기 좋아해서 방문(旁門)·소도(小道)로 속이고, 반대로 가르치며, 구결(口訣)을 몰래 훔쳐, 한 번 얻은 구결로 당장에 등선(登仙)할 것으로 생각하나 그들이 얻은 것이 곧 죽은 법이란 것을 알지 못한 것이다. 진실되고 바른 신선구결(神仙口訣)은 다 몹시 어려운 실험 가운데로부터 오는 것인데 그러한 무리들이 어찌 일찍이 꿈에서라도 보았겠는가?

삼가 독자에게 이르노니 만약에 얻는 것이 있으면 반드시 조심하여 닦고 힘써 수도하기를 바라니, 그렇지 않으면 얻으나 마나한 것이 되어버린다.

(이런 종류의 병폐는 남자들에게 많고 여자들은 적은 편이다.)

8. 유(儒)·불(佛)·도(道) 3교는 한나라로부터 청나라 말기에 이르기까지 서로가 서로를 비난하였으나 어느 것이 좋고 나쁜지에 대한 우열은 확정된 평가가 없는 데에 이르고 말았다.

군주정치 체제의 개혁 이후 유교는 일찌감치 거의 소멸되었으며 도교는 또 종교로 성립되지 못했는데, 다만 나머지 불교가 나무에 마지막 남은 과일처럼 겨우 남아 그 신도들이 많으나 진실로 이를 공부하는 자는 드물다.

그리고 대부분의 종교가 유심적인 반쪽 공부에 속한 것으로서 물질적으로 태어나고 늙고 병들고 죽는 여러 문제에 대해서는 달리 해결할 수 있는 희망이 없으니, 일체를 해탈한다는 것은 모두 육신이 사라진 뒤에나 기대할 수 있는 것이다.

그러니 살아 있는 동안에 옷과 음식을 필요로 함과 남녀 사이의 욕망과 늙고 병드는 걱정이 모두 보통사람들과 다를 게 없으니, 그들이 죽은 뒤에 어떻게 되는가 하는 데에 이르러서는 오직 죽은 자들만이 알 뿐이다. 우리들은 아직 죽지 않은 사람들이니 그 결말을 헤아리기 어려운 것이다.

또한 신자들의 습관은 항상 교주만 오직 높게 이야기하고 나머지는 다 하찮게 보아서 자신의 종교 이외의 여러 서적들은 일체를 배척하니, 비록 종교를 지닌 자가 교주를 대하는 당연한 태도라고는 할지라도 애석하게도 경계를 정해서 스스로를 한정하므로 이로 인하여 마침내는 진보가 없어져 버리는 것이다.

내가 오늘 이 글을 쓰는 것은 다만 배우는 이치를 연구하여 장래에 같은 뜻을 지닌 여러 사람들이 실지로 시험하고 인생의 일체 문제를 해결하도록 미리 대비하는 것이니, 저 종교를 선전하는 사람들과는 마음을 두는 것이 진실로 다르다.

그러므로 도교의 원시천존(元始天尊)이나 태상노군(太上老君), 옥황
상제와는 조금도 관계가 없다고 말할 수 있고 유·불 두 종교의 경전
이나 제자백가에 관해서는 취할 만한 것이 있으면 또한 때에 따라 찾
아내어 나의 쓰임을 삼았는데 반드시 각 종교를 구분하여 드러낸 것
은 아니다.

글 가운데에서 신선가와 불가의 의견이 다른 곳에서는 양가 옛 현
인들의 견해에 의지하여 논단(論斷)을 더하였으니, 비록 하나를 인용
하고 만 개를 빠뜨렸다고 할지라도 다행스러운 것은 자신의 주장도
없이 남의 의견에 따라서 스스로를 그르치고 타인을 그르치는 것을
거의 면한 것이니, 무릇 학자의 태도는 본래부터 응당 이와 같아야
한다.

총괄하면 어떤 교파가 옳은지를 묻지 말고 모름지기 기한을 정하고
수련하여 효과를 보는 것으로 증거를 삼아서 이 생애에서 성취하는
것으로 생각을 돌려야 할 것이라 하겠다.

진실로 이 희망을 달성하고자 하면 금액환단법(金液還丹法)을 버리
고서는 별다른 방법이 없다. 삼가 어리석고 변변치 못한 뜻으로서 같
은 뜻을 가진 이들에 감히 말씀드린다.

9. 세간의 각종 종교는 그 가운데에 엄숙하고 장중한 제도와 이론은
세밀히 갖추어져 있으나 남녀평등의 기회는 매우 적은데, 신선가(神仙
家) 혼자서만이 그렇지가 않다.

선가에서는 일반적으로 여자의 수련은 남자에 비해서 그 성취가 훨
씬 빨라서 남자가 3년을 공부해야 완성할 것을 여자는 1년 만에도 서
둘러 도달할 수 있다고 말하는데, 그것은 신체상의 생리가 특수하기
때문이다. 그러므로 이와 같이 앞서는 이익을 누릴 수 있는 것이다.

그것이 성공한 이후의 자리에 이르러서는 본인의 노력 여부를 보아서 판단하는 것이고 아울러 남녀간에 높고 낮음의 차이가 없으니 이것이 곧 신선가만이 특별히 갖추고 있는 탁월한 지혜로서 다른 종교들과는 크게 다른 것이다.

신선의 한 갈래는 더할 수 없는 자유로움으로 이미 종교의 범위를 뛰어넘은 순전한 학술 방면의 일이란 것을 알 수 있을 것이니, 독자들은 아무쪼록 종교의 눈으로 억지로 평가하고 판단하지 말기를 바란다.

여자로서 큰 뜻이 있는 사람들은 마땅히 이 문으로 들어와야 할 것이다.

10. 나는 여자의 몸도 아닌데 무슨 이유로 여자의 단결(丹訣)을 연구하는 것이며 또한 일찍이 세상의 여자로 도를 가르치는 스승을 만들어 예비하지 않고 어떠한 연고로 여단결(女丹訣)을 주해하는 것인가?

대개 수천 년 이래 서로 전해지던 도술(道術)이 중간에서 끊어졌는데 만약 다시 비밀이 되어 알려지지 않는다면 이후로는 장차 깨우칠 수 있는 사람이 없을 것을 심히 두려워함이니, 비록 지혜가 있다고는 하나 어디를 쫓아서 수행하는 문에 들어설 수 있을 것인가?

세상에서 진실로 글을 읽고 이치를 밝히는 여학자들은 크나큰 서원을 세우고 의지를 굳게 가져서 현재의 생활환경에 만족하지 말고 사후를 주장하는 종교의 미신에 의탁하지도 말며, 의식주와 행동의 곤란함을 힘써 벗어나서 태어나고 늙고 병들고 죽는 정해진 법칙을 깨뜨릴 것을 맹세할 일이니, 신선을 배우지 않는다면 어찌 원하는 것을 만족할 수 있을 것인가?

이것이 곧 내가 주해를 짓는 괴로운 마음이다.

11. 남자의 수선(修仙)에는 태양연기술(太陽煉氣術)이 있어서 현재도 아직 아는 사람이 있으나 여자가 선도를 닦는 태음연형술(太陰煉形術) 은 전하는 것이 거의 끊어졌는데, 그것은 남자가 공부를 하여 그 본분 을 다하게 되면 자신을 만족시킬 수 있게 되어 다시는 여자의 일을 찾 을 필요가 없기 때문이다.

그러므로 세상에서 도를 전하는 사람들이 여자의 공부법에 이르게 되면 모두가 모호한 상태를 면하지 못하는 것이고, 여성계 가운데에 도 또 뛰어난 인재가 적어서 전해오는 이 선술을 감당할 사람을 만나 기란 더욱 어려우니, 지금 이후로는 계승하고 일으킬 사람들이 있어 주기를 간절히 바라는 바이다.

심 인 경
心印經

　귀중한 약 세 가지는 신(神)과 기(氣)와 정(精)이다. 황홀하고 그윽한 가운데 무(無)에서 보존하고 유(有)를 지키면 순식간에 이루어지고 바람을 돌이켜 혼합하면 백일공부가 신령스러워져서 조용히 하느님을 조회(朝會)하고 일기(一紀) 만에 날아오르리라. 지혜로운 사람은 쉽게 깨닫고 어두운 사람은 행하기가 어려우리라.

　하늘의 광휘를 밟고 호흡으로 청정함을 기르며
　현빈(玄牝)으로 출입시켜 있는 듯 없는 듯
　실처럼 끊어지지 않게 하면
　꼭지는 굳어지고 뿌리는 깊어지리라.

　사람에게는 각기 정이 있으니
　정을 그 신에 합하고
　신을 그 기에 합하며
　기는 그 참됨에 합해야 하는데
　그 참된 것을 얻지 못하고 모두 억지로 이름한 것이라.

신은 바위에도 들어갈 수 있고
신은 형체를 날게 할 수도 있으며
물에 들어가도 빠지지 않고
불에 들어가도 타지 않는 것인데
신은 형체에 의지하여 살고
정은 기에 의지하여 가득하게 된다.

시들지도 않고 쇠약해지지도 않게 하면
소나무나 잣나무와 같이 푸르리니
세 가지는 하나의 이치이고 그 묘한 것은 들을 수가 없는데
그것을 모으면 있고 그것을 흩으면 없어지게 된다.

일곱 개의 규(竅)가 서로 통하면
규마다 밝게 빛나고 성스러운 해와 성스러운 달이
금정(金庭)을 환히 비치리니
하나를 얻으면 영생을 얻게 되어 자연히 몸이 가벼워지리라.

정기가 넘쳐흐르면
뼈에 흩어져서 찬 구슬이 되며
단(丹)을 얻으면 신령스러워지고
얻지 못하면 위태로워지는데
단은 몸 가운데에 있어서 희지도 푸르지도 않는 것이라.

　　　　　　　만 번을 읽으면
　　　　　　　신묘한 이치가 자연히 밝혀지리라.

손불이 여공내단시 원문
孫不二 女功內丹次第詩

하나. 마음을 거둠 〔收心〕 (남녀가 같음)

내 몸이 있기도 전에
하나의 기는 이미 먼저 존재하였나니
옥과 같이 연마하여 더욱 빛내고
금과 같이 단련하면 어찌 어두워지겠는가

생멸의 바다를 쓸어 비우고
굳게 총지의 문을 지키면
반서(半黍)의 허령한 곳이
온화해지니 화후로 따뜻하게 한다.

吾身未有日　一氣已先存
似玉磨逾潤　如金煉豈昏
掃空生滅海　固守總持門
半黍虛靈處　融融火候溫

26

둘. 기를 기름 〔養氣〕 (남녀가 같음)

본래부터 시작함이 없는데
어찌하여 후천에 떨어졌는가.
한 소리가 입에서 겨우 나오자
세 치가 이미 권세를 잡는도다.

더욱이 육진의 수고로움으로 소모되니
어찌 질병의 얽매임을 감당하랴.
자식이 충실해지면 부모를 도울 수 있으니
선회하지 않는다고 말하지 말라.

本是無爲始 何期落後天
一聲纔出口 三寸已司權
況被塵勞耗 那堪疾病纏
子肥能益母 休道不廻旋

셋. 공부를 행함 〔行功〕 (끝 두 구절은 여자만 쓴다)

호흡을 거두어들이고 신(神)을 응결하는 곳에
동방의 생기가 오고
온갖 인연을 짓지 않으니
한 기운이 다시 대(臺)에 돌아온다.

음의 상(象)을 앞으로 내려서 맞추고

양의 빛은 뒤로 실어 나아가니
산머리에서 바다 밑과 아울러
비가 지나며 한 소리가 울린다.

歛息凝神處　東方生氣來
萬緣都不著　一氣復歸臺
陰象宜前降　陽光許後栽
山頭幷海底　雨過一聲雷

넷. 용을 베어버림 〔斬龍〕 (여자 홀로 쓴다)

고요함의 지극함으로 움직임을 낳아서
음양이 서로 본받으니
바람 가운데에서 옥(玉)호랑이를 사로잡고
달 속에서 금(金)까마귀를 붙잡는다.

기운이 섞이는 징후를 살피며
마음을 순역(順逆)의 길에 두고
작교(鵲橋)를 거듭 지나는 곳에서
단의 기를 다시 화로로 돌이킨다.

靜極能生動　陰陽相與模
風中擒玉虎　月裏捉金烏
著眼絪縕候　留心順逆途
鵲橋重過處　丹炁復歸爐

28

다섯. 단을 기름〔養丹〕 (앞의 두 구절은 여자만 쓴다)

　호랑이를 포박하여 진혈(眞穴)로 돌리고
　용을 이끌어 점점 단에 더하면서
　성품을 물과 같이 맑게 하고
　마음을 산처럼 고요히 한다.

　호흡을 조절하여 금정(金鼎)에 거두고
　신을 안정시켜 옥관(玉關)을 지키면서
　날마다 서미(黍米)를 더한다면
　흰머리가 붉은 얼굴로 돌아가리라.

　縛虎歸眞穴　牽龍漸益丹
　性須澂似水　心欲靜如山
　調息收金鼎　安神守玉關
　日能增黍米　鶴髮復朱顏

여섯. 호흡으로 기름〔胎息〕 (남녀가 같다)

　단을 속히 이루고 싶으면
　먼저 환영의 경계를 없애고
　한 마음 한 마음으로 신령스러운 약을 지키며
　한 호흡 한 호흡을 건(乾)의 시초로 돌린다.

　기를 회복하여 삼도(三島)에 통하고

신을 잊어서 태허에 합하니
오고감에
진여(眞如)가 아닌 곳이 없도다.

要得丹成速　先將幻境除
心心守靈藥　息息返乾初
炁復通三島　神忘合太虛
若來與若去　無處不眞如

일곱. 불로써 맞춤〔符火〕(오, 육 두 구절은 여자만 쓴다)

태식이 실같이 이어지는 곳에서
모름지기 동정의 기틀을 나누며
양의 빛은 더욱 나아가고
음의 백(魄)은 흩어지는 것을 막아야 하리라.

못 속의 진주가 빛을 머금고
산꼭대기의 달이 찬란한 빛을 토하니
여섯 시〔六時〕를 조금도 방임하지 않고
물을 대서 약의 싹을 살찌운다.

胎息綿綿處　須分動靜機
陽光當益進　陰魄要防飛
潭裏珠含景　山頭月吐輝
六時休少縱　灌漑藥苗肥

여덟. 약을 접붙임 〔接藥〕 (남녀가 같다)

현묘한 기틀의 절반을 깨닫고
단의 머리〔丹頭〕가 이슬과 같이 응결되니
비록 목숨은 굳힐 수 있다고 하나
어찌 형체도 단련하여 완성했겠는가

코를 보아서 순수한 양을 접붙이고
신연(神鉛)으로 신령하게 신체를 투과하며
품어서 먹이는 것을 모름지기 신중하게 하니
완전히 차게 되면 날아오르리라.

一半玄機悟　丹頭如露凝
雖云能固命　安得煉成形
鼻觀純陽接　神鉛透體靈
哺含須愼重　完滿卽飛騰

아홉. 신을 단련함 〔煉神〕 (남녀가 같다)

태어나기 전의 사리자(舍利子)가
갑자기 들어와 나에게 안기니
연약한 그릇을 가진 듯이 삼가고
어린아이를 어루만지는 것같이 부드럽게 한다.

지문(地門)은 모름지기 굳게 잠그고

천궐(天闕)을 반드시 먼저 열어
노란 싹〔黃芽〕을 청정하게 씻으니
산머리〔山頭〕에서 지뢰(地雷)가 울린다.

生前舍利子 一旦入吾懷
愼似持盈器 柔如撫幼孩
地門須固閉 天闕要先開
洗濯黃芽淨 山頭震地雷

열. 불사약을 먹음 〔服食〕 (남녀가 같다)

대지를 녹여서 산과 못을 만드는
조화의 공을 가운데다 품고
아침에는 태양의 까마귀 기(氣)를 맞이하며
밤에는 달의 두꺼비 정(精)을 마신다.

시후(時候)의 단을 능히 채취하니
해마다 몸이 자연히 가벼워지고
원신(元神)이 와서 머무르는 곳에
온갖 규(竅)가 광명을 나타낸다.

大冶成山澤 中含造化情
朝迎日烏氣 夜吸月蟾精
時候丹能採 年華體自輕
元神來往處 萬竅發光明

32

열하나. 곡식을 끊음 〔辟穀〕 (남녀가 같다)

이미 영묘한 기를 채취하여 얻으니
맑고 시원해서 폐부가 기이하며
신(神)을 잊어서 상(相)에 붙지 않으니
극(極)에 합하여 허공을 떠나서 있다.

아침식사로 산에서 토란을 찾고
저녁에 배고프면 연못에서 영지를 채취한다.
만약 불과 연기가 섞이게 되면
몸이 요지(瑤地)를 밟지 못하리라.

既得餐靈氣　清冷肺腑奇
忘神無相著　合極有空離
朝食尋山芋　昏飢採澤芝
若將煙火混　體不履瑤池

열둘. 얼굴을 벽으로 돌림 〔面壁〕 (남녀가 같다)

만사를 모두 끝내고
정신을 모아 조그만 탑에 앉으니
몸은 가벼워져 자주색 기운을 띠고
성품은 고요함으로 청정하게 씻겨진다.

기는 음양과 혼합하여 하나가 되며

신은 천지와 같아져 셋이 되니
공이 완전해지면 하늘의 대궐에 조회하고
노래를 부르면서 세속을 벗어난다.

萬事皆云畢　凝然坐小龕
輕身乘紫氣　靜性濯淸潭
㤠混陰陽一　神同天地三
功完朝玉闕　長嘯出烟嵐

열셋. 신을 내보냄〔出神〕(남녀가 같다)

몸 밖에 다시 몸이 있으나
환술로 말미암아 이룬 것은 아니니
이 신령스러운 기는 두루 통하는
활발한 하나의 원신(元神)이다.

흰 달로 금액을 응결하고
푸른 연꽃으로 옥진(玉眞)을 단련하며
까마귀와 토끼의 정수를 삶으니
구슬이 희어지고 부족한 것을 근심하지 않는다.

身外復有身　非關幻術成
圓通此靈氣　活潑一元神
皓月凝金液　靑蓮煉玉眞
烹來烏兔髓　珠皎不愁貧

열넷. 날아 올라감 〔沖擧〕 (남녀가 같다)

아름다운 시절에 바야흐로 골짜기에서 나와
지척에 있는 하늘의 궁전에 오르니
옥녀(玉女)가 푸른 봉황으로 모시고
금빛 동자가 붉은 복숭아를 바친다.

꽃 앞에서 거문고와 비파를 연주하고
달 아래서 옥통소를 불면서
하루아침에 신선과 범인으로 사이가 벌어
시원스럽게 고해의 파도를 건넌다.

佳期方出谷　咫尺上神霄
玉女驂靑鳳　金童獻絳桃
花前彈錦瑟　月下弄瓊簫
一旦仙凡隔　冷然渡海潮

손불이 여공내단시 풀이

여단결(女丹訣)로서 세상에 전하는 것들을 살펴보니 현재 몇 가지 종류에 그친다. 남자 단경에 비교하면 백 분의 일에도 미치지 못하여 그 적은 것이 극히 유감인데, 또 그것들 거의가 남자들의 손으로 쓴 것이어서 비록 자세하게 정곡을 찔러서 말했다 할지라도 결국은 친히 겪은 경계가 아닌지라 여자 진인이 스스로 지은 것을 구하고자 하였으나, 조문일(曹文逸)의 「영원대도가(靈原大道歌)」를 제외하고는 오직 이 시가 있었다.

본래의 시가 세상에 돌아다닌 지는 오래되었으나 해석을 붙인 사람이 없었는데, 내가 예전에 어떤 여자 수행자와 더불어 도에 대해서 얘기하던 내용을 때에 따라 해석하여 우편으로 그에게 보냈었다.

그 일은 지금으로부터 이미 이십 년이나 지난 것이라 옛날 원고가 어지럽게 고서와 잡지 더미 속에 섞여 있었고 쉽게 읽기도 어려웠으나 그 내용을 조사하여 다시 한 번 바로잡는 것을 거치니, 다행히 큰 오류는 없어서 드디어 이것을 기록해 둔다.

참으로 감히 손불이 여선(女仙)의 깊은 뜻을 다 얻었다고는 자신할 수 없으나 다만 나중에 이 시를 읽는 사람들을 위하여 하나의 방법을 열고자 할 뿐이다.

해석 중에 원만한 곳에 이르지 못함이 있는 것은 처음 공부하는 사람들을 깨우치고자 깊은 이론을 말하지 않은 까닭이다.

하나. 수심(收心)

내 몸이 있기도 전에
하나의 기는 이미 먼저 존재하였나니

우리에게는 이 몸이 있기 전에 먼저 이 기가 있는 것이다. 『담자화(譚子化)』라는 책에서 이르기를 '비어 있음이 신(神)으로 변화하고 신은 기로 변화하며 기는 혈(血)로 변화하고 혈은 형체로 변화하며 형체는 아이로 변화하고 아이는 어린이로 변화하며 어린이는 젊은이로 변화하고 젊은이는 중년으로 변화하며 중년은 늙은이로 변화하고 늙은이는 죽음으로 변화한다'고 하였다.

이것은 법칙에 순응하여 사람을 이룬다는 것을 말함이다.

만약 이치에 통달한 학자가 이것을 거꾸로 진행시켜서 혈을 기로 변화시키고 기는 신으로 변화시키며 신을 비어 있음으로 변화시킬 수 있다면 곧 신선을 이룰 것이다. 하나의 기라는 것은 곧 선천음양이 아직 갈라지지 않은 기인데 음과 양으로 나뉘고 양의(兩儀)가 이미 자리하면 하나의 기라 이름할 수 없게 된다.

　유가(儒家)에서는 이르기를 '그것의 물건 됨은 둘이 아니고 그것이
만물을 낳는 것은 헤아릴 수 없다'고 하였으니 역시 선천의 한 기운을
가리켜서 말한 것이다. 노자가 얻은 하나도 곧 이 하나의 기를 얻은
것인데, 이 가운데에는 실재하는 공부가 있어서 헛된 얘기가 아니니
일을 끝낼 수가 있는 것이다.

옥과 같이 연마하여 더욱 빛내고
금과 같이 단련하면 어찌 어두워지겠는가

　단가(丹家)에는 통상적으로 옥지(玉池), 금정(金鼎), 옥토(玉兎), 금오
(金烏), 옥액(玉液), 금액(金液) 등의 여러 가지 명칭이 있다.
　대개 음(陰)이라 하고 신(神)이라 하며 문화(文火)라 말하는 것들은
곧 옥(玉)으로 비유했고, 양(陽)이라 하고 기(氣)라 하며 무화(武火)라
말하는 것들은 곧 금(金)으로 비유하였는데, 옥에는 온화한 덕이 있고
금에는 굳고 강한 모양이 있다고 생각한 것이다.
　그러나 또한 예외로 짝지어진 것도 있다.

생멸의 바다를 쓸어 비우고
굳게 총지(總持)의 문을 지키면

　생멸의 바다란 곧 우리의 생각이니, 찰나의 사이에도 잡념은 끊임
없이 이르고 홀연히 일어났다가 홀연히 사라져서 머무르게 할 수가
없다.
　생각이 일어나면 사는 것이 되고 생각이 없어지면 죽는 것이 되어
서 하루 안에서도 수없이 죽고 사는 윤회가 바로 눈앞에 있는데, 어찌

죽은 뒤에서야 증명되는 것을 바라겠는가? 그리고 이 생각을 쓸어서 비우려고 해도 이야기와 같이 어찌 쉽겠는가? 오직 법을 써서 생각을 전일하게 하는 데에 있는 것인데 그 방법은 어떠한 것인가?

곧 총지문을 굳게 지키는 것이다.

총지문이라는 것은 노자는 이름하여 현빈(玄牝)의 문이라 하였고, 후세의 도가에서는 현관일규(玄關一竅)라 불렀다.

장자양(張紫陽)은 이르기를 "이 구멍은 범상한 구멍이 아니고 건곤(乾坤)이 같이 합쳐서 이루어진 것이니 이름은 신기혈(神氣穴)이 되며 내부에는 감리(坎離)의 정수가 있다"고 하였는데, 본질로써 말한다면 불과 하나의 음과 하나의 양, 하나의 신(神)과 하나의 기(氣)일 뿐인 것이다. 음과 양을 서로 합하게 하고 신(神)과 기(氣)를 서로 묶을 수 있다면 현관의 바탕은 이미 서게 된다.

비록 공부의 시초에서는 망념(妄念)을 제거하는 것이 중요하다고 설명하였지만 결코 오로지 생각으로만 공부를 하는 것은 옳지 않으니, 만약 일체를 의지하지 않고 일체를 생각하지 않으면 그 폐단은 반드시 효과가 조금도 없는 곳에 이르고 말아 사람들을 실망시키고 낙심하게 하리니 마땅히 깊이 생각하고 밝게 판단할 것이다.

(장자양의 이 시는 따로 한 가지 해석이 있는데 본 편의 범위 안에는 해당이 없다.)

반서(半黍)의 허령한 곳이
온화해지니 화후로 따뜻하게 한다.

반서라는 것은 신(神)을 응결하여 기혈(氣穴)로 들어갈 때 신(神)은 기(氣) 가운데에 두고 기(氣)로 신(神)의 외부를 둘러싸서 물러나 비밀

스런 곳에 감추는 것을 말하니, 그 쓰임이 지극히 미세하고 지극히 세밀한 연고로 반서로써 비유했다. 허(虛)는 흔적이나 형상에 걸리지 않는 것이고 영(靈)은 혼미함에 떨어지지 않음이다.

잡념이 일어나면 안 되니 생각이 일어나면 불이 건조해지고, 진의(眞意)가 흩어져서는 안 되니 의식이 흩어지면 불이 차가워진다. 반드시 노자의 말과 같이 가늘게 연이어 두고 끊어짐이 없게 해야 바야흐로 중도에 합하는 것이다. 온화하다는 것은 적당히 조화된 것이고 따뜻하다는 것은 차갑거나 건조하지 않음이다. 이 시 두 구절은 현관(玄關)을 지킬 때의 올바른 기초공부를 잘 묘사하였다.

그러나 결코 이것에 집착하는 것도 옳지 않으니 인체의 어떤 한 부위를 사수(死守)하는 것으로는 절대 오해하지 말아야 한다.

만약 처음 배우는 사람이 어느 한 군데를 무리하게 집중하고 변통하는 것을 모른다면 장차 반드시 괴이한 병을 얻게 될 것이다.

둘. 양기(養氣)

본래부터 시작함이 없는데
어찌하여 후천에 떨어졌는가.

자연에 따르고 하는 것이 없음은 선천의 도이고 인위적인 힘으로 나아가 하는 것이 있음은 후천의 공이다.

우리가 아직 태어나기 이전에는 본래의 혼원(渾元)한 한 기운으로 이름도 없고 형체도 없는데, 그것을 자각하지 못하고 태(胎) 가운데로 빠져드니 이로써 몸이 있게 되는 것이다. 이미 몸이 있게 되면 크나큰 환난이 그것을 따른다.

한 소리가 입에서 겨우 나오자
세 치가 이미 권세를 잡는도다.

　아이가 태에 있을 때는 거의 태식이 되어 코로 호흡을 하지 않는다. 태에서 나오는 때에 이르러 처음에 한 번 크게 울어 소리치니 외부의 공기가 그 틈을 타고 코로 들어와 이로써 후천의 호흡이 드디어 우리 생명의 권한을 잡게 된다.

　그 처음에는 들이마시는 기가 길고 내쉬는 기가 짧아 신체가 날로 성장하는데, 계속해서 호흡의 길이가 같아지면 신체의 발육은 이에 이르러 멈추게 된다. 중년 이후에 이르면 내쉬는 기는 점차로 길어지고 들이쉬는 기는 점차로 짧아져서 신체가 날로 쇠약해지고, 임종하는 때에는 내쉬는 기미만 겨우 있고 들이쉬는 기미가 없다가 코에서 숨이 한 번 멈추면 생명의 뿌리가 드디어 끊어지게 된다.

　세 치는 호흡을 가리켜서 말한 것이다.

더욱이 육진의 수고로움으로 소모되니
어찌 질병의 얽매임을 감당하랴.

　앞의 말은 우리 몸이 죽고 사는 일반적인 이치이니 이는 사람들이 스스로 그 몸을 해치는 것을 말함이다.

　색(色), 성(聲), 향(香), 미(味), 촉(觸), 법(法)을 육진이라 하고, 마음으로 수고롭게 하거나 힘으로 수고롭게 하거나 함은 모두 다 수고로움이라 이른다.

우리의 자연스러운 수명은 본래 심히 짧아서 현대에서도 역시 100세를 넘길 수 있는 자는 드물다. 더욱 육진의 수고로움이 더해지는 데에다 질병까지 걸리니 이것이 다 사람들의 원기를 고갈시키고 손상하게 해서 사람들에게 주어진 수명을 다 누릴 수 없게 하므로 수명이 끝나기도 전에 중도에서 요절하는 자들이 많은 것이다.

(어떤 사람이 묻기를 "육진의 설은 불가의 말인데 무슨 이유로 이것을 인용해서 단경을 주해하였는가?" 하였다.

답하여 말하건대, 나의 허물이 아니다. 원래의 시에 이미 즐겨 불가의 용어들을 사용하여 생멸과 진여와 사리자 등과 같은 것은 모두가 본래 도가에 있던 것이 아니니 불교의 전적을 인용하지 않고서 어떻게 주해할 수 있겠는가?)

자식이 충실해지면 부모를 도울 수 있으니
선회하지 않는다고 말하지 말라.

자식은 후천(後天)의 기이고 부모는 선천(先天)의 기이며 후천기를 단도로 비유하면 수(水)가 되고 선천기를 단도로 비유하면 금(金)이 된다.

오행설(五行說)을 살펴보면 금은 수를 낳을 수 있으니 이것은 선천이 변하여 후천이 되는 것이다. 단도(丹道)의 중요함은 거꾸로 돌리는 조화에 있으니 수(水)로 하여금 반대로 금(金)을 낳게 하면 이것이 후천으로부터 선천으로 돌려보내는 것이다.

옛사람들은 '구전환단(九轉還丹)'이라고 하였는데 아홉은 곧 양수(陽數)의 끝이 되고 또 금(金)을 이루는 수가 되므로 아홉으로 돌아간다고 한 것이지 아홉 차례를 돌린다고 한정한 것이 아니다. 선천은 진상을 포착하기가 어려우므로 반드시 후천 공부로부터 손을 대야 바야흐로 선천으로 돌이킬 수가 있게 된다. 후천의 기를 배양하여 충족되면 선천의 기는 자연히 발생하게 되므로 자식이 충실해지면 부모를 도울 수 있다고 말한 것이다.

선회한다는 것은 곧 역전시켜서 돌려보냄을 말함이다.

셋. 행공(行功)

호흡을 거두어들이고 신(神)을 응결하는 곳에
동방의 생기가 오고

호흡을 거두어들인다는 것은 호흡하는 기를 가두어 움직이지 않는 것이고, 신을 응결시킨다는 것은 허령한 신을 응결시키는 것이 안정되어 흩어지지 않음이다.

동방이란 태양이 떠오르는 방위이고 생기(生氣)는 사기(死氣)에 대비하여 말함인데, 옛날의 수련가에 토납(吐納) 공부를 행하던 사람들은 대개 인(寅)시와 묘(卯)시의 두 시간 동안 얼굴을 동쪽으로 향하고 공중의 생기를 섭취해서 몸 안으로 들어오게 하여 그 세력을 빌려 몸 가운데에 정체되어 쌓여 있는 사기를 쫓아냈다.

상승단법(上乘丹法)은 비록 시간과 장소를 한정하지 않지만 아무래도 산림 사이의 청정한 구역에 거처하는 것이 좋은데, 날이 온화하고 바람이 조화된 기후에는 몸 가운데의 효험이 수련하는 대로 나타나니 세워진 막대기에서 그림자가 나타나는 것과 같다. 진실로 항상 신을 응결시키고 숨을 거두어들여 온양하고 훈증시킬 수 있다면 머지않아 조화굴(造化窟) 가운데로부터 선천일기(先天一氣)를 채취할 것이다.

공자는 이르기를 "하늘을 앞서도 하늘에 어긋나지 않는다. 하늘도 또한 어긋나지 않는데 하물며 사람이겠는가? 하물며 귀신이겠는가?" 라고 하였다.

이 단락의 공부는 곧 진실한 공부로서, 헛된 이론이 아니며 또한 이상(理想)도 아니니 오직 증험을 해야 바야흐로 알 것이다.

어떤 이가 "숨은 어떻게 거두어들이며 신은 어떻게 응결하며 그곳은 어느 곳에 있으며 온다는 것은 어디로부터 옵니까?" 하고 물었다.

짧은 말로는 다 설명할 수가 없고 또한 글로써도 역시 나타내기 어려우니 모름지기 여러 차례 의논하고 여러 차례 실험해야 하며, 또 배우는 사람은 참으로 혜안을 갖추는 것이 필요하니 고심해서 홀로 이르러야 바야흐로 문으로 들어갈 수 있는 것이다. 만약에 하나하나 써서 지면상에 두게 되면 도리어 살아 있는 법을 변화시켜 죽은 법으로 만드는 것이고, 세상 사람들은 성품과 감정이 같지 않고 체질이 각기 다른데 이 죽은 법을 배운다면 다만 질병을 이루는 것을 도울 뿐이니 한갓 이익이 없을 뿐 아니라 또 그 해로운 데에서 장차 무엇을 취하겠는가?

온갖 인연을 짓지 않으니
한 기운이 다시 대(臺)에 돌아온다.

옛사람이 이르기를 '도를 닦는 자는 모름지기 온갖 인연을 끊고 굳게 일념을 지녀 이 마음을 고요히 하고 죽은 것같이 하게 한 이후에야 죽지 않을 수 있고 이 기(氣)를 길게 이어서 멈추지 않게 한 연후에야 깊게 머무를 수 있다'고 하였다.

대(臺)란 무엇인가? 영대(靈臺)이니 영대는 성(性)이고 한 기운〔一氣〕은 명(命)이니 명이 성으로 돌아오는 것이 곧 환단(還丹)이다.

장자양 진인은 이르기를 "수련이 여기에 도달하면 니환(泥丸)에서는 바람이 생기고 강궁(絳宮)에서 달이 밝아지며 단전에는 불이 맹렬해지고 곡해(谷海)의 파도가 잠잠해지며 협척(夾脊)은 차바퀴와 같고 사지는 산의 바위와 같아지며 털구멍은 목욕하고 곧 나온 것 같고 뼈와 혈맥은 수면이 한창일 때와 같으며 정신은 남녀가 즐겁게 교합하는 것과 같고 혼백은 자식과 부모가 사랑으로 머물러 있는 것과 같게 된다. 이것은 곧 진실한 경계로 비유가 아니다"라고 하였다.

이상에서 말한 것은 묘사한 것이 지극한 데에 이르렀다고 이를 만하다.

음의 상(象)을 앞으로 내려서 맞추고
양의 빛은 뒤로 실어 나아가니

양화(陽火)와 음부(陰符)의 운용은 비록 자연에서 나왔으나 사람의 힘도 또한 은연중에 감화시키는 힘이 있으니, 이를 알지 못해서는 안 된다.

미려(尾閭)로부터 니환(泥丸)으로 상승시키는 것은 곧 등 뒤 척추의 한길에 있는데 이름하여 진양화(進陽火)라 하고, 니환으로부터 기해(氣海)로 하강시키는 것은 곧 가슴 앞의 한길에 있으니 이름하여 퇴음부(退陰符)라 하여, 상승으로써 나아감을 삼고 하강으로써 물러남을 삼는다. 또한 대개 뒤로 상승하는 때에는 몸 가운데에서 열기가 오르다가 앞으로 하강하는 때에 이르면 열기가 점점 식어가는 것을 스스로 깨닫게 되는 것이니 이 열기가 왕성함으로써 진양화를 삼고 열기가 평탄함으로써 퇴음부로 삼는 것이다.

이 두 구의 해설이 비록 뜻은 같지 않으나 이치는 하나로 관통되어 있으니, 이 가운데에 허다히 있는 오묘한 도리를 자세히 연구해 보라.

산머리에서 바다 밑과 아울러
비가 지나며 한 소리가 울린다.

여순양(呂純陽) 진인의 「보섬궁사(步蟾宮詞)」에서는 '땅에는 우레가 진동하고 산머리에서는 비가 내린다'고 하였고, 「백자비(百字碑)」에서는 '음양이 반복하여 생하고 우레가 한 번 울려서 널리 변화시킨다'고 하였으며, 소강절(邵康節) 선생의 시에서는 '홀연히 한밤중에 우레가 한 번 울리니 온갖 집의 문이 차례차례 열린다'고 하였다.

종리(鍾離) 진인은 '통달한 사람이 선천의 기를 채취하여 얻으면 밤새도록 우렛소리가 잠시도 멈추지 않는다'고 하였고, 팽학림(彭鶴林) 선생은 '구화천상(九華天上)을 사람이 알아 얻으면 밤새도록 바람과 우레가 만 개나 되는 산을 흔든다'고 하였다.

단경에서 우레를 말한 것은 대단히 많아서 다 기술할 수가 없으나 그 근원은 모두 주역의 지뢰복(地雷復) 한 괘에서 나온 것인데, 기실은 선천일기를 오래도록 쌓으면 세력이 두터워져서 그것이 기틀에 응하여 발동하는 현상을 비유한 것일 뿐이다.

그 기가 오면 온몸의 관규(關竅)가 일제히 열리며 귀에서는 바람소리가 들리고 뇌(腦)의 뒷부분이 진동하며 눈 속에서는 빛이 번쩍거리고 콧속을 끌어당기는 여러 가지 현상이 생기니, 마땅히 미리 그것을

알아야 바야흐로 그때에 이르러서 놀라고 두려워하여 어찌할 줄 모르
는 것을 면할 수 있다.

그러나 여자가 공법에 의해서 수련하여 이 경지에 도달하고자 하면
반드시 월경이 단절된 후에야 있게 되는 것인데, 손불이의 시에서는
이것이 참룡(斬龍)의 앞에 있다고 하였으나 아마도 이 효과는 얻기가
어려울 것이다.

요컨대 이곳에서 말한 우레라는 것은 행공(行功)할 때 혈해(血海) 가
운데에 있는 기가 올라와서 양쪽 유방에 부딪치는 것을 말하는 것에
불과할 따름이다. 이 기와 발생하는 때를 단가에서는 이름하여 활자
시(活子時)라 말한다.

산머리는 양쪽 유방과 전중(膻中) 부위를 비유한 것이고 바다 밑은
자궁 혈해(血海) 부위를 비유한 것이다.

비는 음기(陰氣)를 비유하고 우레는 양기(陽氣)를 비유한 것이다.

넷. 참룡(斬龍)

고요함의 지극함으로 움직임을 낳아서
음양이 서로 본받으니

용(龍)이라는 것은 여자의 월경이다. 용을 베어버린다는 참룡(斬龍)
은 수련법을 써서 월경을 끊어버리고 영원히 다시는 돌아오지 않게
하는 것이다.

어떤 이가 묻기를, '월경은 어째서 용으로 이름하였느냐'고 하였다.

당나라 이후로부터 오늘날에 이르기까지 단서에 쓰이고 구결(口訣)로 전하는 것이 모두 이 설과 같으니 마땅히 한 가지 뜻이 그 사이에 있으나 잠시 상세한 해석은 미루겠다.

어떤 이가 묻기를, '여자가 도를 닦는 데에는 무슨 이유로 먼저 월경을 없애는 것이 중요하냐'고 하였다.

이것은 곧 신선가(神仙家)만이 홀로 얻어 전수하는 가장 훌륭하고 현묘한 기밀〔無上之玄機〕로서 세계의 각종 종교나 철학, 각종 생리학이나 위생학으로서는 비교할 수가 없다. 여자의 수련이 남자와 같지 않음이 곧 여기에 있고 여자의 성공이 남자가 바뀌는 것에 비교하면 빠른 것도 또한 여기에 있는 것이다. 만약 이 길을 열지 않고 다른 문을 찾는다면 결코 신선을 이룰 희망이 없다.

어떤 자들이 현생에서 수련해서 선인의 몸을 이루지 못하여 손을 놓고 죽기를 기다리면서 억지로 죽은 뒤의 증과(證果)가 어떻고 해탈이 어떻고 한다면, 이는 곧 자신을 속이고 타인을 기만하는 이야기이니 일체 믿을 수가 없는 것이다.

어떤 사람이 이르기를, '월경이 수도하는 데에 지장이 되는 이상 반드시 수련해서 없애야 하지만 노년기의 부인으로서 월경이 자연히 단절된 사람들은 허다한 공부가 생략될 터인데 어찌하여 그 성취하는 것이 나이 어린 사람들에 비교하여 쉽지가 않느냐'고 물었다.

그대는 월경이 아직 시작되지 않은 동녀(童女)가 혹시 태어나면서부터의 지혜가 있어 현묘한 공법을 투철하게 깨달으면 성취는 자연히 쉬울 것이나 한번 노년기에 이르러 월경이 고갈되면 삶의 기틀이 결핍된 것으로 동녀와는 하늘과 땅같이 다름을 알지 못한 것이니, 어찌한 가지로 논할 수 있겠는가?

수련법의 요체는 없는 가운데에서 생하는 데에 있으니, 나이가 들어 천계(天癸)가 이미 끊어진 사람은 천계가 통행하는 형상이 있게 회복한 연후에 다시없는 데로 돌아가야 한다.

　나이 어린 여자의 수련법칙을 살펴 차례에 의해서 점차로 없애는 것이니, 어찌 이것이 다시 어려운 것으로 쉽게 바뀐다고 말하겠는가?

　옛 도인이 사람들에게 권한 것은 첨유(添油)를 일찍 하고 접명(接命)을 더디게 하지 말라는 것인데, 정(靜)이 다한즉 동(動)하며 동이 다한즉 정하고 양(陽)이 다한즉 음(陰)이 되며 음이 다한즉 양이 되는 것은 곧 이치와 기운의 자연스러운 순환이니 족히 괴이할 것이 없다.

　『도덕경(道德經)』제15장에서 '누가 능히 혼탁함을 고요함으로써 서서히 맑게 할 수 있겠는가? 누가 능히 안정됨을 움직임으로써 서서히 생겨나게 할 수 있겠는가?'라고 하였는데, 위 구절은 사람이 능히 고요할 수가 있다면 신체 가운데의 탁기(濁氣)가 점점 맑은 기운으로 변화된다는 말이고 아래 구절은 고요한 것이 오래되면 신체 가운데에서 또 점차로 움직이는 기미가 생긴다는 말이다.

　『도덕경』제16장에서는 '비는 것이 다하는 데에 이르고 고요함을 독실하게 지키면 만물이 아울러 일어나니, 나는 이로써 그것이 돌아오는 것을 본다'고 하였으니, 위의 두 구절은 고요함이 다한 것을 말하는 것이고 아래 두 구절은 움직임이 생기는 것을 말한 것이다. 돌아온다는 뜻의 복(復)은 곧 주역 복괘(復卦)의 복이다. 음의 모양은 고요한 것이고 양의 모양은 움직이는 것인데, 다섯 개의 음 아래에서 하나의 양이 돌아오는 것을 또한 고요함이 다하면 움직임이 생긴다고 말한 것이다.

　본받는다는 뜻의 모(模)는 모범이니 물(物)을 이루는 것이다. 서로 본받는다는 것은 음양은 서로 뿌리가 되어 피차가 서로를 성취하는 것이니 떠날 수 없다는 뜻을 말한 것이다.

바람 가운데에서 옥(玉)호랑이를 사로잡고
달 속에서 금(金)까마귀를 붙잡는다.

바람은 사람의 호흡이다.

단경(丹經)에서 이르기를 '후천호흡으로 약하게 바람을 일으키라'
하였고, 또 이르기를 '내쉬는 숨을 손풍(巽風)에 의지하라'고 한 것이
모두 이 뜻이다.

도서(道書)에서는 보통 호랑이를 서쪽 방위의 금(金)에 배치하고 용
은 동쪽 방위의 목(木)에 배치하였는데, 무릇 납(鉛)이라 하고 쇠(金)
라 하며 호랑이라 말하는 것들은 모두 한 가지 물건에 속하는 것으로,
사람 몸 가운데에서 고요함이 다하여 선천의 양기가 움직이는 것을
비유하는 것에 불과할 뿐이다.

달(月)에는 두 가지 뜻이 있다. 만약 성공(性功)으로 말한다면 한 생
각도 일어나지 않는 때를 당하여 달이라 하는데 그 청정하게 허물이
없이 홀로 밝게 비추는 것을 이르는 것이고, 만약 명공(命功)으로 말한
다면 곧 선천의 양기(陽氣)가 발동하는 때를 당하여 역시 달이라 하니
차고 비면서 돌고 돌아 어긋남이 없는 것과 같은 데에 비유한 것이다.

금까마귀(金鳥)는 곧 태양의 대명사인데 태양은 곧 이(離)요, 이(離)
는 곧 불(火)이며 불은 곧 수은(汞)이고 수은은 곧 신(神)이다.

선천기를 채취할 때에는 모름지기 후천기(後天氣)를 빌려서 중심을
삼아야 하는 연고로 바람 가운데에서 옥호랑이를 사로잡는다고 말한
것이다. 옥(玉)이란 글자는 그것의 온화한 모양을 나타낸 것이다.

석행림(石杏林) 진인이 "온갖 소리의 바람이 일어나기 시작하고 천
산(千山)의 달이 갑자기 만월이 된다"고 한 것이 바로 이 광경이다. 단
도(丹道)는 바람이 있으면 반드시 불이 있고 기(氣)가 움직이면 신이

반드시 응해야 하므로, 여순양 진인은 이르기를 "납[鉛]을 생(生)하면 수은[汞] 역시 생하니 생한 납과 수은을 한 곳에서 삶는다"고 하였는데, 납과 달은 양기(陽氣)를 비유한 것이고 수은과 금까마귀는 음신(陰神)을 비유한 것이다. 양기가 발생하면 음신이 반드시 동시에 응하는 연고로 달 속에서 금까마귀를 붙잡는다고 말하였다.

기운이 섞이는 징후를 살피며
마음을 순역(順逆)의 길에 두고

『역(易)』에서 이르기를 '천지가 기운을 섞어 만물이 생육된다' 하였는데, 기운이 섞인다는 것은 하늘의 기(氣)는 하강하여 땅에서 섞이고 땅의 기(氣)는 상승하여 하늘에서 섞여서 온화하게 조화되어 비가 올 것 같으나 아직 오지 않고 우레가 울릴 것 같으나 아직 울리지 않은 것이니, 만 리(萬里)가 음침하게 봄기운을 합한다고 말한 것이 이것이다. 만약 우레와 비가 이미 지나갔다면 기운을 섞는 것이 아니다.

사람의 몸에서 기운이 섞이는 징후도 또한 이 이치와 같으나 결국 이것이 어떠한 현상인가 하는 점은 말로는 하기 어려운 은밀함이 있기 때문에 지면상에 쓰기는 어려우니, 총명한 여자로서 만약 진실한 가르침을 얻어서 적절하게 행공한다면 그것을 아는 것이 가능하지만 그렇지 않으면 당면하여 잘못될까 염려된다.

비록 스스로 기회를 만들 수 있다고 설명하였으나 모두 자연스러운 기회의 교묘함과는 같지 못한 것이니, 이때에 만일 그 기틀에 순응하여 사람의 도를 행하면 수태하여 자식을 낳을 수 있고 그 기틀을 뒤집어서 선도(仙道)를 행하면 약을 채취하고 단을 돌이킬 수 있는 것이다.

그러나 순응하고 뒤집는다는 뜻은 여기에 그치는 것만은 아니니 생기(生機)가 외부로 발산됨이 순응하는 것이 되고 생기를 내부로 거두어들임이 뒤집는 것이 되며 생기가 아래로 행하면 변하여 월경이 되어 순응하는 것이 되고 생기가 위로 행하면 월경으로 변화되지 못하며 뒤집는 것이 된다. 그러므로 도서(道書)에서는 이르기를 남자가 수련을 성취하면 정(精)을 누설하지 않고 여자가 수련을 성취하면 경(經)을 누설하지 않는다고 한 것이다.

작교(鵲橋)를 거듭 지나는 곳에서
단의 기(丹炁)를 다시 화로로 돌이킨다.

『입약경(入藥鏡)』에서는 '상작교(上鵲橋)와 하작교(下鵲橋)이니 하늘에서는 별이 응하고 땅에서는 조수가 응한다'고 하였는데, 후세의 단경에서 말하는 작교는 다 여기에서 비롯된 것이다.

무릇 연단(鍊丹)의 운용은 반드시 먼저 하작교로부터 등의 척추로 굴려 올려서 옥침(玉枕)을 부딪쳐 통하고 똑바로 니환(泥丸)에 도달하였다가 다시 상작교로부터 가슴 앞 열두 중루(十二重樓)로 굴려 내려서 원해(元海)로 돌이켜야 한다. 상작교는 인당(印堂)과 산근(山根) 혈의 안에 있고 하작교는 미려(尾閭)와 회음(會陰)의 사이에 있다.

단기(丹炁)가 상작교에 전도(轉到)될 때에는 양쪽 미간 사이에서 원광(圓光)이 번쩍거리면서 빛나는 것을 자각하게 되므로 하늘에서 별이 응한다고 하였고, 단기가 하작교로부터 상승할 때에는 혈해(血海) 가운데에서 열기가 오르는 것을 자각하게 되므로 땅에서 조수가 응한다고 한 것이다. 이곳에서 작교를 지난다 함은 상하를 겸해서 말하는 것이다. 화로로 돌이킨다는 것은 돌이켜 황정(黃庭)에 도달하면 그친다는 것인데 황정은 일명 곤로(坤爐)라 한다.

(상하의 작교를 살펴보면 그 밖의 다른 해석들도 있으나 이곳에서는
거론하지 않는다.)

다섯. 양단(養丹)

호랑이를 포박하여 진혈(眞穴)로 돌리고
용을 이끌어 점점 단에 더하면서

　호랑이는 기(氣)이고 용은 신(神)이며 진혈은 대략 양쪽 유방 사이에
있다. 호랑이를 포박하여 진혈로 돌린다는 것을 상양자(上陽子) 진치
허(陳致虛)는 이르기를 "여자가 선도를 수련하는 데에는 반드시 먼저
유방에 기(氣)를 쌓아야 한다"고 하였다.

　기(氣)에는 선천과 후천의 나뉨이 있는데, 후천기(後天氣)를 단련하
는 것은 조식(調息)과 응신(凝神)의 법(法)을 사용하고 선천기(先天氣)
를 채취하는 것은 몸 가운데에서 생기가 발동하는 때를 기다려서 손
을 댄다. 용을 이끈다 함은 신을 응결해서 기에 합하는 것에 불과하니
신과 기가 합일하고 혼(魂)과 백(魄)이 서로 껴안은즉 단이 맺어진다.

　장허정(張虛靖) 천사(天師)가 이르기를 "원신(元神)이 나가는 대로
곧 거두어 오면 신(神)이 몸 가운데로 돌아와 기(氣)가 스스로 돌게
되니 아침저녁마다 이와 같이 하면 자연히 적자(赤子)의 영묘한 태
〔靈胎〕를 맺는다"고 하였는데, 이것이 곧 용을 이끌어 점점 단을 더
한다는 뜻이다. 이곳에서 용이라 말한 것은 용을 베어버린다고 할 때
의 용과는 다르다.

성품을 물과 같이 맑게 하고
마음은 산처럼 고요히 한다.

　장삼봉(張三丰) 진인이 이르기를,

　"응신(凝神)하고 조식(調息)하며 조식하고 응신하는 여덟 글자를 모름지기 일편단심으로 공부해 가면서 순서를 나누고 끊어짐이 없게 하는 것이 옳다.

　응신이란 이미 청정해진 마음을 거두어서 안으로 들이는 것이다. 마음이 청정하지 않을 때에는 눈을 함부로 감지 않아야 한다. 먼저 힘쓰고 노력함이 중요한 것이다. 힘써서 청량(淸凉)하고 담박함을 얻으면 비로소 기혈(氣穴)로 들여서 운행하는 것이니 곧 응신이라 한다.

　그러한 뒤에는 높은 산에 앉아서 무수한 산과 물을 굽어보는 것같이 하고 하늘에서 등불을 태워 땅 끝의 온갖 어둠을 비추는 것같이 하는 것이니 빈 곳에 응신한다고 이르는 것이 이것이다.

　조식은 어렵지 않으니 심신(心神)이 통일되어 고요해지면 호흡은 자연히 따르는 것으로 단지 그 자연스러움을 지킬 뿐이다"라고 하였다.

호흡을 조절하여 금정(金鼎)에 거두고
신을 안정시켜 옥관(玉關)을 지키면서

　장삼봉 진인이 이르기를,

　"무릇 자리에 앉아 공부하는 데에는 반드시 신(神)을 지키고 기(氣)를 머무르게 해야 하는 것이다. 의식을 호흡으로 매어서 머무르게 하여 단전 가운데에다 두고 천천히 굴려서 흩어지지 않게 하면 내장(內

臟의 기와 밖에서 들어온 기가 단전에서 사귀어 결합하게 되는데 날로 충실해지고 달로 왕성하게 하면 사지에 도달하고 백맥(百脉)으로 흐르다가 협척(夾脊)의 두 관문을 부딪쳐 열고 상승하여 니환(泥丸)에 머무르다가 다시 돌아서 강궁(絳宮)으로 하강하고 아래의 단전으로 들어가게 되는데 신(神)과 기(氣)를 서로 지키면서 한 호흡 한 호흡을 서로 의지하게 하면 하거(河車)의 길이 통하게 된다. 공부가 여기에 이르게 되면 축기(築基)의 공을 이미 절반은 얻은 것이다"라고 하였고,

또 이르기를

"조식(調息)은 반드시 후천의 호흡으로 하고 진인(眞人)이 호흡하는 곳을 찾아야 한다. 그러나 후천호흡을 조절하는 것은 모름지기 자연히 조절되도록 맡겨두어야 바야흐로 조절되어 선천호흡이 일어남을 얻을 수 있는 것이니 오직 허무에 이르고 고요함을 지킬 뿐이다.

진식(眞息)이 한번 움직이게 되면 현관(玄關)은 곧 멀지 않게 되니 발돋움하고 바라보면서 이룰 수 있을 것이다"라고 하였다.

광성자(廣成子)는 이르기를,

"신(神)을 고요함으로 싸안으면 형체는 자연히 바르게 될 것이니 너의 형체를 피로하게 하지 말고 너의 정(精)을 동요시키지 않아야 오래 살 수 있는 것이다. 눈에는 보이는 것이 없고 귀에는 들리는 것이 없으며 마음에는 지각하는 것이 없는 데에서 너의 신으로 형체를 지키게 한다면 형체는 곧 오래 살 수 있다. 너의 내부를 삼가고 너의 외부를 닫아야 하니 많은 지식을 쫓으면 무너지게 된다.

나는 그 하나를 지켜서 그것을 조화롭게 둔 까닭으로 내가 몸을 닦은 지 1200세이나 형체가 아직 조금도 쇠약해지지 않았다"고 하였다.

살펴보건대 조식하는 법은 장삼봉이 가장 상세하고 신을 안정시키는 이론은 광성자가 가장 정밀한 연고로 이를 인용하여 주해로 삼았다.

본 시의 첫 구절은 무화(武火)를 말한 연고로 금정이라 하였고 아래 구절은 문화(文火)를 말한 연고로 옥관이라 한 것이다.

날마다 서미(黍米)를 더한다면
흰머리가 붉은 얼굴로 돌아가리라.

「금단사백자(金丹四百字)」에 이르기를 '혼돈(混沌)이 허공을 싸고 허공이 삼계(三界)를 포괄하나 그 근원을 찾아 이르면 한 알의 좁쌀크기와 같다'고 하였다.

또 이르기를 '한 알에 한 알을 회복하여 미미한 것으로부터 나타나는 데에 이른다'고 하였는데, 이는 곧 날마다 서미(黍米)만큼씩을 더한다는 뜻이다. 사실대로 말하자면 차츰차츰 채취하고 차츰차츰 단련하며 차츰차츰 응결하는 데에 불과하고 좁쌀의 형상을 찾을 수 있는 것이 아니다.

「참동계(參同契)」에서 이르기를 '황금모래가 다섯 곳 안으로 들어가면 안개가 흩어져서 비바람이 치는 것 같고 훈훈한 증기는 사지에 달하며 안색이 환하게 윤이 나면서 좋아진다. 흰머리는 모두 검게 변하고 빠진 치아가 옛 장소에서 나오며 노인이 청년으로 돌아가고 노파가 처녀가 되며 형체를 바꾸어 세상의 재액을 면하니 그를 불러 진인(眞人)이라 한다'고 하였는데 곧 이 시 끝 구절의 뜻이다.

어떤 이는 이르기를 "머리의 백발은 그대로 있으나 얼굴이 어린아이와 흡사하면 이것으로 흰머리를 붉은 얼굴로 회복한 것이다"라고 하는데 이 말은 틀린 것이다. 수련가가 선천공부를 수행할 것 같으면 비록 백발이나 반드시 변하여 검은머리를 이루게 되는데, 구차스럽게 백발은 변하지 않고 겨우 얼굴모습만 붉고 윤택해진다면 이것은 곧 후천의 공부로 혹 채취하고 더하는 술법을 행하는 것뿐이니, 신선은 이와 같은 것이 아니다.

세속에서 선인(仙人)이라고 하는 학 같은 흰머리에 아이와 같은 얼굴은 곧 선가(仙家) 문 밖의 말이다.

여섯. 태식(胎息)

단을 속히 이루고 싶으면
먼저 환영의 경계[幻境]를 없애고

환경(幻境)이란 곧 세상에서 사람을 곤란하게 하는 일체의 환경(環境)이니 온갖 형태로 공격하여 고생시키고 얽어매어 쉬지 못하게 해서 죽음에 이를 때까지도 자신을 그것들로부터 떠날 수 없게 만드는데, 다음 생에 이르러도 이와 같은 삶을 반복하거나 혹은 오히려 현재의 생활에도 미치지 못하게 된다. 그러므로 수도하는 사람은 반드시 법에 의지하고 속세의 인연을 단절한 연후에야 바야흐로 빠른 효과를 거두는 것이다.

세상에는 수십 년간 도를 수련해도 조금도 진보함이 없는 사람이 있는데, 이는 모두 세속의 얽매임을 벗어버리지 못한 까닭이다.

앞 구절을 지금 살펴보니 앞서의 해석도 비록 옳으나 환경(幻境)의 본뜻은 아닌데, 처음 배우는 이들을 위하여 설법하였으므로 쉽게 말했을 뿐이다.

사실 환상의 경계라 말한 것은 곧 몸 가운데의 음마(陰魔)가 기회를

틈타서 몰래 온갖 경치를 나타내는 것이다. 혹은 사람들을 사랑하고 그리워하는 것으로 움직이고 혹은 공포스럽게 하며 혹은 성내거나 원망을 일으키게 하고 혹은 슬픔과 아픔을 느끼게 하며 혹은 신통(神通)하였다고 오해하게 하고 혹은 삿된 길로 이끌어 잘못되게 하는데, 심하면 신식(神識)이 혼미한 데에 이르러 자신의 팔다리나 몸을 해치게도 하고 우연한 견문으로 망령되게 성현을 만났다고 떠들게도 하니, 무릇 이와 같은 종류는 모두 환상의 경계이므로 반드시 쓸어버려야 마땅한 것이다. 법안(法眼)을 겪지 않고는 끝내 판별하기 어려운 것이니 배우는 자가 스승을 따르는 중요한 까닭이다.

세상에는 도를 닦은 지 수십 년이지만 조금도 마장(魔障)이 없는 자가 있는데, 다 아직 실행이 모자란 까닭이다.

한 마음 한 마음으로 신령스러운 약을 지키며
한 호흡 한 호흡을 건(乾)의 시초로 돌린다.

신령스러운 약이란 곧 묘하게 있는 것이고, 묘하게 있는 것은 곧 진식(眞息)이다. 한 마음 한 마음으로 신령스러운 약을 지킨다는 것은 마음을 호흡에 의지하게 하는 것이다. 건의 시초란 곧 진공(眞空)이며 진공(眞空)은 곧 도심(道心)이다. 한 호흡 한 호흡을 건의 시초로 돌린다는 것은 호흡을 마음에 의지하게 하는 것이다.

처음 배우는 이들도 수련하면 비록 마음과 호흡을 서로 의지되게 할 수 있으나 시간을 오래 끌지 못하고 또다시 분리되고 만다. 태식(胎息)에 이른 때라야 한 마음 한 마음과 한 호흡 한 호흡이 길게 서로 의지된다. 건의 시초란 것은 건괘를 그리기 이전의 시초를 가리킨 것이지 건의 초효를 이른 것이 아니다.

　「명도편(明道篇)」에 이르기를 '건괘가 그려지기 이전이 어떠한 모양인지 살펴보았더니, 한 획이 가까스로 이루어지자 온갖 현상이 생긴다'고 하였으니, 건의 시초란 것이 어찌 태극 음양이 아직 갈라지지 않은 상이 아니겠는가?

기를 회복하여 삼도(三島)에 통하고
신을 잊어서 태허에 합하니

　세 개의 섬〔三島〕은 사람 몸의 상·중·하 세 단전을 비유한 것이다. 노자가 이르기를 근본으로 돌아가는 것을 고요함이라 하고 고요함은 명(命)을 회복하는 것이라고 하였는데, 이는 곧 기를 회복한다는 뜻이다.

　사람의 몸은 본래 태허 가운데로부터 오는 것인데 한번 색상(色相)에 떨어지면 장애가 있게 되어 태허와 더불어 서로 합할 수 없다. 오직 도가 있는 자만이 일체의 색상을 망각할 수 있는 것이니 색상이 제거되면 곧 태허와 더불어 서로 합하게 된다.

　천은자(天隱子)는 도가에 속하는데 그 말에 이르기를 "사람들이 진리를 수련하여 갑자기 깨칠 수는 없으니 반드시 점차로 그것을 수행해야 한다"고 하였다.

　그 첫 번째는 제계(齊戒)라 하니 몸을 정결하게 하고 마음을 비우는 것이고, 두 번째는 안처(安處)라 하니 고요한 방에 깊이 거처하는 것이며, 세 번째는 존상(存想)이라 하니 마음을 거두고 성품을 회복하는 것이고, 네 번째는 좌망(坐忘)이라 하니 형체를 잊고 나를 망각하는 것이며, 다섯 번째는 신해(神解)라 하니 온갖 법에 신(神)이 통하는 것이라고 하였다.

전편(全篇)은 약 천여 마디의 말로 다 기록할 수는 없으나 이것이 그 요지인데 또 사마자미(司馬子微)의 좌망론(坐忘論) 역시 읽을 만하다.

이 단계의 공부는 심히 어려운 것으로 하루아침에 이룰 수 없는데, 뜻이 있는 자는 일이 마침내 이루어지는 것이니 오직 사람들의 굳센 의지력이 어떠한지를 볼 뿐이다.

오고감에
진여(眞如)가 아닌 곳이 없도다.

진여(眞如)는 불가의 명사이다. 불교 경전에서 이르기를 '여래장(如來藏)에는 두 가지 뜻이 포함되어 있는데 하나는 생멸의 문이고 하나는 진여의 문이 된다. 마음에 낳고 죽음이 없는 것이 곧 진여인데 만약 진여를 벗어날 것 같으면 곧 생멸하는 것이라'고 하였고, 또 이르기를 '참되다〔眞〕 함은 진실하여 허망하지 않다는 것을 말함이고 여여하다〔如〕 함은 항상 같아서 변하고 바뀌는 것이 없음을 말한 것이라'고 하였다.

일곱. 부화(符火)

태식이 실같이 이어지는 곳에서
모름지기 동정의 기틀(動靜機)을 나누고

음부양화(陰符陽火)와 기기의 동정〔氣機動靜〕은 앞에서 몇 단계의

60

공부에 이미 있었으니 반드시 태식 후에 있을 필요는 없다. 다만 단을 맺는 경지에 도달하지 못하면 그 기(氣)가 움직여 올라가서 때때로 유두(乳頭)에 부딪칠 때가 있다. 남자는 내려가서 생식기에 부딪친다. 단이 맺어지면 양쪽 유방은 이미 바짝 줄어들어 어린 소녀와 같이 되니 몸 가운데에서 비록 움직이는 기미가 있다 해도 다시는 외부를 향해서 발산되지 못하고 다만 안에서 움직일 뿐인 것이다.

움직임에는 또한 때가 있으니 혹은 며칠에 한 번 움직이고 혹은 하루에 몇 차례씩 움직이기도 하는데 그 공부하는 것이 부지런한가 게으른가를 보아 헤아린다. .

양의 빛〔陽光〕은 더욱 나아가고
음의 백〔陰魄〕은 흩어지는 것을 막아야 하리라.

움직임은 양에 속하고 고요함은 음에 속한다. 양기(陽氣)가 발동할 때 원신(元神) 역시 따라서 움직이는데, 기가 몸 안의 어느 곳에 이르면 신(神) 또한 같이 이르는 것이다. 양기가 발동하는 것을 나아가는 것이라고 이르는데 은밀한 가운데에서 신으로 도우니 나아갈수록 왕성해지므로 더욱 나아간다고 말하는 것이다. 양이 극에 이르면 음이 생하고 움직임이 다하면 반드시 고요함으로 돌아간다.

사람의 혼(魂)은 양에 속하여 위로 올라가는 것을 주로 하고 백(魄)은 음에 속하여 아래로 내려가는 것을 주로 하는데, 올라갈 때를 당해서는 내릴 수 없고 내려갈 때를 당해서는 올릴 수 없다.

음의 백이 흩어짐을 막아야 한다는 것은 기가 안정되고 고요한 상태에 있을 것 같으면 신도 반드시 안정되고 고요해지는 것이니, 그것으로 들뜨고 흩어져서 평안하지 못한 것을 막는다는 뜻이다.

못 속의 진주가 빛을 머금고
산꼭대기의 달이 찬란한 빛을 토하니

 깊은 못은 아래에 있으니 자궁 부위의 혈해(血海)를 비유한 것이고
산은 위에 있으니 양쪽 유방 부위의 전중(膻中)을 비유한 것이다.
 진주의 빛은 감추고 거두어들이는 것이고 달의 빛은 빛나고 밝은
것이다. 못 속이라 하고 빛을 머금었다고 하는 것은 그 고요하고 깊이
감추는 모양을 말하는 것이고, 산꼭대기라 하고 빛을 토한다고 하는
것은 그 움직임이 드러나 나오는 기미를 말하는 것이다.

여섯 시[六時]를 조금도 방임하지 않고
물을 대서 약의 싹을 살찌운다.

 여섯 시라는 것은 낮 동안의 여섯 시간을 이르는 것이 아니며 또한
밤 동안의 여섯 시간도 아니고, 곧 사람 몸을 비워서 묵묵히 움직이는
것을 여섯 시에 비긴 것이다. 옛사람들은 또 육후(六候)라는 것으로도
이름하였으니 일체 일반적인 시간에 구애받지 않아야 살아 있는 법이
변하여 죽은 법을 이루는 것을 면하게 될 것이다.
 만약 '사람 몸의 여섯 시가 무엇과 같은가' 하고 묻는다면 바로 '신
기(神氣)가 동정하는 데에 지나지 않고 음양이 승강하는 소식일 뿐'이
라고 하겠다. 조금도 방임하지 않는다는 것은 곧 생각을 일으키지 않
고 뜻을 산란되지 않게 하고 한 가닥의 선이 밑바닥에 닿는 것같이 중
간에서 이어짐이 끊어져 관통되지 않음이 없게 하는 것을 이름이니,
이 일단 공부의 수행을 마쳐야 바야흐로 자유로운 동작을 할 수 있다.

62

여덟. 접약(接藥)

현묘한 기틀의 절반을 깨닫고
단의 머리〔丹頭〕가 이슬과 같이 응결되니

　신선공부의 전체가 여기에 이르러 이미 반을 얻었으니 내단(內丹)이 맺힌 것이다. 이슬은 지면의 수분이 열로 인해 변화된 기로서, 공중에 흩어져 올라갔다가 밤에 이르러 찬 기운을 만나면 마침내 가장 쉽게 열을 발산하는 물체에 부착되고 응결되어 이루어지는 것이다. 단도(丹道)도 역시 이 이치와 같으니 신(神)으로 깨닫는 것이 옳은지라 말로써 전하기는 어렵다.

비록 목숨은 굳힐 수 있다고 하나
어찌 형체도 단련하여 완성했겠는가.

　이미 단을 맺는 것이 끝나면 온몸의 정(精)·기(氣)·신(神)이 모두 완전 견고해져서 장생할 수 있는 것은 결정이 된 것이고 단지 우화등선을 할 수 없을 뿐이니 이때는 인선(人仙)이라고 부를 수 있다.
　선(仙)에는 다섯 등급이 있으니, 귀선(鬼仙)이 있고 인선(人仙)이 있으며 지선(地仙)이 있고 신선(神仙)이 있으며 천선(天仙)이 있다.
　귀선은 귀신에게서 떠나지 못함이니 영계에 통하고 오래 살 수 있는데 일반적인 귀신들과는 같지 않다. 인선은 사람에게서 떠나지 못함이니 음식과 의복에서는 비록 사람들과 다름이 없으나 늙고 병들고 죽는 화는 면할 수가 있다. 지선은 지상에서 떠나지 못함이니 추위와 더위가 침범하지 못하고 배고픔과 목마름이 해칠 수 없는 것으로, 비록 간혹 신을 내보낼 수는 없으나 의식주에 얽매이는 것은 면할 수 있다.

신선은 능히 신통변화를 할 수 있으니 나아가고 물러감이 자유로워 육신을 버리고 표연히 혼자 서서 흩어버리면 기(氣)를 이루고 모으면 형체를 이루는 것이다.

천선은 신선의 자격을 가지고서 다시 위로 향하는 공부를 구하여 우리가 거주하는 세계 이외의 다른 세계로 뛰어넘는 것이니 아마 보통사람들의 생각으로는 헤아릴 수 없을 것이다.

코를 보아서 순수한 양을 접붙이고
신연(神鉛)으로 신령하게 신체를 투과하며

이 두 구절은 곧 범인을 뛰어넘어 성인으로 들어가는 실질적인 공부를 말한 것이니 이 도리로 말미암지 않고는 양신을 출현시킬 수가 없다.

현세에는 수련하는 전문가 한둘을 제외하고는 비단 이 공부를 할 수 있는 사람이 없을 뿐만 아니라 이 이치를 깨칠 수 있는 사람마저도 또 만나기 힘들다. 내가 만약 스스로의 생각으로 힘써 주석을 한다면 사람들이 이해할 수 없어서 도리어 웃음거리가 되며 망령되다고 할 것이 두려우므로 예로부터 서로 전하는 「진공연형단법(眞空煉形丹法)」으로 그 현묘하고 오묘한 뜻을 해석한다.

「진공연형단법」에 이르기를 '무릇 사람이 태어나기 이전에는 한 번의 들이쉼과 한 번의 내쉼으로 기를 어머니와 통하고 태어난 이후에는 한 번의 들이쉼과 한 번의 내쉼으로 기를 하늘에 통하는데, 하늘과 사람이 하나의 기운으로 이어져 유통하며 서로 통하고 서로 삼키는 것이 마치 톱질하는 것과 같다. 하늘이 기를 주어 그 기를 얻으면 기가 왕성해져 사는 것이고 다시 하늘이 취하면 그 기를 잃는 것이니 기가 끊어져 죽게 된다'고 하였다.

그러므로 성인은 하늘의 도를 관조하여 하늘의 운행을 파악하고 항상 태양이 동쪽에서 아직 떠오르지 않은 때에 정좌하고 신을 응결시켜 허(虛)로써 기다렸다. 안으로 뜻과 생각을 버리고 밖으로는 온갖 인연을 놓아버려서 홀연히 천지를 잊고 형체를 분쇄하면〔도가에서는 통상 허공을 분쇄한다. 형체를 분쇄한다는 등의 말이 있으나 물체의 형상을 잊는다는 뜻에 불과할 뿐이니 분쇄한다는 두 글자에 얽매이지 말아야 한다.〕 자연히 태허(太虛) 가운데에서 한 점의 이슬 같고 번개 같은 양(陽)이 있게 되어 홀연히 현묘(玄妙)한 문으로 들어가 장곡(長谷)을 꿰뚫고 니환(泥丸)으로 상승해서 변화하여 감로가 되어 오장 안으로 내려가는데, 곧 손풍(巽風)으로 고동(鼓動)시키고 응대하여 세 관문〔三關〕과 아홉 구멍〔九竅〕의 삿된 것들을 몰아내고 오장육부의 더러움을 쓸어 없애며 신체를 불태우고 형체를 달구어 숨어 있는 찌꺼기들을 소멸시켜서 몸의 오염되고 혼탁한 것을 다 뽑아내고 순수한 양의 신체로 변환시킨다.

그것을 오랫동안 쌓아가면 신선의 형체로 변화되는 것이다. 「파미정도가(破迷正道歌)」에서 이르기를 '진실로 100일 동안 위험을 방지한다면 피가 변화하여 기름이 되고 신체는 은과 같아지며 진실로 100일 동안 이지러지거나 손실이 없으면 옥 같은 기름이 윤택하게 흘러서 광명을 낸다'고 하였다.

「취허편(翠虛篇)」에서 말하기를 '황금빛 광명이 신체를 투과하고 나면 골수(骨髓)는 향기로워지고 황금 같은 근육과 옥 같은 뼈로 모두 순수한 양이 되고 붉은 피를 단련하여 희게 만들어 흐르게 하면 음기(陰氣)가 소멸되어 몸은 자연히 강건해진다'고 하였다.

구장춘(邱長春)은 말하기를 "오직 한 호흡 한 호흡을 길게 하며 서로 돌아볼 수 있다면 형체가 모두 바뀌어 옥액(玉液)이 흐른다"고 하였다.

장자경(張紫瓊)은 이르기를 "하늘과 사람은 하나의 기(氣)로서 본래는 같은 것인데 형체의 장애로 통하지 못하는 것이니, 수련하여 형체와 정신이 그윽이 합하는 곳에 이르면 바야흐로 색상(色相)이 곧 진공(眞空)임을 알게 된다"고 하였다.

형체를 수련하는 방법에는 모두 여섯 개의 문이 있으니

그 첫째는 옥액(玉液)으로 형체를 수련하는 것이고,

그 둘째는 금액(金液)으로 형체를 수련하는 것이며,

그 셋째는 태음(太陰)으로 형체를 수련하는 것이고,

그 넷째는 태양(太陽)으로 형체를 수련하는 것이며

그 다섯째는 내관(內觀)으로 형체를 수련하는 것이다.

이와 같은 것들은 모두가 허무대도(虛無大道)가 아니므로 끝내 태허(太虛)와 더불어 하나가 될 수가 없는 것이나 오직 이 한 가지 비결은 곧 진공(眞空)으로 형체를 수련하는 것을 말했으니, 비록 짓는 것이 있다고는 하나 실지로는 짓는 것이 없는 것이며 비록 형체를 수련한다고 하였으나 실지로는 정신을 수련하는 것이니 이것이 밖을 수련하면서 겸하여 안을 수련하는 것이다.

법에 의지해서 수련한 지 100일이면 일곱 군데 백[七魄]의 형체를 잊게 되고 삼시(三尸)가 종적을 감추며 여섯 가지 도적[六賊]이 잠복하고 열 가지의 마장이 멀리 달아나며 수련한 지 1000일이 되면 온몸이 마치 수정으로 된 탑과 같아져서 겉과 속이 영롱하고 안과 밖이 훤

하며 마음의 꽃에 찬란하고 영묘한 빛이 나타나게 된다.

그러므로 「생신경(生神經)」에서는 '몸과 정신을 하나로 합쳐야 진신 (眞身)이 되는데, 몸과 정신이 합하면 형체도 따라서 도에 통하게 된 다. 숨은즉 형체가 정신에 의해서 견고해지고 나타난즉 정신이 기(氣) 에 합하게 되어 물과 불을 밟더라도 해로움이 없게 되고 해와 달을 대 해도 그림자가 없게 된다. 죽고 사는 것이 자신에게 있으며 들고남에 막힘이 없는지라 혹은 형체를 남겨 세상에 머무르든지 혹은 형체를 벗어버리고 신선의 자리에 오른다'고 하였다.

진공으로 형체를 수련하는〔眞空煉形〕 단계의 공부를 살피건대 포 함하는 것이 심히 넓으나 겨우 이 몇 편의 시로써밖에 주해하지 못했 다. 비록 이후의 연신(煉神), 복식(服食), 벽곡(辟穀), 면벽(面壁), 출신 (出神) 등의 법이라도 또한 이것을 운용하는 밖을 벗어나지 못하는 것 으로 공부하는 과정의 깊고 얕음에 의지해서 단계와 등급을 나눈 것 에 불과하다.

품어서 먹이는 것을 모름지기 신중하게 하니
완전히 차게 되면 날아오르리라.

품어서 먹인다는 것은 곧 온양(溫養)한다는 뜻이다.

완전히 차게 된다는 것은 기(氣)가 이미 충족해지고 약(藥)이 이미 영묘해졌다는 것이다.

날아오른다 함은 대약(大藥)이 관문에 충돌하는 현상을 가리킨 것 같은데 만약 허공에 날아오르는 것으로 말한다면 아직 도달할 때가 아니다.

아홉. 연신(煉神)

태어나기 전의 사리자(舍利子)가
갑자기 들어와 나에게 안기니

사리자(舍利子)는 불가(佛家)의 명사인데 이곳에서는 원신(元神)으로
비유했다. 태어나기 전이라는 것은 곧 아직 이 육신이 있기 이전이다.
우리의 원신은 겁(劫)을 지나도 변하지 않으며, 변하는 것은 식신(識
神)인 것이다.

진공연형(眞空煉形)의 공부를 써서 식신을 점점 수련해 가면 원신이
조금씩 나타나게 된다. 비유하자면 거울을 닦는 것과 같으니 먼지와
때가 사라지면 광명이 나타나 일체를 신통으로 아는데, 이는 모두 나
의 본성(本性) 중에 본래부터 있던 것으로 밖으로부터 온 것이 아니다.

이 시에서 '갑자기 들어와 나에게 안긴다'고 말한 것은 기(氣)의 한
방면만을 가리켜 말한 것 같다. 그러나 이 시에서 기와 신(神)은 이미
나뉠 수 없으니 신을 말하나 기가 그 가운데에 있고 기를 말하나 신이
그 가운데에 있는 것이다.

여조(呂祖)의 「고효가(敲爻歌)」에서 '연지(鉛池)가 솟아 나오고 금빛
광명이 나타나며 홍화(汞火)와 유주(流珠)가 제경(帝京)으로 들어간다'
고 했는데, 연지나 금빛 광명이라 한 것은 기(氣)를 말한 것이고, 홍화
나 유주라 한 것은 신(神)을 말한 것이다. 제경은 곧 중단전인데 또한
강궁(絳宮), 신실(神室)이라 이름하니 곧 심(心)의 부위이고 마음은 한
몸의 군주(君主)가 되므로 제경(帝京)이라 한 것이다.

이 시에서 들어와 나에게 안긴다고 한 것이 또한 이와 같은 뜻이다.

연약한 그릇을 가진 듯이 삼가고
어린아이를 어루만지는 것같이 부드럽게 한다.

　노자(老子)는 이르기를 "가져서 채움이 그것을 그만두는 것만 같지
못하다"고 하였고, 또 이르기를 "이 도를 보존하고자 하는 이는 채우
려 하지 않는다" 하였으며, 또한 이르기를 "크게 채운 것은 빈 것 같
아서 그 쓰임이 다함이 없다"고 하였으니, 곧 이것으로써 이 시의 위
구절의 뜻을 알 수 있을 것이다.

　노자가 이르기를 "기(氣)를 순일하게 하고 부드러움을 이루어 능히
어린아이와 같게 할 수 있겠는가?" 하였고, 또 이르기를 "나 홀로 담
백함이여! 아직 그 조짐도 없으니 어린아이가 아직 웃을 줄도 모르는
것 같구나"라고 하였으며, 또 이르기를 "사람이 살았을 때에는 부드럽
고 약하나 죽으면 굳고 강해진다"고 하였으니, 곧 이것으로써 이 시
의 아래 구절의 뜻을 알 수 있을 것이다.

지문(地門)은 모름지기 굳게 잠그고
천궐(天闕)을 반드시 먼저 열어

　무릇 땅이라 말하는 것은 모두 사람 몸의 아래쪽에 있으며 하늘이
라 말하는 것은 모두 사람 몸의 위쪽에 있다. 수련자는 정기(精氣)를
아래로 누설하는 것을 가장 꺼리므로 아래의 규는 모두 거두어들여
견고하게 밀폐하는 것이 필요하다.

　일신(一身)에 정기가 점점 모이고 차나 아래로 누설할 수가 없으면
필시 상승하여 뇌(腦)의 부위에 부딪치게 되는데, 이때에는 귀에서 바
람소리가 들리고 눈으로는 빛이 번쩍거리는 것을 보며 뇌의 뒤가 진

동하고 배꼽 아래에서는 조수(潮水)가 솟아나는 등 이상한 광경이 대단히 많다.

용문파(龍門派)의 제17대인 광서(廣西)의 홍교수(洪敎燧) 군이 전하는 「금단가(金丹歌)」 한 수가 있으나 아직 세상에는 돌아다니지 않는데 일찍이 기록해 둔 바, 그 가운데에 있는 구절에서 이르기를 '만 마리의 말이 내달려서 두 귀를 공격하고 유성(流星)이 번개처럼 번쩍거리며 양쪽 미간에서 빛난다. 만약 여기에 도달해서 놀라거나 두려워하여 멈춰버리면 원래대로 돌아가 버리니 심신(心神)을 굳게 가져서 움직이지 말라'고 하였는데, 이는 곧 지문(地門)을 닫고 천궐을 열 때의 현상을 말한 것이다.

노란 싹〔黃芽〕을 청정하게 씻으니
산머리〔山頭〕에서 지뢰(地雷)가 울린다.

여조(呂祖)가 장선고(張仙姑)를 제도하는 「보섬궁사(步蟾宮詞)」에서 이르기를 '지뢰(地雷)가 진동하고 산머리〔山頭〕에 비가 오면 노란 싹을 씻어 땅에서 나오게 해야 한다'고 했는데, 노란 싹이란 대환단(大還丹)의 다른 이름이다.

이곳에서 말하는 산머리는 대략 머리 위의 니환궁(泥丸宮)을 가리킨 것이다. 앞의 시 제3수에서 말한 '산머리에서 바다 밑과 아울러 비가 지나며 한소리가 울린다'와는 글자 자체로 본다면 차별이 없는 것 같지만 실제로 말하면 효험이 크게 다르다.

씻는다는 작용은 조용하게 안정한다는 것을 벗어나지 않는다. 무릇 단도(丹道)는 작은 고요함 뒤에는 반드시 작은 움직임이 있고 크게 고요한 뒤에는 반드시 큰 움직임이 있는 것이다.

 그 고요하게 안정된 힘〔靜定之力〕이 더욱 깊어지면 진동하는 효과
도 더욱 커지고 그 진동하는 양이 충족되면 바로 정수리의 문을 부딪
쳐 열고 나갈 수 있는데, 크게 고요해진 이후가 아니면 능히 여기에
이르지 못한다. 지금 고요하게 안정하는 힘을 살펴보건대 우리들 스
스로의 주관대로 지을 수 있는 것으로서, 잠시로부터 오래도록, 얕은
데로부터 깊은 데까지 만들 수 있다. 진동의 효과는 자연스럽게 따르
는 것으로서 인력으로 억지로 조작하지 못하고 사람의 임의대로 할
수 없을 것 같지만, 조금 고요하면 반드시 조금 움직이며 크게 고요하
면 반드시 크게 진동하여 그 반응이 백에 하나도 틀리지 않는다.

 보통사람들에게 이 효험이 없는 것은 그들이 능히 조용하게 안정할
수 없는 까닭이다. 또 수련가로서 큰 효험을 얻은 자가 드문 까닭은
그들이 비록 고요하게 안정하는 것을 알고 있기는 하나 고요하게 안
정하는 힘을 의심하여 아직 심도 있게 하지 못한 까닭으로 인한 것이
다.

 석가의 문에서 선(禪)을 배우는 자도 역시 며칠씩이나 고요하게 안
정시킬 수 있으나 끝내 오래토록 이 효험이 없는 것은 한갖 타좌(打坐)
만하고 기를 단련하는 것을 알지 못하는 까닭이다.

※ 주해에 추가함

 사리자(舍利子)가 이곳에서 내단(內丹)의 대명사로 되어 있으나 불
가(佛家)에서 말한 사리자의 본뜻이 아니다. 결국 사리자와 금단(金丹)
은 같은 것인가 다른 것인가?

 불도를 수련하는 것과 선도(仙道)를 수련하는 것은 그 결과에 어떠
한 차이가 있는 것인가? 모두 우리가 알고 싶어하는 절박한 것들이지
만 각가(各家)의 경서에 다 언급되지 않았다. 비록 『능엄경(楞嚴經)』에

열 가지 종류의 신선의 설이 있으나 이것은 곧 불가 일면의 이야기인
것이니 무릇 고금 일체의 서적으로 열 가지 종류의 신선의 명목이 다
보이지 않으므로 정론으로 삼는 근거가 될 수는 없을 것 같다.

우리나라 사람의 습성은 조화(調和)를 숭상하는지라 유가와 도가가
충돌이 없는 것은 아니지만 그 기원이 같고 외부에서 들어온 불교에
대해서도 다르게 보지를 않아 서로 융통되니, 타종교들의 교리가 유
아독존한 것에 비교하건대 그 포용함이 넓어서 실로 크기가 같지 않
은 것이다.

청화노인(靑華老人)이 사리(舍利)를 논한 것이 가장 공평타당하다고
생각되는데, 이르기를 "불가에서는 견성(見性)으로서 종지로 삼으니
정기(精氣)는 귀한 것이 아니다. 만물은 낳고 죽음이 있으나 성품에는
낳고 죽음이 없으니 열반(涅槃)한 후에는 본성(本性)이 원명(圓明)해져
서 영원히 윤회를 면한다. 유해를 화장한 뒤에 나오는 사리는 정기가
응결하여 된 것으로 비유하건대 진주가 조개에서 나오는 것과 같은
것이니 영묘한 성품과는 별개이다. 그리고 빛을 발할 수 있는 것은 그
정기로부터 이것이 모인 것이다"라고 하였다.

사람 몸의 정(精)·기(氣)·신(神)은 본래 나눌 수가 없는 것인데 불
가에서는 홀로 명심견성(明心見性)만을 구해서 마음을 닦아 지혜를 발
현시키며 신광(神光) 한 가지만을 끌어내고 아래 정기가 남아서 서로
결합하여 형체를 이루는 것은 버려두고 상관하지 않는다. 그러나 여
러 가지의 누설이 이미 다하고 선정(禪定)의 공부가 깊어지면 그 몸
가운데의 정기도 또한 평범한 물건은 아니므로 사리자(舍利子)가 능히
변화은현(變化隱顯)을 할 수 있는데 광채와 색깔은 각기 다른 것이다.

이로 미루어 보건대 불가에서 불생불멸이라 하는 것은 정신이니 곧
성품이고, 그 사리자(舍利子)라는 것은 정기(精氣)니 곧 명(命)이다.

그들이 멸도(滅度)한 뒤에 정신은 이미 형상의 밖으로 뛰어넘었으나 정기는 아직 지상에 남아 있게 된다.

도가에서는 성(性)과 명(命)을 함께 닦아서 정·기·신을 혼합하여 하나로 만들고 주천화후(周天火候)로 몸 밖의 몸을 단련하여 신(神)이 여기에 있고 정(精)이 여기에 있으며 기(氣)가 여기에 있어서 나누려야 나눌 수가 없게 되는 것이다.

그러므로 신선이 된 후로는 육신의 변화된 기를 논하지 않았고 혹 시해출신(尸解出神)에도 모두 사리를 남기는 것이 없다. 만일 앉아서 선화하고 사리를 뒤에 남기는 이를 만났다면 그의 평소 공부가 필시 불교방면에 편중된 것으로 성(性)에는 상세히 하였으나 명(命)에는 간략히 한 것이다.

성명을 같이 닦는 사람이 몸의 정·기·신을 하나로 뭉쳐 투명하게 빛나고 활발해짐을 얻게 되면 뼈와 살이 함께 변화하고 털구멍이 모두 유통하며 피는 은으로 된 기름과 같고 신체에 불이 흐르는 것 같으며 사지와 온몸의 뼈마디 사이가 관통되고 청정허무(淸靜虛無)한 경계를 밝게 비추게 된다. 그러므로 오르고 잠기는 것을 헤아릴 수 없고 숨고 나타나는 것이 끝이 없는데 석가의 도는 이와 같지 않은 것이다.

불가에서는 성품을 단련하는 것을 중요시하여 하나의 영묘하고 빛나는 것을 되돌려 육근과 육진을 벗어버리니 이는 성(性)이 장생(長生)한다는 것이며, 선가(仙家)에서는 기(炁)를 단련하는 것을 중요하게 여겨서 온몸을 순수한 양(陽)으로 만들어 금광(金光)이 투사하여 나타나게 하니 이는 기(炁)가 장생한다는 것이다.

결국에 위가 없는 근원에 도달하면 성이 기로 나아가고 기가 성으로 나아가는 것이니 같은 것은 그 실질이요 다른 것은 그 이름뿐이다.

열. 복식(服食)

대지를 녹여서 산과 못을 만드는
조화의 공을 가운데다 품고

　대지를 녹인다는 본뜻은 다섯 가지 물질을 녹여서 만든다는 것인데
곧 조화(造化)의 위대한 공적에다 비유한 것이다. 건곤(乾坤)은 용광로
가 되고 음양은 수화(水火)가 되어 온갖 형상이 이로부터 만들어지니
이 만물에는 각기 한 태극(太極)이 있다.

　산과 못은 곧 만물 가운데의 한 물건들로서 이 산과 못 가운데에도
또한 조화가 있으니 이 한 물건들도 각기 한 태극을 얻은 것이다. 산
과 못이 기운을 통하고 진(震)과 태(兌)가 서로 교접하여 조화의 실상
이 나타난다.

　선도(仙道)를 닦는 사람은 허공 가운데의 맑고 영묘한 기운을 몸 가
운데다 거두어 쌓는 것인데 그러한 연후에 자신의 신(神)과 이 기운을
배합하여 그것을 단련하고 길러 시간이 오래 지나게 되면 신과 기가
한 덩어리로 뭉쳐 대단(大丹)이 비로소 이루어진다.

　그 뒷부분의 공부는 산에 거처하면서 하는 것이 좋은데 산중의 맑
고 영묘한 기가 도시와 비교해서 좋기 때문이다.

　그러나 산에 들어가는 데에도 또한 반드시 지세(地勢)를 잘 선택하
여 혹 나뭇가지로 집을 짓거나 동굴에 머물러야 하는데 음을 등지고
양을 전면으로 하며 바람을 막아주고 기가 모이는 곳으로서 산 뒤에
는 내맥(來脈)이 있고 좌우에는 병풍같이 가려져서 가운데에 혈(穴)이
맺혀 있으며 앞에 명당이 있는 곳에 있기를 바라니 이곳은 곧 건곤의

생기(生氣)가 축적된 곳이다.

해와 달이 오르내리며 조화가 운전되고 도인이 그 사이에서 수도하여 이 무한히 맑고 영묘한 기운을 얻어서 이로써 원신(元神)을 배양하면 환골탈태하지 못하는 사람이 있겠는가?

아침에는 태양의 까마귀 기(氣)를 맞이하며
밤에는 달의 두꺼비 정(精)을 마신다.

조개는 달빛을 받아서 진주의 태(胎)를 맺고 땅은 태양의 정(精)을 얻어서 금과 옥을 생산하는 것이니, 사람이 해와 달의 정화(精華)를 채취하는 것을 알면 선단(仙丹)을 맺는 데로 나아가서 평범한 몸을 변화시킬 수 있다.

그것을 채취하는 법은 이 경지에 도달하면 스스로 깨달을 수 있으니 반드시 집착을 없애야 장애가 없어져 두루 통하게 된다. 역근경(易筋經)에서 말한 태양의 정과 달의 빛을 채취하는 것과 같은 것들은 곧 무술을 단련하고 기르는 데에는 대단히 좋으나 선가(仙家)의 현묘함은 아닌 것이다.

시후(時候)의 단을 능히 채취하니
해마다 몸이 자연히 가벼워지고

천지의 영묘한 기를 채취하여 단을 맺는 데에는 모름지기 음과 양이 성쇠하는 때를 알아야만 조화의 현묘한 기틀을 얻어 몸을 바꾸는 것이니, 반드시 삼년구재(三年九載)의 공을 겪어야 한다.

원신(元神)이 와서 머무르는 곳에
온갖 규[萬竅]가 광명을 나타낸다.

　이것은 전신의 털구멍에서 모두 광명을 발현하는 것을 말한 것으로서, 단경(丹經)에 이르기를 '하루아침에 공(功)이 차는 것을 사람들이 알지 못하고 사방이 모두 밤에 빛나는 대궐처럼 된다'고 해서 역시 이 뜻과 같은데, 빛이 있게 되는 까닭은 아마도 몸 가운데에 기운이 충족됨으로 인한 연고일 것이다.

　세상에 있는 뇌정(雷錠)은 능히 빛을 말할 수 있고 장구한 시일을 경과해도 본체는 조금도 감소되지 않는다.

　저 지각이 없는 물질마저 영묘하게 다른 것이 이와 같은데 또한 어찌 신선의 몸을 의심할 것인가?

열하나. 벽곡(辟穀)

이미 영묘한 기를 채취하여 얻으니
맑고 시원해서 폐부(肺腑)가 기이하며

　이것은 불땐 음식을 끊음을 실행한 것이다. 이와 같이 될 수 있는 까닭은 영묘한 기가 우리의 몸에 충만함으로 인해서 자연히 먹는 것을 생각하지 않게 되는 것인데 배를 비게 해서 굶주림을 참는 것을 말한 것이 아니다.

신(神)을 잊어서 상(相)에 붙지 않으니
극(極)에 합하여 허공을 떠나서 있다.

    신(神)을 잊는 때에는 지혜가 있어도 쓰지 말아야 하는데 만약 총명
함을 드러내면 마장(魔障)이 생기기가 쉽다. 상에 붙지 않는다는 것은
색상(色相)에 붙는 것이 없음을 말한 것이다.
    극(極)에 합한다는 것은 태극(太極)에 합하는 것이다. 태극에 합한다
는 것은 곧 신과 기가 합일하여 음과 양이 서로 엮어지는 것인데, 이
와같으면 완공(頑空)에 떨어지지 않으므로 허공을 떠나서 있다고 하였
으니 공을 만난즉 멀리 떨어져 있다고 말한 것이다.
    셋째 구절은 색상(色相)에 붙지 않는 것을 말하였고 넷째 구절은 공
(空)에 붙지 않는 것을 말하였으니, 색(色)과 공을 함께 잊어야만 혼연
히 대정(大定)하는 것이다.

아침식사로 산에서 토란을 찾고
저녁에 배고프면 연못에서 영지를 채취한다.

    토란은 보통의 식품이니 사람들 모두가 아는 것이다. 영지의 모양
은 버섯과 같이 위에는 덮개가 있고 아래는 자루가 있는데 그 재질은
굳고 단단하며 광택이 있어 미끄럽고 본초(本草)에는 청(青)·적(赤)·
황(黃)·백(白)·흑(黑)·자(紫)의 여섯 가지 종류가 있는데 그것을 복
용하면 모두 몸을 가볍게 하고 수명을 늘릴 수 있다고 기재되어 있다.
「선경(仙經)」에 기록된 영지의 명목이 많게는 수십, 수백 종류에 이르
러서 다 나열할 수도 없는데 보통사람들이 얻을 수 있는 것이 아니다.

만약 불과 연기가 섞이게 되면
몸이 요지(瑤地)를 밟지 못하리라.

　선체(仙體)는 맑고 영묘함이 중요한 것인데 만약 불땐 음식을 끊지
못한다면 탁하고 평범한 기가 신체 가운데로 섞여 들어갈 것이니 어
찌 초탈(超脫)하는 것을 바라겠는가?
　요지(瑤地)는 여자신선들이 거주하는 땅이니 집선전(集仙傳)에 이르
기를 서왕모(西王母)의 궁궐은 왼편으로는 요지(瑤地)가 둘러져 있고
오른편으로는 취수(翠水)가 돈다고 하였다.

열둘. 면벽(面壁)

만사를 모두 끝내고
정신을 모아 조그만 탑에 앉으니

　면벽한다는 이야기는 달마(達磨)에게서 시작되었다. 양무제(梁武帝)
당시에 달마가 숭산 소림사에 머물러서 종일토록 벽을 향하고 앉아 9
년을 하루와 같이 했으므로 후세의 도가에서도 정공(靜功)을 닦는 것
을 모두 면벽이라 한 것이다.
　지금의 불가에서는 도리어 이 이야기가 없고 다만 나무아미타불만
알 뿐이다.
　벽곡(辟穀)의 한 관문을 통과하면 단지 불땐 음식만을 단절할 수 있
는 것이 아니라 영지나 토란 같은 종류도 또한 먹지 않을 수 있게 된

다. 옛 선인(仙人)들은 수련이 이 정도에 도달할 때 대개 깊은 산의 동굴을 택해서 은거하고 사람들에게 큰 돌을 사용하여 동굴 입구를 봉쇄하게 해서 들짐승의 피해와 인사(人事)의 번잡함을 면하고 또한 지켜서 보초서 주는 수고로움을 없앴다.

그러나 이 법이 오늘날에도 반드시 적당한 것은 아니다. 보통의 방법은 산림 속의 청정한 곳에서 검소한 방 몇 칸을 지어서 같은 도반들이 머무르게 준비한 연후에 나무를 사용하여 하나의 조그만 감실을 짓는 것인데, 그 가운데에는 겨우 한 사람이 앉기에 족하도록 하고 자리에 까는 것은 부드럽고 두텁게 하며 전면에 하나의 문만 열리도록 하고 나머지 세 방면은 비록 공기는 통하게 하되 바람은 들어올 수 없게 하는데 대나무와 실을 써서 발을 짜서 가려 막는 것이 가장 좋으니 가마 위에 쓰이는 것과 같은 것이다.

사람이 그 가운데에 날짜를 정하지 않고 앉아 바로 양신(陽神)이 몸에서 나오는 데에 이르도록 수련해야 비로소 공이 이루어진 것을 경하하는 것이니, 모름지기 밤낮으로 지키고 비호하는 사람이 있어야 의외의 위험을 방지한다.

중간에 만약 오랫동안 앉아 있기를 원하지 않는다면 잠시 나갔다 들어가는 것도 또한 가능하다. 이때에는 몸 안에 이미 기가 충만해서 먹는 것을 생각하지 않고 신(神)이 완전해져서 자는 것을 생각하지 않게 되는데, 그 외부의 상태는 코에 호흡이 없고 맥이 움직이지 않으며 온몸이 따스해지고 눈에는 신광(神光)이 있으며 그 신체 내부의 작용도 자연히 범부와 같지 않으니 보통사람들의 생리학으로는 판단할 수가 없다.

이와 같은 현상들은 현대에서도 그런 사람이 없지 않으니 내가 옛적에 진실로 친히 그들을 보았었다. 그러나 모두 그들이 어떤 종류의 신통이 있는지는 알지 못했는데, 이것이 혹시 단경(丹經)에서 말한 '지혜로워도 쓰지 않는다'는 것이 아닐까?

지금 본 시 구절 제3수 이후에서부터 제14수 끝 구절까지 쭉 살펴보니 대개 불가사의한 경계에 속하므로 주해를 지을 수 없었다. 전에 어떤 여도사는 아직도 내가 비밀을 지키고 있는 까닭이라고 의심해서 글을 보내 따졌었는데 어찌하겠는가, 내가 도인들을 찾아다니기 시작한 때부터 지금까지 이미 30년이나 실지로 아직 양신이 어떤 현상인지 어떠한 법으로 내보내는지를 눈으로 보지 못했고 당시에 스승의 전하심 역시 이것을 언급하지 않고 겨우 이르기를 때가 이르면 자연히 알게 된다고 했으므로 출신(出神) 이후의 여러 가지 작용은 실험한 것이 없어서 감히 망령되게 얘기할 수가 없다.

그러나 배우는 사람이 면벽 공부를 행할 수 있게 되면 어찌 출신(出神)하는 일을 모르는 것을 근심하겠는가?

잠시 성급함을 멈추고 앞날에 친히 경험함을 기다리는 것이 어떠하겠는가?

열셋. 출신(出神)

몸 밖에 다시 몸이 있으나
환술(幻術)로 말미암아 이룬 것이 아니니

지금 이 시를 살피건대 만약 전부 주해를 하지 않는다면 읽는 사람들이 생각하기를 불충분한 점이 있어서 그렇구나 하겠고, 만약 구절마다 주해를 한다면 또 붓을 그칠 수 없을까 괴로우니, 다만 전현(前賢)들의 어록 몇 구절을 발췌해서 출신(出神)하는 때가 어떠한 상태인가를 보이고자 한다.

출신한 뒤에도 아직 공부가 있는데 그 상세한 것을 알고 싶거든 단경(丹經)들을 널리 보고 몸소 체험하여 실지로 깨닫기를 바라니 이 편(篇)으로 한정할 수 있는 것이 아니다.

청화노인(靑華老人)의 어록에 이르기를 '양신(陽神)이 태(胎)를 벗어나기 전의 조짐은 빛이 배꼽 밖에 스스로 머물러 있고 향기가 코와 입 가운데에서부터 나온다. 이미 탈태(脫胎)한 뒤에는 황금빛이 사방으로 쏟아지며 털구멍들이 수정같이 빛나 태양이 바다에서 처음으로 오르는 것 같고 진주가 연못에서 처음 나오는 것 같으며 향기가 엉겨서 방안에 가득 차는데, 뇌성이 한번 울려 금화(金火)가 교류하면 양신이 이미 니환(泥丸)에서 나온 것이다'라고 하였다.

출신(出神) 이후가 완전한가 하는 것은 평소 공부로 보는 것인데, 만약 양신이 순수하게 선천(先天)의 영묘한 기로 결성된 것이라면 경계를 만나도 오염되지 않고 사물을 보아도 옮겨가지 않아 거두어들이고 내보내는 것이 나에게 있으니 오고가는 것이 마음대로이다. 만약 양신이 니환(泥丸)으로 나아가면 몸이 문득 불과 같이 뜨거워지면서 황금빛이 다시 털구멍들 사이로부터 나오고 향기도 또한 다시 엉키며 경각에 돌이켜서 황정(黃庭)에 도달하여 비록 있으나 없는 것 같아 지각할 수 없으니 이것이 진실한 경계이다.

만약 평소에 심지(心地)를 비워서 밝게 하지 못했다면 맺어진 태가 결코 성인의 태가 아니며, 내보낸 신(神)이 다소라도 순수하지 못하다면 한번 두려워할 만한 것을 보면 곧 공포가 생기고 한번 하고자 하는 것을 보면 곧 애욕이 생기니 곧 그것에 빠져 돌아가는 것을 잊어버리고 마도(魔道)로 떨어져 들어가는 것이다.

　몸은 이미 죽어버렸음을 알지 못하는 자들은 앉아서 선화(坐化)했다고 하나 양신(陽神)이 한번 나가 돌아오지 않아서 능히 찾을 수 없다는 것을 누가 알겠는가?

　물어 말하기를 "만일 심지(心地)가 순수하지 않았는데 태신(胎神)이 이미 나갔다면 그것을 어찌해야 합니까?" 하였다.

　스승이 이르시기를, "필시 부득이하게 연허(煉虛)에 한 번 더 손을 대야 하는 것이다. 태신(胎神)이 비록 나갔으나 모름지기 단단하게 거두어두고 따로 연허(煉虛) 한 단계의 공부가 완료되기를 기다려서 다시 방출하여 보내면 진광(眞光)이 법계(法界)를 임의대로 소요하며 크게 변화되는 것이다.

　연허가 완전하려면 가슴속에 호호탕탕함을 품는 것이 중요하니 나도 없고 남도 없으며 무엇이 하늘이고 무엇이 땅인지 모를 혼혼돈돈(混混沌沌)한 가운데에서 맑고 빈 하나의 기운을 깨달아 나이면서 내가 아니고 비었으면서 빈 것이 아닌 것으로서 조화를 움직이며 나누려야 나눌 수 없고 합하려야 합할 수 없는 이것을 연허(煉虛)라 하는 것이다.

　무릇 양신(陽神)의 허(虛)로서 태허(太虛)의 허(虛)에 합하면 틈이 없이 융합되는 것이니, 이른바 형체와 정신이 함께 묘하게 되고 도와 같이 진(眞)에 합한다는 것이다. 이것은 곧 출태(出胎) 이후의 공부이고 몸을 나누기 이전의 일이다" 하였다.

　물어 말하기를 "양신(陽神)과 음신(陰神)의 구별은 어떠합니까?" 하였다.

　스승이 이르시기를, "음(陰)이 다 없어지지 않았고 신(神)을 내보냄이 너무 이른 것을 음신이라 한다. 그것이 나가는 때에 혹 눈 가운데

에 어떤 흰빛이 보이면 신이 눈으로부터 나가고 혹 귀 가운데 큰 종소
리나 음악소리가 들리면 곧 귀로부터 나간다. 그것은 양기(陽氣)가 아
직 굳건하지 못한 까닭으로 천관(天關)을 쳐서 열 수 없으므로 곁에
있는 다른 작은 길로 달려가는 것이니 그 편한 것을 쫓음이다.

이미 나간 뒤에는 또한 스스로의 쾌락을 쫓아서 거리를 돌아다니거
나 물가를 찾고 산에 오르는데, 다만 형체를 이룰 수는 있으나 형체를
나눌 수는 없고 다만 높이 오르고 달리는 인간이 될 수는 있으나 변화
하여 날아오를 수는 없으며 만약 한여름에 태양이 하늘에 있으면 음
신은 두려워서 그것을 피한다. 그러므로 비록 신선의 풍모를 지녔으
나 귀선으로 나아가는 것을 면하지 못하는 것이다" 하였다.

물어 이르기를 "음신을 연단하여 양신(陽神)으로 만들 수 있겠습니
까?" 하였다.

스승이 이르시기를, "할 수 있다. 선도를 배우는 도인들은 소승(小
乘)에 자처하는 것이 달갑지 않은 것인데 다만 음신을 얻어서 이미 나
간 뒤라면 다시 수련을 해서 그 음신의 원형을 분쇄하여 아래의 금정
옥로(金鼎玉爐)에 쏟아 붓고 다시 새롭게 불을 일으켜 화후(火候)가 충
족될 때 자연히 음이 다하고 양이 순수해져 진인(眞人)이 형상을 나타
내는 것이다" 하였다.

물어 이르기를 "음신은 어찌해야 능히 원형이 분쇄되겠습니까?" 하
였다.

스승이 이르시기를, "그 몸을 잊고 그 마음을 비워서 공허한 가운데
에 한 물건도 생김이 없으면 범태(凡胎)가 바뀌어 영태(靈胎)가 되며
세속인이 변화되어 진인이 되는 것이니 일을 마친 것이다" 하였다.

물어 이르기를 "몸 밖에 몸이 있은 연후에는 어떠한 공부를 또 하
는 것입니까?" 하였다.

스승이 이르시기를, "좋은 질문이로다. 여기에는 그 길이 두 가지가 있는데 하사(下士)는 몸을 버리고 가므로 그 일이 빠르고 상사(上士)는 몸도 함께 가니 그 일이 느리다.

양신(陽神)이 정수리를 통과한 후에는 태허 중에 노닐면서 스스로 즐거우니 순식간에 만 리를 날아올라 구름과 노을을 밟고 구부려 산과 바다를 보기도 하는데 온갖 변화가 마음먹은 대로 따른다. 허망한 몸을 돌아보면 하나의 진흙덩어리와 같아서 그것을 버리는 것보다 못하므로 황량한 바위에서 몸의 허물을 벗고 먼 땅에서 형체를 남기는 것이니 이것은 몸을 버리고 가는 사람들이 하는 것이다.

만약 뜻이 있는 도인은 빠른 효과를 바라지 않고 스스로 천천히 공부하는 것을 원해서 양신을 내보낼 만해도 내보내지 않고 허망한 몸을 버릴 만해도 버리지 않아 원령(元靈)을 지키고 보호해서 천 번을 달구고 만 번을 연마하여 그 신(神)을 잊어 태허(太虛)와 같이하며 순수한 불로 삶아 그것과 함께 변화시켜 몸체를 모두 미진(微塵)으로 변화시키는 것이니 이것이 몸도 함께 가는 사람들이 하는 것이다. 여기에 함께 열거해 놓았으니 듣는 사람이 스스로 선택할 일이나 뜻이 있는 사람은 상사(上士)의 법을 취하는 것이 마땅하지 않겠는가?

충허자(沖虛子) 어록에 어떤 이가 묻기를 '양신이 나가는 것은 꼭 몸밖에 몸이 있는 것을 고집할 필요는 없는 것으로서 이미 명백하게 명(命)을 이었다면 형상으로는 볼 수가 없는 것인데 어째서 그것을 양신을 내보낸다 합니까?' 하였다.

답하여 이르시기를, '본성(本性)은 영묘하게 빛나서 있는 것도 아니고 없는 것도 아니며 있으면서도 없으니 숨고 나타나는 형상이 어찌 하나에 구애되겠는가?' 하였다.

옛날에 유해섬(劉海蟾) 진인은 백기(白氣)로 내보냈고 서산(西山) 왕

조사(王祖師)는 꽃나무로 내보냈으며 마단양(馬丹陽) 진인은 우레와 번개로 내보냈고 손불이 원군은 향기로운 바람과 상서로운 기운으로 내보냈으니, 이 몇 사람들은 비록 형상으로 볼 수는 있었으나 사람 몸은 아니었다.

또 남악(南嶽) 남양소(藍養素) 선생은 박장대소하면서 내보냈고 구장춘(邱長春) 진인은 스스로 말하기를 '양신을 내보낼 때 세 차례 쳐서 천문을 뚫고 바로 아래의 삼라만상을 살피고 산하대지를 손바닥같이 본다'고 하였으니, 이 두 사람도 모두 형상이 없었음을 볼 수 있으니 역시 몸은 아닌 것이다. 어찌 반드시 몸 밖에 몸이 있는 것에 구애된 후에야 나가겠는가?" 하였다.

묻기를 "어찌한 연고로 이렇게 같지 않는 것입니까?" 하였다.

답하여 이르시기를, "출정(出定)할 만한 때에 생각에 움직임이 있으면 그것이 나가는 기회에 따라붙어 생각에 따라 변화를 나타내는 것이다. 그러므로 생각이 몸으로 변화하는 데에 있지 않으면 필시 몸이 있는 것으로 나타나지 않는 것이고, 생각이 만약 몸으로 변화하는 데에 있으면 반드시 몸이 있는 것으로 나타나지 않을 수 없다.

나의 이 말은 또한 우리 종(鍾), 여(呂), 왕(王), 구(邱), 이(李), 조(曹)의 여러 조사, 진인 문하에서 득도성선(得道成仙)하신 분들의 말씀이다. 이것이 문하인들이 말하는 평범한 이야기라 해도 방문범부(旁門凡夫)는 조금도 언급하지 못하는 것이니 그들은 비록 듣는다 해도 또한 소용이 없다.

후세에 무릇 우리 구장춘 문하의 문파에 나아가 도를 받는 자들은 반드시 기록하여 알 것이니 그때를 당해도 놀라고 의심나는 것을 거의 면할 것이다" 하였다.

열넷. 충거(沖擧)

아름다운 시절에 바야흐로 골짜기에서 나와
지척에 있는 하늘의 궁전에 오르니

   날아오른다는 것은 곧 세속에서 말하는 백일비승(白日飛昇)이 이것
이다. 「참동계(參同契)」에서 말하기를 '부지런히 수행하여 아침저녁으
로 쉬지 않고 복식한 지 3년이면 가볍게 비승하여 먼 곳에서 노닐게
되니, 불을 넘어도 타지 않고 물에 들어가도 빠지지 않으며 있고 없는
것이 자유로워서 항상 즐겁고 근심이 없게 되고 공이 차면 상천(上天)
으로 비승한다'고 하였다.
   옛날에는 이 설을 따랐으나 현대에서는 아직 견문하지 못하였으므
로 이론상 증거가 없어서 괴롭다. 역대 신선들의 전기 같은 것으로 증
거를 삼으려 해도 겨우 몇 사람으로 진기하므로 듣는 자는 혹 즐거워
하다가도 책을 덮으면 잊어버리고는 도리어 다시 그것이 위조된 사실
이라고 의심하여 미신이라고 떠드니 필시 평소에 선도를 불신하던 사
람 하나를 찾아서 그 사람의 말이나 글에서 하나의 반증을 얻은 것이
있은 이후에야만 바야흐로 의심을 없앨 수 있을 것이다. 시험삼아 당
나라 한퇴지 선생이 사자연(謝自然)에 대해 지은 시에서 이른 것을 보
건대

   과주 남충현(果州 南充縣)의
   가난한 집 딸 사자연(謝自然)은
   어릴 때는 어리석고 아는 것이 없었는데
   단지 신선이 있다는 것을 듣고

목숨을 가벼이 그 술(術)을 배우며
금천산(金泉山)에 있었으니
화려함과 좋아하는 것을 단절하고
부모의 자애로운 사랑도 잃었었다.

어느 날 아침 빈 방에 앉으니
구름과 안개가 그 가운데에서 생기더니
음악소리 같은 것이
아득한 하늘로부터 들려오는 것 같고

처마와 기둥 가까이에서는
오색 광명이 연이어서 명멸하니
보는 자들이 놀라고 두려워
어찌 감히 앞에서 얼씬거렸겠는가.

순식간에 스스로 가볍게 날아서
바람 가운데에 연기와 같이 나부끼더니
아득히 천지사방으로 확대되어
그 영향이 유래가 없었다.

동네의 아전이 그 사실을 보고하니
군수가 놀라고 탄복해서
관리에게 수레를 몰게 하여
세속의 백성들과 서로 다투어 갔다.

문에 들어서니 보이는 것은 없고

모자와 신발만이 허물 벗은 매미와 같았는데
모두 신선의 일이라 말하니
확실히 믿고 전할 수 있는 것이다.
　[후반부는 생략한다. 과주는 지금 사천(四川)의 순경부(順慶府)에 있다.]

　이 시는 모두 330자로서 전반에는 사실을 서술하고 후반에는 논평
하였는데, 무릇 나쁜 명사들은 거의 모든 종류를 사용하여 가난한 여
자, 어리석은 아이, 이매(魑魅), 황홀, 날이 어둡다, 바람이 분다, 신간
(神姦), 망량(魍魎), 유명(幽明), 인귀(人鬼), 목석(木石), 괴변, 여우와 너
구리, 요환(妖患), 외로운 혼, 심원(深寃), 이물(異物), 감상(感傷) 등과
같은 자구들로 더할 수 없이 헐뜯는 것을 능사로 했으나 한 선생(韓先
生)은 불신을 버리고 세상에 신선이 있다고 안 것이다.
　비록 그러나 한 선생은 끝부분에서 주장하기를 "역시 인생에는 당
연한 이치가 있으니 남녀에게는 각기 윤리가 있고 추위와 배고픔에는
길쌈하고 농사지음이 있다. 아래로는 자손을 보전하고 위로는 임금과
부모를 받드는 것이다. 진실로 이 길과 다르다면 모두 그 몸을 버리게
된다"고 운운하여 말했으니, 오호라, 이와 같은 견해는 우물 속의 개
구리나 바지 속의 이와 어찌 다르겠는가. 어찌 족히 우리의 희망을 만
족시키겠는가?
　대저 신선이 귀한 까닭은 그것을 성취하여 범상하고 속된 것을 만
배나 초월해서 속세의 모든 고난을 이탈하고 범부의 모든 속박을 벗
어버리는 데에 있는 것이지 한낱 신선의 이름으로 노는 데에 있는 것
이 아니다. 그것을 이름하여 신선이라 해도 좋고 요괴나 마귀라 해도
또한 좋은 것이나 논쟁할 것은 사실의 진위일 뿐이다.
　사자연이 상승한 사실을 당시에 함께 눈으로 보았으니 비록 한 선

생만이 고집을 피운다고 해도 또한 인정해 주지 않을 수 없었다. 그러나 그는 본래 유교에다 몸을 담고서 도교와 불교를 배척하는 등 도모(道貌)가 엄연한데 하루아침에 절개를 바꾼다는 것을 그가 어찌 감당하겠는가?

이로써 볼 때 신령스러운 행적이 오명을 입은 것이 또한 족히 괴이할 것이 없음이다.

내가 『용성집선록(墉城集仙錄)』이란 책을 읽으니 사자연 여진(女眞) 일생의 신기한 사적들이 상세히 기록되어 있었으나 생각건대 감히 진실하다고는 일찍이 믿지 않았었는데, 이제 이 시에서 말한 '순식간에 스스로 날아서 바람 가운데에 연기와 같이 나부긴다', '문에 들어서니 보이는 것은 없고 모자와 신발만이 허물벗은 매미와 같았다'는 등의 여러 어구들을 읽은 연후에 날아 올라간다는 설이 속이는 것이 아니라는 것을 알게 되었다.

뒤에 배우는 이들이 힘쓰지 않을 수 있겠는가?

여공정법

女功正法

영양도인(靈陽道人) 원저
진영녕(陳攖寧) 정리

꿇

이 글은 영양도인 하선고(何仙姑)가 기술했다고 하는데 뒤의 「서왕모 여수 정도 십칙(西王母 女修正途 十則)」과 대동소이하다.

아마 「서왕모 여수정도 십칙」에 엮은이 나름대로의 약간의 첨삭이 있지 않 았나 하는데, 뒤에 덧붙인 몇 가지도 참고할 만한 가치가 있는 것들이다.

이 「여공정법」도 여자 수련자들을 위주로 하였으나 남녀 모두에게 해당되 는 수련법으로, 역시 진영녕이 정리·주해하였다.

정리자 머리말
女功正法陳序

　　이 책의 본래 이름은 『증보 금화직지 여공정법(增補 金華直指 女功正法)』이다. 제목에는 곤교(坤教)를 맡아 이끄는 청하원군(靑霞元君) 영양도인(靈陽道人) 하선고(何仙姑)가 칙령을 받들어 기술한 것으로 되어 있는데, 그 대부분이 어지럽게 기술되어 있었다. 앞부분에는 광서(光緖) 6년에 순양자(純陽子)가 지었다는 설명 한 편이 있으나 근거 없는 말로서, 비록 천이백 자나 되게 글자가 많으나 모두 잡되게 주워 모아 문장을 이루고 쓸모 없는 말과 헛된 소리로 여조(呂祖)에게 거짓으로 의탁하였으므로 수록하지 않는다. 또 도교, 유교, 불교, 사교(邪教) 네 편이 있으나 여단(女丹)의 일과는 관계가 없으며 삼교에 대한 대지(大旨)와 그 역사를 논해놓은 것에 치우치고 빠진 것이 매우 많고 사교(邪教) 한 편의 문자는 더욱 잘못되었으므로 삭제해 버렸다.

　　첫째절의 시작부터 여섯째절에 이르기까지는 모두 여단공법(女丹功法)을 말하였다. 비록 억지로 조작한 것 같아서 자연스러운 방법은 아니지만 그 방법의 유래가 이미 오래므로 배우는 사람이 몰라서는 안 된다.

일곱째절은 너무 간략해서 의심스럽다.

여덟째절과 아홉째절은 양신(陽神)에 대해서 논급(論及)했는데, 불교명사가 많이 들어와 있어서 선가(仙家)의 전문술어와 많이 다르고 지금도 역시 그러한 설이 조금씩 있으나 해석하지 않았다.

열째절은 중요한 것이 없다.

열한째절은 대개 글을 지은 자의 이상(理想)이니 모두 논의하지 않는다.

부록의 두 가지 방법은 참고로 제공할 뿐이다.

원본의 책 끝에는 일곱 마디로 된 시 열여섯 수가 더해져 있고 이름을 「여공정법첩결(女功正法捷訣)」이라 하였는데, 그 운용하는 것이 앞에 있는 각 절과 서로 같아서 거듭 설명하는 한편에 불과할 뿐이므로 생략하였다.

독자는 모름지기 신선(神仙)의 학문에는 네 가지의 큰 원칙이 있다는 것을 알아야 하는데

첫째는 실지에 힘쓰고 공허한 데에는 힘쓰지 않는 것이고,

둘째는 사실을 논의하고 이론은 논의하지 않는 것이며,

셋째는 역행은 귀중하고 순행은 귀중하지 않는 것이고,

넷째는 구결은 중요시하고 문장은 중요시하지 않는 것이다.

무릇 단경(丹經)과 도가의 서적들을 살펴볼 때 모두 이 원칙에 의거해서 구한다면 미혹됨을 거의 면할 것이다.

이제 이 글을 보건대, 말하는 것이 사실로서 이치가 아니며, 행하는 것은 역행으로 순행(順行)이 아니고, 전하는 것이 구결로서 문장이 아니니, 둘째·셋째·넷째 각 항목의 원칙에 대하여 모두 들어맞는다. 오직 글을 지은 사람이 본래의 성명을 쓰지 않고 여순양과 하선고에게 가탁(假託)함으로써 공허하고 실지가 없음을 면하지 못하여 첫째

항목의 원칙과는 들어맞는다.

그러므로 글 가운데에서 현저하게 잘못된 곳은 모두 삭제하려 했는데 그 잘못된 것을 버리면 참된 것이 있게 되는 까닭이다. 세상의 지혜 있는 학자들은 마땅히 같은 뜻일 것이다.

중화민국 24년 6월(황제기원 4632년)
환강(晥江) 진영녕(陳攖寧)이 상해에서 쓰다.

총 론

남자는 16세에 정(精)이 통하는데 정이 충만하면 누설되는 것이고, 여자는 14세에 경도가 행해지는데 경혈이 가득하면 넘치게 된다.

누설하지 않거나 넘치지 않게 하고자 하는 사람은 반드시 바람과 불을 알아야 하는데, 불은 곧 원신(元神)이고 바람은 곧 진식(眞息)이니, 신(神)과 식(息)을 서로 의지하고 관조함으로써 그것을 얻는다.

그 방법은 눈 가운데의 현규(玄竅)로 기혈(炁穴) 안으로 들어가서 보는 것이니, 기(炁) 속에 신(神)을 응결해 의식을 잡아매 모으고 자연스럽게 바람과 불을 쉬지 않고 사귀게 하면, 정이 바뀌어 기(氣)를 더하고, 기가 바뀌어 신(神)을 증가시켜 신(神)이 원만해지고, 형체를 변화시켜 몸 밖에 몸이 있게 된다.

결(訣)에 이르기를 '다만 신(神)과 식(息)이 항상 서로 돌아보게 하는 것으로 형체를 모두 바꿔서 옥액(玉液)이 흐르게 하고, 장생굴을 오랫동안 바라보는 것으로 수련하여 양신(陽神)이 머리 위에 나타나게 하라. 만물의 삶에는 모두 죽음이 있으나 원신(元神)은 죽어도 다시 산다는 것을 반드시 깨달아 능히 심신(心神)을 기혈 안에 묶어두면, 영아 (嬰兒)가 평안히 길러져 안정된 공을 이루게 된다' 하였다.

사람들이 능히 이것을 근본으로 하여 수련을 한다면 어찌 내단(內 丹)을 이룰 수 없다고 걱정하겠는가. 임독맥으로 나아가서 내외에 있는 가운데 관문으로 운전하는 것을 법으로 삼는 것인데, 다만 여자가 수련하는 것은 약간 다름이 있으니 공부의 시작을 위 관문인 유계(乳 溪)에서 한다. 계속하여 가운데 관문인 배꼽 안에 있게 하고 끝에는 아래 관문인 자궁으로 돌아갔다가 다시 가운데와 아래를 변화시켜 한 혈이 되어야 한다.

남자는 정(精)을 수련하므로 태양연기(太陽煉氣)라 이름하고 여자는 혈(血)을 수련하므로 태음연형(太陰煉形)이라 이름한다.

불과 바람의 비밀은 마땅히 문(文)과 무(武)를 살펴야 하는 것이니, 무화는 중간에 쓰는 것이고 문화는 처음부터 끝까지 쓴다. 주천(周天) 이 운행되면 주시하면서 떠나지 말 것이며, 하루 열두 시 중에 생각이 이르면 모두 할 수 있는 것이다.

선천(先天)의 기(炁)와 후천(後天)의 기(氣)를 능히 얻은 자는 날마다 항상 취한 것 같다.

세속의 여자들은 관습에 물든 것이 너무 심한지라, 비리고 냄새나는 음식을 탐닉하고 쉽게 욕념(慾念)이 생겨 남자와 결혼을 하게 되나, 마음 가운데에는 스스로 원망스러움을 품어서 봄·가을로 마음을 상해서 놀라는 병이 생기게 되고, 많이 먹어 냉(冷)이 생기며 다시 더하면 경도가 응체하게 된다. 거기에 또 다시 유혹을 만나면 몸과 마음이 모두 무너져 한을 안고 인생을 마치는 것이니 사람들은 마땅히 이것을 거울 삼아 잘못된 인연을 짓지 말아야 할 것이다.

참는 것으로 스스로를 위안하고 뉘우치는 것으로 스스로를 즐거워

하는 생각을 가져 마음은 멈춰 있는 물과 같이 하며 시시각각 언행을
조심하여 기거 동작에 정절을 온전히 지키고 애정관을 타파하여 욕망
의 바다를 뛰어넘으라.

몸 가운데의 천계(天癸)는 명을 기르는 원천이니 급히 공부방법을
구해서 수련으로 변화시켜 참된 몸을 이루어야 할 것이니 공적이 있
는 인간은 그 신(神)이 천상으로 돌아가는 것이다.

너희 수련하는 사람들은 각자 힘써 노력할 것이다

(이 편은 약 940여 자인데 두서없이 강단에서 훈시하는 종류의 글 같
다. 글의 대부분이 터무니없으므로 이제 태반을 빼버리고 겨우 400여 자
만 남겼다).

첫째절. 마음을 정결히 하여 기초를 알다

만약 기초를 알려고 하면 모름지기 먼저 마음을 정결히 해야 한다.
티끌 하나에도 물들지 않고 온갖 형상에 미혹되지 않게 마음을 비워
청정하게 하려고 하면 자연히 고요히 안정되어 거울이 밝아진 것 같
고 물이 맑아진 것 같아져서 마음이 이에 정결해질 것이니, 곧 구하는
기초를 알게 된다.

여자는 곤체(坤體)인데 등은 음이요 배는 양이 되고 유방은 외부의
규(外竅)요 유계(乳溪)는 내혈(內血)이며 여섯째 중루육분 반이 되는
곳과 열째 중루외궐〔十重樓外闕〕은 상대가 된다.

먼저 학을 걸터앉은 것처럼 앉아 다리와 무릎을 교차하여 겹치고
굳게 하관(下關)을 닫으면 원기(元炁)가 견고해지는데, 상관(上關)으로

움직여야 아래로 누설되는 것을 면한다.

중관(中關)은 배꼽 안으로 한 치 세 푼이다. 다섯 가지의 누설됨을 없애고자 하면 모름지기 세 곳의 관문을 지켜야 한다.

귀로 항상 내부의 소리를 듣고 눈으로 항상 내부를 응시하며 입을 닫아 말을 없애면, 기(炁)는 유계(乳溪)로 들어가고 신(神)이 금실(金室)에 응결되며 성(性)은 각해(覺海)에서 안정된다. 의식으로 단궁(丹宮)을 주시하고 오직 하나를 돌이켜 보며 금모(金母)를 마음으로 본다.

노자는 규(竅)를 보고 부처는 코끝을 보았었다. 끝이란 것은 곧 코의 꼬리인데 산근(山根)이라 이름하며 두 눈 가운데에 있다. 지극한 성인들이 이곳을 돌아보았으니 마땅히 머물러야 할 곳이다. 오직 그 가운데를 잡아야 하는 것이니 윤집궐중(允執厥中) 지극한 선(善)이 있는 곳이다.

〔진영녕이 살펴건대, 부처가 코끝을 보았다는 이 법문은 불교의 『능엄경(楞嚴經)』에 보이는데, '손타라 난다(孫陀羅 難陀)가 코끝을 보고 코 가운데의 기운을 보았더니, 들어가고 나가는 것이 연기 같아지더니 연기의 모양이 점점 사라지고 흰 기운을 숨쉬는 상태가 되었다'고 하였다. 앞에서와 같이 만약 산근을 본다면 어떻게 코에서 호흡이 들락거리는 것을 보겠는가. 또 코끝이라는 '끝' 자를 살펴보면 사전에는 머리 수(首) 자로 해석되어 있는데 수(首)는 곧 머리 두(頭)이다. 코끝으로 나아가라는 것은 코의 머리를 가리켜 말하는 것이지 결코 코의 꼬리는 아닌 것이다. 산근을 보는 방법이 어떻게 훌륭한지는 논하지 않겠거니와 모두 불교에서의 코끝을 보는 방법은 아니다. 산근과 코끝은 위아래로 위치가 같지 않으니 후학들은 오해하지 말 일이다.〕

열두 시 가운데에서 그 나타나지 않음을 관조하면 칠정(七情)도 없는 것이고, 오온(五蘊)은 원래 공허한지라 마음이 항상 자유스럽고 활

발해져 우리 여조사(呂祖師)와 같아질 것이다. 도의 근원은 옥청(玉淸)
이니 정신을 기혈에 응결시켜 하단전을 주시하며 의식을 눈 가운데로
부터 끌어내 기혈에 들어가면 선천기가 오고 후천기가 들어올 것이니
시시각각 그것을 보존할 것이다.

　여자는 유계(乳溪)가 상단전이 되고 배꼽 뒤 신장 앞이 중관(中關)이
되며 빈호(牝戶)가 하관(下關)이 된다. 자궁은 큰 솥인데 눈 가운데로
부터 끌어내서 유계로 들어가면, 배꼽 안의 자궁으로 하나의 맥이 서
로 통하게 된다.

　선천의 종자(先天種子)는 목숨의 본원이라. 남자의 원정(元精)은 지
극한 양(陽)의 기이고, 여자의 진혈(眞血)은 지극한 음(陰)의 정(精)으로
서 몸을 만드는 보배며 만 가지 변화의 근본인데, 남자는 명문(命門)에
감추어져 있으니 곧 기혈이요, 여자는 빈호(牝戶)에 감추어져 있으니
곧 자궁 안인 것이다.

　욕념이 동하면 머무르게 하기가 어렵고 마음이 안정되어야 보존할
수가 있는 것이니, 그러한 연후에 모름지기 바람과 불로써 단련하고
변화시켜야 항상 보존하게 된다.

둘째절. 경도를 수련하여 쓰임을 일으키다

　여자는 14세에 이르면 경도가 행해져서 혈(血)이 소모된다. 비록 달
마다 신수(信水)가 재생산된다 하지만 실질적으로는 달마다 손상과 소
모가 있으니 경도를 수련하는 데에 뜻을 두고 단련하여 변화시켜야

한다. 나이가 늙어 이미 끊어졌으면 먼저 그것을 오게 해야 하고 날음식과 찬 것을 먹지 않아야 바야흐로 어혈을 면한다.

〔진영녕이 살펴건대 습관적으로 이와 같이 서로 전하나 반드시 얽매일 필요는 없다.〕

무릇 경수(經水)는 곧 목숨의 근본 기틀이 된다. 수련을 일으키는 법은 의식을 두는 것같이 하면 혈기(血氣)를 더하여 바뀌고 회복되어서 다시는 손상되지 않음이니, 유(有)는 무(無)의 시작이 되고 무(無)는 유(有)의 끝이 된다.

〔진영녕이 살펴건대 이 글의 문자가 약간 명료하지 못해 사람들이 오해하기 쉽게 되어 있다. 곧 유는 무의 시작이 되고 무는 유의 끝이 된다는 두 구절 같은 것은 독자들이 필시 해석할 수 없을 것이니, 작자의 원래의 뜻은 있음은 곧 없음의 시작이고 없음은 곧 있음의 끝이라고 한 것이니 이와 같을 뿐이다.

위 문구에 '의식을 두는 것같이 한다'는 한 구절은 자기의 생각을 작위한 것이 있는 것같이 한다는 것이니, 있음은 없음의 시작이라는 문구 중의 유위(有爲) 두 글자와는 크게 다른 것이다. 독자들은 반드시 이것을 분별하여 보아야 한다.〕

힘을 쌓는 곳이 있으면 후천의 기운이 통하고 생각을 쓰는 곳이 없으면 선천의 기운이 충만하게 되며 눈을 따라 뜻이 이르게 하고 정신과 호흡을 의지하여 혈을 바꾸고 기를 더한다. 기를 단련하고 신(神)을 기르는 것은 중관(中關)으로부터 일으키는 것이니 의식으로 힘을 쓰는 것같이 하여 위로 똑바로 끌어올리는 것을 서른여섯 차례 해서 상관으로 도달하게 하고 좌우로 각각 서른여섯 차례를 돌려서 다시 유방에 도달하게 하여 좌우로 각각 서른여섯 차례를 돌린다.

100

천곡(天谷)에 열감이 없으면 기가 상승하지 않은 것이고 지천(地泉)에 열감이 없으면 기가 내려오지 않은 것이다.

의식을 써서 눈으로 상관과 중관을 주시하며 양손은 배꼽 아래 천(泉) 위에 교차시켜 놓고 의식으로 힘을 쓰는 것같이 하여 위로 똑바로 서른여섯 번을 끌어올려 유계(乳溪)에 도달시켰다가 다시 유방 외규(外竅) 안으로 도달시키고 좌우로 각각 서른여섯 번씩을 돌린다.

셋째절. 용을 단절시키는 공부법

적룡(赤龍)을 단절시키는 비법은 공부에 유위(有爲)법을 겸한다. 자시(子時)나 오시(午時) 두 시간 중에 학이 걸터앉은 것같이 앉아 고치(叩齒)를 72(七二)번 하여 폐유혈(肺愈穴)을 통하게 하고 의식을 하나로 만든 뒤에 코로 호흡을 자연스럽게 서른여섯 번을 하면 전신의 맥(脈)이 통하게 된다.

[진영녕이 살펴건대 이 단락의 문구는 너무 간략해서 사람들이 알기 어려울까 염려되므로 이제 특별히 해석을 덧붙인다. 이른바 고치 72(七二)번이라는 것은 곧 고치를 일흔두 번 이하로 하라는 것이고, 이른바 서른여섯 번이라는 것은 바로 서른여섯 번을 숨쉬라는 것이니 한 번 내쉬고 한 번 들이쉬는 것을 한 번 숨쉰다고 한다. 서른여섯 번을 숨쉬는 것을 만약 호흡에 의하여 계산하면 곧 내쉬는 것이 서른여섯 번이고 들이쉬는 것 또한 서른여섯 번이니 합계하면 일흔두 번으로 고치하는 숫자와 같게 된다. 무릇 한 번 내쉴 때마다 고치를 한 번하고 한 번 들이쉴 때마다 한 번 고치를 하면 코로는 서른여섯 번을 호흡하게 되고 고치는

곧 일흔두 번이 있게 되는 것이다.]

발뒤꿈치를 단단히 천비(泉扉)에 대고 양손은 배꼽 아래에 교차하여 의식으로 힘을 쓰는 것같이 해서 위로 서른여섯 번을 똑바로 끌어 올려 끌어올린 것이 상관(上關)에 도달하면 의식을 사용하여 눈으로 각각 서른여섯 번씩을 돌리고 다시 중관(中關)에 도달하여 의식을 사용하여 눈으로 각각 서른여섯 번을 돌린다.

손은 하늘을 향하여 서른여섯 번은 느슨하게, 서른여섯 번은 힘주어 밀어 올린다.

미려(尾閭)가 갑자기 움직이면 양손으로 허리를 잡고 이를 굳게 다물어 양쪽 어깨 사이로 똑바로 솟아 올라오게 해야 척추의 쌍관(雙關)과 폐유(肺兪)가 모두 움직이게 되니, 의식을 써서 등으로 곧바로 솟아서 머리로 올라가 위의 옥침(玉枕)을 통하여 니환(泥丸)에 이르게 해야 한다.

다시 아랫입술로 윗입술을 잘 덮고 의식으로 진기(眞炁)를 위의 니환에서 콧구멍 사이로 내린다.

혀를 천교(天橋)에 대면 감로(甘露)가 자연히 나오는데 코를 수축하여 진액을 의식으로 삼켜 배꼽 아래로 도달시켜 보낸다. 손은 빈호(牝戶) 위에 안치시키고 의식으로써 곧바로 자궁에 도달시키는 것을 서른여섯 번 하면 감로(甘露)가 솥에 들어가 열기가 돌게 되는데, 발뒤꿈치를 견고하게 대고 심신을 함께 안정시키면 자궁이 안정된다.

위원군(委元君)이 이른 "보배가 북쪽 바다로 돌아오거든 편안하게 안정시켜야 한다"고 한 것이 이것이다.

넷째절. 유방을 수련하여 어린아이로 만들다

유방은 위로 심장과 폐에 통하고 아래로는 기해(氣海)로 관통하여 있다.

만약 어린 소녀의 모양과 같은 유방이 되는 수련을 하고자 하면 그 공부방법은 적룡(赤龍)을 단절시키는 방법 안에 있으니, 감로(甘露)를 보내는 것에다 더해서 똑바로 강궁(降宮)에 이르게 하고 의식으로 두 유방을 주시해서 좌우로 각각 서른여섯 번을 회전시킨다.

입술은 닫아 어금니를 꼭 물고 콧구멍을 폐쇄시켜 내호흡(內呼吸)을 쓴다.

유방 안에 있으면 양쪽 손바닥으로 좌우를 각각 일흔두 번 주무르는데 먼저는 천천히 하다가 뒤에는 급하게 하고 먼저는 가볍게 하다가 뒤에는 힘주어 한다.

100일 동안의 공부가 완전해지면 복숭아씨 같은 모습이 이루어진다. 옛적 봉선고(鳳仙姑)의 유방을 수련하는 결(訣)에 이르기를 '좌측이 해요 우측이 달인 하나의 음양이 호흡 안에서 행해지는 것을 천강(天罡)이 운행한다고 이름한다. 음양을 일월(日月)으로 돌이키고자 하거든 반드시 진화(眞火)로 쌍장(雙掌)을 단련해야 한다'고 하였다[쌍장은 다른 책에는 쌍방(雙房)으로 되어 있다].

[진영녕이 두 번째 구절에서 네 번째 구절에 이르는 3단계의 공부를 살펴보니 비록 설명은 명백하지만, 처음 배우는 사람들은 이 글을 보더라도 자신에게 신중하게 적용해야 하고 경거망동하는 것은 옳지 않다. 가장 좋은 방법은 여러 종류의 책을 많이 보아서 이치를 분명하게 알고 융회 관통하여 꿰뚫을 수 있게 되면 바야흐로 공부를 시도하는 것이다.

또한 충분히 주의를 하여 하나라도 장애가 있으면 즉시 정지하기를 바란다. 그렇지 않으면 공부한 것은 나가버리고 병이 오게 될까 두려우니 단순히 이 한 가지 책만으로는 결코 응용하기가 어려운 것이다.

나의 발원은 장차 고금의 여단비적(女丹秘籍) 십여 종류를 전부 널리 유통되도록 공개하고 세상에 전하여 혹은 주석을 가하고 혹은 교정을 하며 혹은 바로잡고 보충해서 고금의 여단결(女丹訣)을 가장 완전하게 한 부분의 총서로 만들어 계속해서 출판하려 한다.

이전의 여자들이 수련에 곤란을 겪은 것은 바로 볼 만한 책이 없었던 것이었는데, 현재 책을 보는 문제에 있어서는 이미 해결되었다. 여러분은 반드시 많은 책을 보아 많이 연구하고 다시 이런 종류의 공부를 한 사람들을 찾아보며 다른 사람들과 토론해 보면 조금씩이나마 실마리를 얻을 수 있을 것이다.]

다섯째절. 솥을 안정시키고 태(胎)를 맺다

남자는 하단전, 중단전, 상단전을 솥으로 삼고 여자는 자궁과 배꼽 안과 유계(乳溪)를 솥으로 삼는다.

자궁은 하단전에서 한 치 세 푼이 떨어져 있고 배꼽에서는 두 치 여덟 푼이 떨어져 있으며 또 상관(上關)은 유방 아래에 있다.

위는 유계요 가운데는 배꼽 안이며 아래는 자궁이니, 부위(部位)는 밖으로부터 안으로 잡고 운용은 안으로부터 밖으로 한다.

남자는 자궁이 없으니 하단전을 큰 솥으로 삼는다. 이는 이름은 같으나 다름이 있는 까닭이다.

〔진영녕이 살펴보니 단경에서는 솥을 말했으면 반드시 화로를 말했는데, 솥은 위에 있고 화로는 아래에 있는 것이다.

이 책에서는 솥은 있으나 화로가 없고 또 상·중·하 세 부위를 모두 솥으로 이름하였으니 옛사람들이 이룬 법과는 합치되지 않는다. 이른바 한 치 세 푼이나 두 치 여덟 푼이라는 것도 다 기준을 잡기 어려우니 배우는 사람들은 꼭 그것에만 구애되지 않아야 그릇되게 받아들이는 것을 면한다.〕

여동빈(呂洞賓) 조사의 「금화집(金華集)」에서는 '두 눈의 빛을 돌린다'고 하였는데, 두 눈의 평평한 사이로부터 한 생각으로 집중하여 하단전에 도달시키는 것이다. 여자는 적룡을 끊는 공부를 행한 후에 잠시 안정하였다가 의식으로 두 눈의 중간에서부터 빛을 돌려 유계(乳溪)에 이르게 하는 것을 서른여섯 번 하고, 배꼽 안에 머물렀다가 하단전 즉 자궁에 머무르게 하기를 각각 서른여섯 번씩을 한다.

의식으로 화지(華池)의 물을 이끌어 위의 솥에 도달시키고 심장과 폐장의 두 가지 진액을 위의 솥에 도달시킨다. 다시 의식으로 바다 가운데에서 진금(眞金)을 보내 위의 솥에 도달시킨 뒤에 의식으로 힘을 가하여 아래로 보낸다.

그것이 가운데 솥에 이르면 다시 보내 큰 솥에 이르게 하고 열여덟 번을 돌리면 내부에서 뜨거운 불이 상승하여 솥이 안정되고 태(胎)가 응결된다.

〔진영녕이 살펴건대 이 단락의 작용도 글 뜻이 역시 명백하지가 못하니, 이것을 처음 배우는 이들이 수행하는 거울로 삼는 것은 곤란하다.〕

여섯째절. 태식이 자연히 조절되다

호흡이 능히 빠르고 숨차거나 거칠고 얕은 등의 폐단을 면하게 된다면 숨이 조절되어 한 호흡 한 호흡이 근원으로 돌아가서 곧 태식(胎息)을 이루는 것이니, 식(息)이 행해지면 맥이 움직이고 식(息)이 멈추면 맥이 정지하게 된다.

옛날 책에 이르기를 '기(氣)를 마셔서는 장생할 수가 없으니 장생에는 반드시 기(氣)를 복종시켜야 하는데, 진식(眞息)이 운행되면 능히 기를 복종시킬 수 있다'고 하였다.

단룡(斷龍) 공부 뒤 다시 고요해질 때에 칠정(七情)이 일어나지 않으면 잡념을 일으키지 말고 발을 천비(泉扉)에 대고 입술을 닫아 이를 감추며 의식의 눈빛으로 심신(心腎)의 세 치 여덟 푼이 떨어진 곳에 머물러서 좌우로 마흔아홉 호흡을 돌리면 감로가 자연히 나오는데, 그것을 삼키는 듯이 이끌어서 배꼽으로 돌이키면 기가 곧 응결된다.

오랫동안 태식을 이루면 호흡하지 않아도 자연히 호흡이 되며 이끌지 않아도 자연히 이끌어져서 빈호(牝戶)의 내부가 자연스럽게 열리고 닫히며 온화한 봄과 같아져서 단(丹)이 스스로 이루어진다〔이 구절의 문구는 간략하여 삭제되고 고쳐진 게 많이 있으나 공부법은 대개 옛것에 의했다〕.

〔진영녕이 살피건대 호흡을 조절하는 것부터 태식에 이르기까지의 중간 현상이 설명되어 있지 않고 이른바 심신(心腎)이 떨어져 있는 세 치 여덟 푼이라는 곳 역시 근거로 삼기에는 부족하다.〕

일곱째절. 진액을 돌이켜서 태를 이루다

남자가 하거(河車)를 공부하는 것은 신화(神火)와 식풍(息風)으로 매
일 채취하여 화로로 돌이키고 단련하면 소약(小藥)을 이루게 된다.

기가 충족되고 신(神)이 원만해지면 문득 대약(大藥)을 이루게 되니
다섯 용이 성스러운 것을 받쳐들고 움직여 자연스럽게 합하고 아래
로부터 가운데로 옮겨 기를 더하고 신을 기른다. 다시 상단전으로 옮
기면 먼저 정문(頂門)을 뚫고 옥액(玉液)이 단으로 돌아가서 맑고 시
원한 기운이 머리를 적시니 양신(陽神)을 잘 수련하면 곧 신선이라
한다.

만약 여자의 옥액환단(玉液還丹)을 묻는다면 곧 적룡(赤龍)을 변화
시켜 흰 봉황새같이 만들어 하단전에 충만하게 하면 잉태한 것과 같
이 황홀해지는 것이라 하겠다. 공이 차면 기가 변화되고 신광(神光)이
원만해져서 정수리의 문을 뚫고 나오게 되니 단련하여 양신(陽神)으로
나아가면 옥액이 단으로 돌아가서 맑고 시원한 기운이 정수리를 적실
것이니 앞의 공부를 떠나지 않으면 모름지기 성인의 머리 위에서 묘
음(妙音)을 볼 것이다.

〔진영녕이 살펴건대 여자의 공부를 논한 곳이 너무 간략하여 공부법으
로 삼는 데에는 부족하다.〕

여덟째절. 단련하여 양신으로 변화시키다

정(精)을 바꿔서 기를 더하고 기를 단련하여 신(神)이 되는 것은 남자의 내단(內丹)이고, 혈(血)을 바꿔서 기(氣)를 더하고 기를 단련하여 신이 되는 것은 여자의 내단이다.

모두 불과 바람을 쓰는데 여자가 적룡을 단절시키는 것은 혈을 변화시켜 기를 이루는 데에 있다.

또 이르기를 숨을 조절하고 기를 변화시켜 신(神)을 이루는 것인데 만약 기를 단련하지 않으면 신(神)이 부족하게 되어서 형체도 또한 나타나지 못하게 되니 단지 음신이 되고 양신은 이루지 못하는 것이다.

불가에서의 입정하는 법은 육자결(六字訣)을 쓰는데 의식으로 '옴(唵)' 자를 운행하는 것이니 배꼽 안에서부터 일으켜서 중단전에 두고 좌우로 각각 서른여섯 번씩을 돌린다.

의식으로 '마(嘛)' 자를 운행해 동쪽 간장 부위에서 좌우로 각각 서른여섯 번씩을 돌리고 의식으로 '니(呢)' 자를 운행해서 남쪽 심장 부위에서 좌우로 서른여섯 번씩을 돌리며 의식으로 '반(叭)' 자를 운행해서 서쪽 폐장 부위에서 좌우로 각각 서른여섯 번씩을 돌리고 의식으로 '메(迷)' 자를 운행해서 북쪽 신장 부위에서 좌우로 각각 서른여섯 번씩을 돌린다. 다시 의식으로 '훔(吽)' 자를 운행해서 위로 니환(泥丸)에 이르게 하여 좌우로 각각 서른여섯 번을 돌리며 의식을 가운데에 두고 혼신(魂神)과 백기(魄炁)를 통제하여 모두 머리에 돌아가게 하고 단련하며 변화시켜 양(陽)을 이루어서 음(陰)을 큰 솥에 두고 고요함으로써 태를 지킨다.

다시 '옴' 자를 의식으로 중관(中關)에서 운행하는데 아홉 차례면 공이 이루어진다. 음은 상승하고 양은 하강하여 가운데의 솥에서 만나며 정문(頂門)에서 둥그렇게 빛나서 불보살 지위에 앉게 되어 세상의 온갖 묘음을 보게 된다.

아홉째절. 양신이 둥그렇게 빛나다

옥액을 단으로 돌이켰으나 아직 양신이 순수해진 것은 아니다. 남쪽 바다에서 구슬을 얻어 양신이 둥그렇게 빛나게 되면, 비유컨대 불보살 자리에 앉아서 세상의 온갖 자재묘음(自在妙音)을 보는 것과 같다.

마음은 곧 갓난아이와 같으니 쉰세 번을 참구하고 지성으로 돌이키면 의식의 뿌리가 근원으로 돌아가서 육근(六根)이 해탈하고 신(神)이 자연히 둥그렇게 밝아진다.

신장은 용녀(龍女)에 비유되는데 손에 보배로운 구슬을 가지고 올라가 눈앞에 드리니 광명이 온 우주를 덮는다.

심신(心腎)이 이미 교합하면 신기(神炁)가 자연히 합해져 진실한 종자가 결성되니 성태(聖胎)를 양육해야 한다.

자줏빛 대나무로 막혀 있는 간의 성품은 어질고 흰 앵무새가 날고 춤추는 폐의 정(情)은 의로움이니 금(金)과 목(木)이 함께 교접하여 성과 정이 합해지고 호랑이가 엎드리고 용이 내려와 수화(水火)가 다스려진다.

청정하고 보배로운 병은 폐의 액(液)을 비유한 것이고 버드나무 가지의 아이는 간의 끄트머리에다 비유한 것이며 화지(華池)의 진액은 비유컨대 감로와 같은 것이다.

불가의 공부법은 머리 정상에 안전하게 앉히기 위해 다라니법을 쓰는데 의식으로 '옴(唵)' 자를 움직여 진식처(眞息處)에 넣으니 곧 큰 솥이다.

보배가 안정되거든 통발은 던져버리고 배꼽 안으로 도달시켜 입 가운데에서는 가라벌치(伽囉伐哆)를 생각하는 것같이 하며 의식을 전일하게 하여 일체의 잡념에 분산되지 않으면 정혜(淨慧)가 두루 통달하게 되니 저 남쪽 바다의 세찬 파도에 맡긴다.

원양(元陽)의 기가 충족되고 신화(神火)의 빛이 원만해져 대약이 관문을 뚫게 되면 단지 자재로써 자재(自在)를 볼 것이니 마음을 안정시키고 의식을 정결히 하여 하나를 관조할 뿐이다. 이 부분의 대법(大法)은 현묘하고 진실한 기밀이니 적룡을 단절시키는 법과 비교해도 또한 좋고 묘하다.

이와 같이 구전(九轉)을 하고 칠반(七返)을 얻어 공(功)이 배꼽 안으로 돌아가면 양신이 머리에 나타나고 보배로운 광명이 상승하여 형체와 신(神)이 함께 묘해지고 공덕이 원만해져서 하느님의 조서가 곧 이르게 된다.

열째절. 따뜻하게 길러서 근원에 조회[朝元]하다

큰 솥이 이미 안정되고 큰 약을 이미 얻었으며 성태가 이미 이루어지고 양신이 이미 나타났으면 돌이켜서 모름지기 따뜻하게 길러야 하는 것이니, 3년 동안 젖먹이고 아홉 해를 면벽해야 한다. 숨을 안정시켜 세밀하게 하고 의식을 전일하게 해서 분산되지 않게 하며 정신과 호흡이 서로 돌아보게 하여 3000일 동안을 갓난아이를 보호하는 것같이 시시각각 이것을 잊지 말고 잠깐이라도 떠나서는 안 된다. 두 눈을 감고 빛을 의식에 따라 머무르게 하여 내부의 구멍에 두는데 고요하게 더욱 들어가면 기가 온화해져 봄과 같아지고 감로가 자주 생겨서 기가 온몸에 운행하게 된다.

자궁으로부터 시작해서 뒤로 오르고 앞으로 내리며 하거(河車)가 스스로 돌아 평범한 몸을 바꾸고 변화시켜 나의 참된 형체를 이룬다.

남자가 조원(朝元)함에서는 흰빛이 머리를 꿰뚫는데 다음에는 검은빛과 푸른빛, 다음에는 붉은빛과 금빛이고, 여자가 조원하는 것은 검은빛이 머리를 꿰뚫고 다음에는 붉은빛과 흰빛, 다음에는 푸른빛과 금빛이다.

공이 충족되고 빛이 원만해져서 다섯 가지 광명이 하나로 합쳐지면 지뢰(地雷)가 스스로 울리고 천문(天門)이 스스로 열려 양신이 비로소 나가게 된다. 처음에는 나가면 곧 돌이키는 것이니 우선은 가까운 데로 내보내고 나중에 멀리 내보내어 스스로 헤매지 않게 해야 한다.

이러한 경계를 당하면 마땅히 신중해야 한다.

열한째절. 공이 성취되어 범속을 뛰어넘다

양신의 출입이 자유롭고 진아(眞我)가 놀러 다니는 것이 자유로워지거든 잠시 인간 세상에 머물러서 넓게 공덕을 세워야 한다. 덕이 깊어지고 인연이 이르게 되면 참된 스승이 찾아오셔서 이끌어 하느님을 알현하고 차례로 여러 하늘에서 관직을 지낸 뒤에 요지(瑤池)에 이르러 금모(金母)를 알현하여 뵙고 직책을 받아 신선이 되니 이것이 범속을 뛰어넘는 것이다.

(부록 하나) 먼저 경도의 병을 치료함

잉태하기 전과 출산 후에 경도가 닫혀서 병을 이룬 것은 공부에 허리 주무르는 것을 첨가하여 좌우로 서른여섯 번씩 주무르고 양쪽 어깨 상하를 각각 서른여섯 번씩, 좌우를 각각 서른여섯 번씩 주무르고 배꼽 가운데를 양손을 번갈아 가며 각각 일흔두 번을 마찰하는 것을 더하는데 내부에서 열이 나면 멈춘다.

자궁출혈이나 대하에는 앞의 공법에 일역조호법(一逆弔虎法)을 더하는데, 가로로 나무를 공중에 매달고 두 다리를 거꾸로 걸어 쇠갈고리와 같은 모양이 되게 하고 손가락으로 땅을 버티면서 의식으로 배꼽 아래를 주시하여 좌우로 각각 백이십 번을 돌리는 것인데, 매일 자시와 오시에 행한다.

아울러 폐경과 어혈과 혈하(血瘕)를 치료하려면 앞서의 공부 안에 순조금오법(順釣金鰲法)을 더하는데, 가로로 나무를 공중에 매달아 합장하고 두 다리를 바로 걸어 다리 끝이 땅에 이르게 한다. 이어서 두 눈을 감고 머리를 숙여 심(心)을 관조하기를 서른여섯 번 하고 의식을 써서 배꼽아래 여섯 치를 서른여섯 번 눈으로 보며 눈으로 병이 있는 곳을 역시 서른여섯 번 본다. 모든 병의 종류를 이것으로 하나하나 미루어 가는 것이니 그 비밀은 심신(心神)의 진화(眞火)로 질병을 치료하는 것인데 곧 위원군 최봉손(崔鳳孫)의 '마단어추별치병 비법(麻團魚 䲜鱉治病秘法)'이다.

(부록 둘) 끊어진 경도를 돌아오게 함

월수(月水)가 이미 끊어졌으면 먼저 반드시 돌아오게 해야 하니 적룡을 단절하는 법안에 의식으로 위로 이끌어 가는 것을 바꾸어 가는 것을 돌려보내고 좌우로 각각 돌리는 것을 바꾸어 각각 주무르면 100일에 경도가 오게 된다.

3일 후에 앞의 공부방법을 써서 100일 동안의 공이 차게 된 후 곧 끊어버리는 것이다.

(부록 셋) 단결총록(丹訣總錄)

「곤연각로(坤緣覺路)」에서는
이 도는 수련하기 전에 먼저 다섯 가지 계율을 지켜야 한다 하였다.
첫째는 살아 있는 것을 죽이지 말아야 하는 것이니 어짊이요,

둘째는 도둑질하지 말아야 하는 것이니 의로움이요,

셋째는 간사하고 음란하지 말아야 하는 것이니 예의요,

넷째는 술과 육식을 하지 말아야 하는 것이니 지혜요,

다섯째는 망령된 말을 하지 말아야 하는 것이니 믿음이다.

다섯 가지 계율〔五戒〕을 이미 지켰으면 마땅히 여섯 가지 욕심〔六欲〕을 막아야 하니, 눈으로는 망령된 것을 보지 말고 귀로는 망령된 것을 듣지 말며 코로는 망령된 냄새를 맡지 말고 혀로는 망령된 말을 하지 말며 몸은 망령되게 움직이지 않아야 한다.

여섯 가지 욕심을 이미 물리치면 어찌 기뻐하고〔喜〕 노하고〔怒〕 슬퍼하고〔哀〕 두려워하고〔懼〕 사랑하고〔愛〕 미워하고〔惡〕 하고자 하는〔欲〕 일곱 가지 감정〔七情〕이 떠나지 않겠는가. 일곱 가지 감정이 이미 떠난 연후에야 방에 들어가 공부를 시작한다.

「곤령경(坤靈經)」에 이르기를 '만약 연기(煉己)의 진실한 공부가 없이 갑자기 시작하기는 어려운 것이다' 하였다. 또 이르기를 '반드시 먼저 욕심과 망령된 감정을 단절한 연후에야 방에 들어가 공부를 하는 것이다. 연기는 남자의 수련법과 같으니 호흡을 가늘게 해서 토하지 말라' 하였고, 또 이르기를 '사람 몸의 사대(四大)는 중궁(中宮) 영대(靈臺)의 인연으로 두 기운이 합쳐서 맺어진 것이고 중황(中黃)이 현관에 응하며 오행이 상생되니 오직 이것이 온전한 토대이다' 하였으며, 또 이르기를 '한 조각의 새벽달이 동방에 나타나면 몸이 있기 전의 생기를 힘써 취해야 하는 것이니, 비유컨대 집을 덮는 것은 마땅히 벽을 바르는 것을 먼저 하며 불때는 아궁이는 마땅히 불씨를 법으로 삼는 것과 같다' 하였다.

「수진변난(修眞辨難)」에 이르기를 '남자의 공부는 연기(煉氣)가 요체가 되니 태양연기(太陽煉氣)라 이름한다. 연기하고 기를 돌려서 백호(白虎)를 항복시키면 변화되어 어린아이의 몸이 되어서 후천의 정 (精)이 자연히 누설되지 않아 이로써 수명을 늘릴 수 있고 단을 맺을 수 있는 것이다. 여자의 공부는 연형(煉形)이 요체가 되는 것이니 태음 연형(太陰煉形)이라 이름한다. 연형하여 형체를 없애 적룡을 단절시키 면 변화되어 남자의 몸이 되어서 음하고 탁한 피가 자연히 아래로 흐 르지 않게 되어 이로써 죽음에서 벗어날 수 있고 사는 데로 들어갈 수 있는 것이다.

이후에는 남자가 공부하는 법을 써서 수련하면 1년이면 대단(大丹) 을 얻을 수 있지만 그러나 또한 규(竅)가 있고 때가 있고 방법이 있는 것이다' 하였다.

「상약영경삼명편(上藥靈鏡三命篇)」에 이르기를 '사람의 배꼽을 명 문(命門)이라 한다. 위에는 원관(元關)이 있고 가운데는 황정(黃庭)이 있으며 아래는 기해(氣海)가 있다' 하였다.

라 도인(懶道人)이 이르기를 "여자의 명(命)은 상·중·하 세 곳에 있다. 위의 것은 양혈(陽穴)이요 가운데 것은 황방(黃房)이며 아래의 것은 단전이니, 적은즉 아래를 쫓고 쇠약한즉 가운데를 쫓는데 성인 이라야 바야흐로 위를 쫓는 것이다" 하였다.

「수진변난」에 이르기를 '남자의 명(命)은 단전에 있고 여자의 명은 유방에 있는데 유방은 혈(血)의 근원으로 유방 가운데 한 치 두 푼에 있으나 양쪽의 유방이 아니다' 하였다.

여자는 피로써 신(腎)을 삼는 것이므로 곧 공규(空竅)이니 혈의 근원 에서 피를 낳고 단전에서 단을 낳는다. 공부는 자시와 오시에 하는 것이니 마음을 유방의 빈 규(竅)를 보는 데에다 두고 호흡을 세밀하게 하여 나가는 것은 적고 들어오는 것은 많게 한다.

월신(月信)이 이르는 때를 기다려 단전으로부터 위의 유방으로 운행시킨다. 어떤 사람은 이르기를 '월신이 이르는 것이 또한 남자의 활자시(活子時)와 같다'고 하였는데 곧 곤령경에서 이른바 새벽 해가 동쪽에서 떠오르면 빛의 자취가 이슬에 남고 수은을 움직여서 납에 짝지우니 신과 기가 함께 머무르게 된다. 기의 근본을 쌓으면 기를 낳는 고향이 되며 신을 보존하면 신을 단련하는 길이 되니 일양(一陽)이 움직이는 곳에 자오묘유(子午卯酉)의 공부를 행하며 모든 맥이 통할 때 건곤감리(乾坤坎離)의 위치를 정한다는 것이 이것이다.

그러나 월신이라는 것은 경도가 이른 것으로써 월신을 삼는 것은 아니다. 이것은 마치 「삼명편(三命篇)」에서 말한 '어떤 사람이 외부에 있어 돌아가지도 않았는데 편지가 먼저 이르렀다'고 하는 것과 같다.

월신이 이르는 날은 그 자신이 스스로 아니 혹 허리나 엉덩이가 아프거나 혹 머리가 자연히 불안하거나 음식을 생각하지 않기도 한다. 이 월신이 이르면 장차 혈을 이루게 되니 곧 기(氣)인 것이다.

마땅히 이틀 반나절 전에 전심으로 공부를 해야 한다. 만약에 경도가 행해지면 적룡의 음정(陰精)을 붙잡을 수 없는 것인데도 난잡한 행동으로 망령되게 움직여 사람을 죽게 하는 것이 적지 않다. 모름지기 그 경도가 행해진 이틀 반나절 뒤에 흰 비단으로 시험해 보아서 그 색이 황금빛이면 곧 경도와 적룡이 부합된 것이다.

앞서의 공부를 거울 삼아 위로 움직여서 그것을 끊어버리는데 이같이 수개월을 하면 경혈이 황색으로 변하고 황색이 백색으로 변하며 백색이 변화되어 없어진다. 이것이 유(有)를 무(無)로 돌리는 도인 것이다.

만약 49세를 지나서 허리가 건조하고 피가 마르며 또한 생기(生機)도 없어졌더라도 이것을 오랫동안 기르면 다시 피의 근원이 생겨나서 곧 처녀와 같아진다. 이것은 또 무(無) 가운데에서 유(有)를 낳는 묘한 것이다. 그것이 나타나면 한 번에 끊어서 변화시켜야 명(命)이 다시 생한다.

라 도인 역시 말하기를 "돌이켜보고 호흡을 조절한 지가 오래되면 자연히 진식(眞息)이 왕래하여 한 번 열리고 한 번 닫혀서 은약(鄞鄂)을 양성한다" 하였다. 신기(神氣)가 충족되면 진양(眞陽)이 왕성해져서 경수(經水)가 자연히 끊어지고 유방이 남자와 같이 축소되니 이것이 적룡을 끊는다고 이르는 것이다.

적룡이 끊어진 후에 7일간을 대환대주(大還大周)하면 대개 남자와 피차의 구별이 없어진다.

(부록 넷) 여단에 착수하는 활자시설[女丹下手活子時說]

남자의 활자시는 단경(丹經)에 실려 있으나 여자의 활자시는 옛사람들이 언급하지 않았다. 그러나 『주역(周易)』 「계사전」에 의거하면 '천지가 기운을 섞어 만물을 생육하고 남녀가 정(精)을 섞어 만물의 변화가 생한다'고 하였다.

『예기(禮記)』에서 이르기를 '음식과 남녀에 사람들의 큰 욕심이 존재하는 것이다. 무릇 건곤(乾坤)은 동정과 전일하고 직선적이며 닫히고 열리는 기틀은 다름이 없는 것이다'라 하였다.

또 만물의 종류를 살펴보면 돼지나 소, 양의 암컷들은 기운을 섞어 기르려고 하는 징후가 이를 때마다 필시 큰소리로 울부짖는데 시기(時機)가 그렇게 시키는 것이다.

하늘이 낳은 만물 가운데에 사람이 가장 신령스러우니, 바로 이 한 가지의 징후인 활자시가 이르는 것이 없을 수 없지만 사람은 만물보다 영묘하므로 속으로 참고 말하지 않은 데에 불과할 뿐이다. 일반인들은 그것을 사용하여 순행하게 할 수 있으나 그것을 알아서 역행하게 할 수는 없다.

수련하는 사람은 달이 차고 비는 형상을 우러러보면 몸에 돌이켜 덕을 닦는 것을 알 것이다. 고요하게 안정하는 것으로써 공부를 삼아서 선천의 지극한 기운이 모여 혈로 변화되지 않게 되면 곧 적룡을 없애는 공부를 시작할 때이다.

서왕모 여수정도 십칙

西王母 女修正途 十則

여조사(呂祖師)가 다시 고치고 제목을 더함
손원군(孫元君)이 원본을 따라 삭제하고 다시 기술함
심일병(沈一炳)이 받아서 수업함
민일득(閔一得)이 주해함
심양일(沈陽一)이 교정함

ꕥꕥꕥ

이 글은 서왕모 여선(女仙)의 가르침을 후인들이 전한 것으로 역대 여자 신선들이 보배로 여겼던 내용이다. 전해지는 중간에 잘못된 곳이 있게 되어 손불이(孫不二) 여선이 여동빈(呂洞賓) 선인의 명을 받아 직접 자신의 몸에 실험해 보고 다시 정리해 전한 것을 민일득이 주해한 것이다. 다만 글 내용 중에 제9칙은 불교도들을 위해 누군가 여공정법 아홉째 절과 같이 끼워 넣은 것으로 보인다.

명을 닦는 선도 수련가들의 실제적인 길잡이가 될 만하다.

서왕모(西王母) 일명 금모(金母)라고 하는데 성은 구, 이름은 회로 신주 이천에서 태어났으며 곤륜산의 화원에 거처한다고 한다. 서왕모의 직책은 천관과 지부와 인간세계에 있는 일체 여신선들의 명부를 관리하는 것이라 한다.

민일득(閔一得) 청나라 때의 도사로 도호는 라운이라 하며 전진교 용문파(龍門派) 소속으로, 수도하는 사이 저술에 힘써 많은 저서가 있다.

서왕모(西王母)

서 언

    순양자(純陽子)가 중생들을 제도하기로 맹세하고 이미 구황단경(九皇丹經)을 주해하여 남자들이 선도를 수련하는 뗏목이 되게 하였으나 충분한 자질을 갖춘 여자들이 평소에 도(道)에 생각을 두고도 참다운 가르침을 얻지 못하여 샛길로 잘못 들어가서 귀신의 길로 빠지는 것도 차마 그대로 두고 볼 수 없었다.

    이에 기미년(己未年) 시월 초하룻날을 골라 환채루(煥彩樓)에 임하여 손불이 선인에게 감응하고 서왕모(西王母)께서 위원군(魏元君)에게 입으로 전수한 참된 가르침인 여자의 대금단결(大金丹訣)을 밝히려 하였다.

    이 책은 위(魏), 김(金), 하(何), 마(麻), 번(樊), 봉(鳳)의 여러 큰 여자 진인들이 두루 몸에 지니고 수행하여 증명하고 전수하였던 것이나 수백 년을 전해오는 동안 참된 가르침이 뒤섞이게 되어 그릇된 것으로 전해오니 내가 이것을 심히 안타깝게 여겼다.

    이에 손불이 선인에게 분부하여 안심할 수 있도록 정정하고 편집해서 세상에 전하여 이것으로써 여자 진인의 한 맥을 잇고자 하였다. 손불이 선인이 세상에 전하는 것을 참고하여 간추리고 정리해서 편집하여 올리니 그 가운데에 본말(本末)이 환한지라 세상에서 도를 공부하는 사람들이 따라 행하는 길이 있게 되었다.

삼가 그것을 책으로 기록하고 다시 여수정도구칙(女修正途九則)이라는 제목을 고쳐 그 위에 서왕모라는 석 자로 머리를 씌웠다. 아울러 여진(女眞)의 아홉 가지 계율을 알리고 이로써 도풍(道風)을 엄숙하게 하여 모두 열 가지 조항이 되었으니 모든 주고받고 은혜를 입는 법칙은 역시 옥청신모(玉淸神母)의 자애로운 가르침을 따랐다. 여자의 공부가 원만해지면 자연히 만 가지 변화가 몸에서 발생하여 여자의 덕으로 남자를 이어 세상을 널리 건질 것이니 크게 찬양될 것이다.

공부가 이루어지는 날 몸이 세상과 더불어 원만해지면 비로소 삼천(三天)의 하느님으로부터 조서가 내려오는 은혜를 입어 널리 삼계(三界)의 용(龍)과 신(神)들을 다스리며 일체를 살피고 보호하게 될 것이니 그 조화롭고 행복함은 끝이 없을 것이다.

이것은 곧 개벽 이래 없었던 만남이다.

지금 이후로부터는 현명한 여인과 부인들이 뜻을 세우면 진인을 이루고 도를 통하는 데에 어려움이 없을 것이니, 하늘이 덮어주고 땅이 실어주며 해와 달이 비춰주고 이슬과 서리가 내리듯이 반석과 같이 안전할 것이다.

그러나 자신을 통제할 수 있는 것이 더욱 귀한 것이니 선자(仙子)들은 이것을 힘쓸 것이다.

도의 쓰임은 끝이 없으나 기초로 돌아가면 열 가지 법칙으로부터 시작하는 것이다.

이것으로 서문을 삼는다.

서 언

불이원군(不二元君) 손정일(孫貞一)은 이르건대

여자 진인들의 단서(丹書)가 세상에 어찌 없겠는가만은 거의 대개가 혼잡스럽고 왜곡된 이론들이고 망령된 무리들이 맞지도 않는 말들을 억지로 끌어다 붙여 스스로를 속이고 세상을 속이는 것들이다. 심지어는 잡신세계로 떨어지도록 인도하는 자들까지도 있어 그 재앙이 널리 미치니, 도조(道祖)께서도 거의가 귀신의 길로 빠져 들어가는 것을 탄식하셨다.

그러나 여자들을 생각하건대 가족의 굴레를 종신토록 벗어나기가 어렵고 근원이 손상되면 수련하기도 어려운 것이다.

이것이 곧 사람과 금수가 다른 것이니 정일(貞一)이 몹시 슬퍼한 지 오래였다. 다행히 도조(道祖)로부터 이 책을 정정하여 편집하도록 하라는 은혜를 입었으나 어찌 그것을 수정할 수 있겠는가.

모두 『서왕모 여대 금단결문(西王母 女大 金丹訣文)』 원본을 따르고 옥청신모(玉淸神母)께서 구두로 전수하신 대도의 현묘한 이치를 참고하고 더해서 아홉 가지 법칙을 편집해 이루고 기록하여 올려 바로 잡으니 도가 마침내 은폐되지 않게 되었다.

다시 거듭 개정해 주시는 은혜를 입고 제목을 「서왕모 여수정도(西王母 女修正途)」로 하고 여진구계문(女眞九戒文)을 앞에 놓아 모두 열 가지 법칙을 이루게 되었다.

아울러 현묘한 비밀을 밝혀주시어 여자들이 참된 도를 닦는 것을 알게 하였다.

땅의 도에는 이루는 것은 없으나 대신하여 끝마치는 것이 있고 또한 변화하고 양육하는 데에 참여하여 기르는 큰 도리가 있는데 몸으로 힘써 그것을 수련할 수 있게 되었으니 모두 자애로운 법칙의 은혜를 입는 것이 큰 것이다.

이 여자수련법을 정확하게 주고받아서 따른다면 잘못된 길로 떨어지지도 않고 어려움도 없이 쉽게 하늘나라의 궁전에 곧 오를 것이니, 도운(道運)이 마땅히 거듭 떨쳐질 것이다.

공손히 서서 기쁘게 예배하고 무림환채루(武林煥彩樓)에서 서문을 기록한 것을 행복하게 생각한다.

전진정종도손(全眞正宗道孫) 손정일(孫貞一)이
백 번을 절하며 삼가 서문을 쓰다

서왕모 여수정도 십칙
西王母 女修正途 十則

이르시기를

여자의 수련법을 살펴건대 마땅히 아홉 가지 계율을 받아야 한다.

계율을 지녀 수행해서 물러남이 없으면 큰 이익이 있을 것이다. 계율의 결과가 원만하게 이루어지면 지옥의 고통을 겪지 않게 되고 다시 태어날 때는 온갖 좋은 조건을 갖춘 집을 만나게 되며 이름이 하늘나라에 기록되고 여러 신선(神仙)들과 자리를 같이하게 된다.

이제 여수정도(女修正途)를 반포하니 마땅히 아홉 가지 계율의 경계문으로 첫 번째 법칙을 삼아야 한다.

계문(戒文)에 이르기를

첫째, 효도하고 공경하며 유순하고 화목하며 언어를 조심하며 시기하지 말라.

둘째, 정숙하게 몸을 지니고 모든 더러운 행위를 떠나라.

셋째, 모든 만물의 목숨을 아끼고 자애를 베풀어 살생하지 말라.

넷째, 예의를 배워서 힘써 삼가고 훈채(葷菜)와 술을 끊으라.

다섯째, 의복과 가구를 검소하게 하고 화려하게 장식하는 데에 힘쓰지 말라.

여섯째, 성격을 조절하고 번뇌망상을 만들지 말라.

일곱째, 종교 집회에 자주 참여하지 말라.

여덟째, 아랫사람들을 심하게 부리지 말라.

아홉째, 착한 것을 감추고 악한 것을 드러내지 말라.

이상 모두 아홉 가지의 계율을 준수할 수 있어야만 바야흐로 여수정도를 받아 지닐 수 있는 것이니 반포한 것이 지극히 보배롭고 지극히 귀하기 때문이다.

계율이 없이 주고받는 것은 하늘의 보물을 더럽히는 것이어서 주는 자와 받는 자가 함께 벌을 받나니 삼가고 삼가라.

삼가 전 부분을 살펴보건대 법칙마다 모두 '이르시기를'이라는 글로 머리를 삼았으니, 이 글은 기술해 주는 이의 손에서 이루어진 것이다. 곧 서왕모께서 금구(金口)로 직접 말씀하신 것을 대신하여 기록한 사람의 말인 것이다. 이는 불경에서 '이와 같이 나는 들었다[如是我聞]'라는 말로 머리를 삼고 도경(道經)에서 '도(道)로써 말한다[以道言之]'라는 말로 머리를 삼은 의미와 같다.

또 이 법칙을 살펴보건대, 이 법칙 중의 아홉 가지 계율은 예전 사람이 취하여 첫 번째 법칙 앞에 더했던 것이니 곧 몸을 정결히 하고 입을 정결히 하며 단(壇)을 정결히 하라는 등등의 글이 열거되어 있었다.

여조께서 거듭 전부를 바로잡으시고 비로소 경계문에 자세한 설명을 더하여 정문(正文)의 첫 번째 법칙을 삼으셨다. 이제부터는 이 법칙을 따라 도를 가볍게 전하지 말라는 대의(大義)인 것이다.

문을 열면 산을 볼 것이다.

이르시기를

여수정도(女修正途)의 두 번째 법칙은 제목을 본명(本命)이라 한다. 여자에 대해서 말하자면 음(陰) 체질이고 달의 형상이다.

여자가 십삼사오 세에 이르면 원기(元氣)가 충족되고 진혈(眞血)이 가득 차게 되며 음 중에 있는 하나의 양(陽)이 만월의 달빛처럼 왕성해진다. 그러나 천계(天癸)를 한번 쏟는 데에 이르면 원기가 마침내 깨지고 진혈이 드디어 누설되는 것이다.

만약 결혼한 뒤에 혹 아들딸을 낳는 데에 이르면 원기가 점점 손상되고 진혈이 점점 일그러진다. 비록 달마다 신수(信水)가 다시 발생하지만 이것은 곧 달마다 신수가 다시 손상되는 것이니 여자의 명(命)을 수련하기 어려운 것이 이 한 곳에 있다. 여자가 명(命)을 보존하고 원기를 돌이키려고 하면 반드시 수련하는 비결을 찾아야 하니 비결을 얻어서 수련하면 공이 매우 빨리 이루어진다.

제목을 본명이라 한 것은 무릇 여자가 명을 돌이킴이 천계(天癸)에 있다는 것이다. 천계가 변화되지 않는다면 명을 어찌 능히 보존하겠는가. 원기를 돌이키는 것도 기약할 수 없으니 수결(修訣)과 같은 지극한 보배가 없는 것이다.

그러므로 아홉 가지 경계문으로써 첫 번째 법칙을 삼고 본명(本命)의 문구로써 두 번째 법칙을 삼았으니 성(性)을 앞세우고 명(命)을 뒤로 한 의미이다.

이 법칙을 바탕으로 해서 나아가 아래의 성원(性原)을 이른 데에 이어지니, 무릇 성품을 수련하는 것을 언급해서 목숨을 보존하는 것을 바로잡은 것이다.

삼가 전부를 살펴보건대 첫 번째 법칙은 여조(呂祖)에게서 처음으로 시작되어 나온 것이고 두 번째에서 아홉 번째 법칙은 모두 손불이 원군이 거듭 정정해서 편집해 이루고 다시 여조의 손으로 바로잡은 것으로 뜻이 명확하게 드러나 있다.

그러므로 글을 버리고 이치를 따랐으나 다시 글로 인하여 뜻이 가려져 뒷사람들에게 그릇됨을 끼칠까 두렵다. 보는 사람은 글에 고풍스러움이 부족하다고 해서 선인(仙人)의 필적이 아니라고 절대 의심치 말라.

열 번째 법칙에 이르러서는 전부 여조의 편찬을 거쳐서 나온 것인데 스스로 거듭 수정한 뒤에 계속해서 설명하고 바로잡은 것이다.

이르시기를

여수정도의 세 번째 법칙은 제목을 성원(性原)이라 한다.

여자에 대해서 말하자면 물의 성품이고 꽃의 체질이다. 나이가 어렸을 때에 지식이 열리기 시작하면 곧 스스로 조심해서 노는 데에 정신을 빼앗기지 않게 하고 아울러 분주하게 나돌아다니는 것도 경계해야 한다.

이때에 자연히 한 점의 초경(初經)을 내빈(內牝)에 품고 있는데 별 같기도 하고 구슬 같기도 하다. 이것이 곧 선천(先天)의 지극한 보배로서, 곤복(坤腹)의 위에 감추어져 있으니 그 위치는 중황(中黃)의 가운데에 있다.

이때에 만약 성품을 정결히 하여 음란한 놀이를 보지 않고 음란한 소리를 듣지 않으며 행동거지를 정숙하게 하고 법도에 따라 움직이고 고요히 하면 이 한 물건이 천성에 부합되어 문득 원일(元一)을 이루게 된다.

그것은 붉은 구슬로도 변하지 않고 천계(天癸)로도 변화되지 않는데 평범한 여자들의 무지한 것과는 같지 않다.

어릴 때는 성품이 움직이기를 좋아해서 혹은 좋아하는 놀이를 따르고 혹은 분주하게 뛰거나 쫓아다니니, 기가 움직이고 마음이 흔들리지 않음이 없게 된다.

이렇게 정신이 안에서 어지러워져 진기(眞炁)가 고정되지 못하면 이 성성(星星)한 하늘의 보배가 구름처럼 녹아 변화되어 버리니 이때 이후에는 비록 혹 정절을 지키고 시집을 가지 않았다 해도 다 평범한 여자인 것이다.

이것은 다름이 아니라 성원을 알지 못한 까닭인 것이니 수련하여 그것을 돌이키고자 생각한다면 오직 아래 법칙으로부터 수련을 일으켜야 한다.

삼가 살피건대 내빈(內牝)은 곧 빈호이다. 그 아래 천비(泉扉)가 있는 데를 역시 빈호라 부른다. 그러므로 중황(中黃)의 문을 일러 내빈(內牝)이라 하는 것이다.

또 살피건대 초경(初經)은 명(命)의 보배이니 수련법을 알아서 그것을 잃지 않는다면 천성에 부합되어 원일(元一)로 변화되는 것이다.

옛날 성녀(聖女)로서 이를 실행한 자가 있었으니 대사천비(大士天妃)가 이것을 명확하게 증명한다.

세상에는 지혜로운 여인이 끊어지지 않으나 애석하게도 안으로는 선인(仙人)의 부모가 없고 밖으로는 성인의 스승과 친우가 없어 모든 지혜로운 여인들이 다 평범한 길에 떨어지고 마니, 슬프도다.

이르시기를

여수정도의 네 번째 법칙은 제목을 수경(修經)이라 한다.

여자의 천계(天癸)에 대해서 말하자면 이미 아래로 내보냈으면 진기(眞炁)는 이미 깨어지고 진혈(眞血)은 이미 이지러진 것인데 수경(修經)에 힘쓰지 않으면 진혈은 날로 감소되고 진기는 날로 이지러지는 것이니, 욕심을 쫓아 정(精)을 닦은들 무슨 이익이 있겠는가.

「단서(丹書)」에 이르기를 '대나무가 파손되면 모름지기 대나무로 보수해야 마땅하다'고 했는데 그 비결은 무엇인가.

무릇 월신(月信)이 있는 사람은 먼저 적룡(赤龍)을 끊어야 하고, 월신이 없는 자는 반드시 먼저 되돌렸다가 다시 끊어야 한다. 그 시작하는 것을 살펴보면 다 주천(周天)하는 법을 사용하는 것이다.

자(子)시와 오(午)시에 학을 타듯이 앉아 온갖 인연을 놓아버리고 이〔齒〕를 일흔두 번 마주쳐서 폐유(肺兪)의 두 혈(穴)을 통하게 하고, 다음에는 양쪽 코로 미세하게 서른여섯 번 호흡을 하여 온몸의 혈맥(血脈)을 통하게 한다. 이때에는 진실로 기가 아래로 누설되는 것이 염려되니, 반드시 학을 타듯이 앉아서 힘을 가하여 느슨하게 하지 말고 양손을 약간 깍지를 껴서 배꼽 아래 비상(扉上)에 두고 의식으로 기를 뒤로 가져가서 위로 향해 보내는 것을 약 서른여섯 번 행하고 그친다.

다시 두 손으로 하늘을 밀어 올리듯이 하되 반드시 의식을 분리시켜 미려(尾閭)에 두고 기를 이끌어 뒤에 도달케 하여 상승시키는데, 약 서른여섯 번을 행하고 그친다. 다시 서른여섯 번을 천천히 밀치고 또 서른여섯 번을 급히 밀치면 미려(尾閭)에서 기가 움직여 힘차게 상승하는 기미를 자각하게 된다.

이와 같이 된 후에는 양손을 내려 양쪽 허리를 깍지끼고 양쪽 어깨를 사용하여 위로 보내 똑바로 세우기를 서른여섯 번 하면 협척(夾脊), 쌍관(雙關), 폐유(肺兪) 등지에서 기운이 움직여 상승하게 된다. 혹시 막힌 곳이 있으면 행공을 더하고 다시 입을 꽉 다물어 이〔齒〕를 물면서 의식을 목 뒷부분에 두고 똑바로 끌어서 올려보내기를 서른여섯 번 하면 옥침(玉枕)과 니환(泥丸)이 모두 뚫린 것을 자각하게 된다.

이와 같이 된 후에 바야흐로 아랫입술로 윗입술을 싸고 미미하게 힘을 주면 니환의 기(炁)가 내려와 콧속의 낮은 곳에 도달하는 것을 자각하게 된다.

그때에는 단지 혀를 써서 천교(天橋)에 붙이기만 하는데 절대로 힘을 주지는 말고 반드시 의식을 혀를 붙인 곳에 두고 있으면 감로(甘露)가 자연히 내려오니, 이러하면 곧 콧속을 미세하게 수축하는 방법을 써서 의식으로 감로를 보내고 삼켜 내려서 똑바로 강궐(絳闕)까지 하강시켜 잠시 동안 머무르게 한다.

다시 의식으로 인도해서 뒤를 향해 되돌려 내려서, 반드시 좌우로 나누어 양쪽 허리에 머무르도록 도달시키고 각각 서른여섯 번을 돌린다. 다시 의식으로 나누어서 인도하는데 제륜(臍輪)을 향해 왼쪽으로 서른여섯 번을 돌리고 오른쪽으로 서른여섯 번을 돌리면 뱃속 가득히 시원하게 뚫리는 것을 자각하게 된다.

이때에는 양손을 배꼽 아래 비상(扉上)에다 깍지끼고 의식으로 나누어서 동시에 좌우로 인도하여 배꼽으로 서른여섯 번 이끌면 한 점(點)이 자궁으로 들어가는 것을 자각하게 되는데, 잠시 있는 듯 없는 듯 하기를 기다렸다가 그친다.

이것이 수경(修經)하는 대략의 글인데, 그 가운데에 아직 무상활법(無上活法)이 있으나 이것은 말할 수가 없는 글자이다. 그러나 고요하고 빈 것을 벗어나지 않는다는 한 구절에 이른 것을 보기 바란다.

삼가 부위에 대해서 살피건대 자궁이 곧 내빈(內牝)이니 대개 남자의 현규(玄竅)이다.

단서에서는 이르기를 양(陽)을 현(玄)이라 하고 음(陰)을 빈(牝)이라

하여 합해서 말하는데, 이것이 곧 노자(老子)가 말한 현빈(玄牝)의 문이
고 「황제음부경(皇帝陰符經)」에 실린 기기(奇器)인 것이다. 기기라 하고
자궁(子宮)이라 하여 이름은 비록 네 가지가 있으나 혈(穴)은 한 혈이다.
삼가 이 법칙에서 자궁에 대해 말한 것을 살펴보건대 대개 사람의 일을
빌려서 그것을 밝힌 것이나 성태(聖胎)도 다 여기에서 맺어지는 것을 볼
수 있을 것이다.

　또 살펴건대 이 구절을 벗어나지 않아야 언급한 바대로 소식이 있어
신체로 행할 수 있는 것이니 삼가 큰 뜻을 관철하기 바랄 뿐이다.

　만약 자궁에서 한줄기의 열기가 회전하는 것이 느껴지면 이때는 천
비(泉扉)를 다시 견고하게 닫고 느슨해져 달아나지 않게 하면 편안함
을 얻을 것이다.

　삿된 생각이 일어나는 것을 가장 경계해야 한다. 조금이라도 연정
(戀情)이 있게 되면 문득 온몸이 마비되는 데에 이르는 것이니 오직
급히 감정을 안정시켜야 한다.

　선인(仙人)과 범인이 이것을 따라서 둘로 나뉘는 것이다.

　견고하게 닫아야 한다고 말한 것은 대의로는 옳지 않다. 비(扉)를 닫
는 것이 조금이라도 느슨해지면 진기(眞炁)가 비(扉)로 누설된다고 운운
한 아래 문구도 다시 위험하다.

　무릇 그때에는 비(扉) 내부에 필시 이상한 진동과 가려움이 있을 것이
나 다시 경도를 끊어 폐쇄시키면 이 빈(牝) 내부가 필시 아주 편안해질
것이다.

　정(情)을 안정시키지 않으면 필시 온몸이 마비되는 데에 이를 것이니
욕망의 바다로 떨어져 들어가 버리면 비록 정(情)을 안정시키려 해도 미
치지 못할까 염려된다.

그러므로 선인과 범인이 이것을 따라서 둘로 나뉜다고 말한 것이다.

대사(大師) 태허옹(太虛翁)이 이르기를 "생각을 등에 멈추는 것으로 법을 삼으면 그 정(情)이 곧 안정된다. 그렇지 않으면 비(扉)가 필시 활짝 열려 물이 흐르는 것같이 정(情)이 누설되고 말 것이니 아깝고도 아깝구나"라고 하였다.

이때에는 급히 장시간 마음을 휴식하여 고요하게 자궁이 안정되기를 기다렸다가 그쳐야 하는 것이니, 이는 곧 위원군(魏元君)이 '보배를 북쪽 바다로 돌려보내서 편안하게 안정시켰다'는 것이다. 비록 그렇지만 이것은 아직 황엽(黃葉)에 머무른 아이가 우는 것이니 결코 태(胎)를 맺은 것으로 오인하지 말라.

삼가 살피건대 각해(覺海)는 곧 남해(南海)이고 이 자궁은 곧 북해(北海)이니, 위치는 바로 중극중황(中極中黃)의 북쪽으로 대개 주역의 황중통리지처(黃中通理之處)이다. 결국 전후로 남북을 삼는 것이지 상하로 남북을 삼는 것이 아닌데 어찌 위원군의 문구로써 충분히 증명할 수 있겠는가. 그러므로 반드시 고요하게 자궁이 안정되기를 기다렸다가 공부를 마쳐야 하는 것이다.

삼가 이 법칙을 살피건대 적룡(赤龍)을 생기게 하는 수련이니 수련이 적룡을 단절한 이후의 여러 공법에 이르게 되면 마땅히 신체를 특별히 안정시켜서 수행해야 한다. 한 번의 경솔함이 공부를 다 못쓰게 하므로 신선과 범인이 이것을 따라서 둘로 나뉜다고 한 것이다.

또 이 법칙을 살피건대 전부가 원영(圓影)이니 환원반본(還元返本)하고 태(胎)를 맺는 데에 이르러 현묘한 모양이 이미 갖추어진 것을 이른 것이다.

이것은 차례차례 이 법칙대로 일신(一身)의 천지오행(天地五行)에 나아가서 수련하여 환원반본시킨 지극한 보배이나 아직은 조금 돌이킨 것이니 날마다 시간마다 행해서 더해야 하는 것이다.

단서에서 이른 바 한 개의 낱알에 한 개의 낱알을 돌이킨다는 것이 이 지극한 보배인 것이다. 이 법칙에서는 그러므로 누런 잎사귀로 그것을 알게 하고 불로 단련하는 비결을 받아들이게 하여 확실한 곳으로 돌이키고 이끌어 일부(一部)를 완전하게 하고 현묘한 모습을 크게 돌이키게 하였다.

그 대체를 써놓은 것이나 모두 경솔하게 지나쳐보지 말아야 한다.

이르시기를

여수정도의 다섯 번째 법칙은 제목을 복환(復還)이라 한다.

세상 여자들 중에는 나이가 노년에 이르도록 신체가 건강한 사람도 있고 나이가 겨우 45~46세에 적룡이 이미 끊어졌다고 하는 사람도 있는데 모두 여단법을 수련하여 처녀의 모양으로 환원시켜야 한다.

이것을 공부하는 법칙은 곧 앞서의 네 번째 법칙 안에 있는 공부법인데 다만 위로 가서 뒤로 이끄는 것을 고쳐 앞으로 가서 뒤에 머무르게 한 것이다. 이어서 계해(溪海)로 보내면서 감로를 따라 삼키는데 단지 삼키는 것마다 궐(闕)에 머물러 있도록 하고 아래로 내려가지 못하게 하고 나서, 손을 사용하여 유계(乳溪)에 마찰을 가해서 좌측으로 서른여섯 번을 돌리고 우측으로 서른여섯 번을 돌리면 궐계(闕溪)가 풀어지는 느낌이 나타난다.

다시 양쪽 유방을 나누어서 문지르는데 서서히 서른여섯 번을 문지르고 급히 서른여섯 번을 문지른다. 다시 먼저는 가볍게 뒤에는 힘주어서 각각 서른여섯 번을 문질러서 모두 백마흔네 번을 이루면 양쪽 유방과 유계 가운데에서 진기가 서리는 것을 자각하게 된다.

청량한 액체가 샘물과 같이 쌍관(雙關)으로부터 나와서 남쪽 바다로 돌아가거든 마음을 쉬고서 기다린다. 심장 뒤에서 허리 양쪽으로 나뉘어서 흐르게 하지 말고 단지 중궁(中宮)으로만 허용하여 온갖 인연을 놓아버려서 쓸데없는 것들을 끊어버린다. 무릇 인도하는 대로 기틀을 따라 시행하여 마치면 온몸이 극히 맑아지고 조화로워진다.

이와 같은 수행을 지녀 하루도 쉬지 않으면 약한 것이 자연히 점점 강해지고 쇠약한 것이 자연히 점점 왕성해진다. 늙은 사람도 또한 점차 어린이로 돌아가서 얼굴에는 화색이 돌고 양쪽 유방이 점점 처녀와 같이 수축되어 그 가운데에 점차 복숭아씨 같은 것이 맺힌다.

이와 같으면 100일 이내에 반드시 천계(天癸)를 얻는데 색깔은 연지수(胭脂水)와 같다. 3일 후에 곧 네 번째 법칙안의 공부를 행하여 조금이라도 더하거나 바꾸지 않는다면 적룡(赤龍)이 다시 자연히 끊어진다. 그리고 나서 해와 달 같은 것이 나타나거나 쌍가락지 같은 것이 나타나야 곧 진실로 얻은 것이라 한다.

삼가 도가의 경전을 살피건대, 나이가 늙은 부녀자에게도 아직 신수(信水)가 있다는 말이 있으나 그 물은 신수가 아니고 곧 음식의 진액이다.

이 경도는 상화(相火)에 타서 이루어지는데, 간장이나 비장으로 돌아가지 못한 물질이 혹은 장(腸)에서 붉게 변하고 혹은 적대(赤帶)로 변하며 혹은 잘못된 경도를 이루기도 하니 모두 이러한 물질인 것이다.

이 증세들은 다 이지러진 것에 속한 것이므로, 조속히 단절시키는 동시에 회복하는 수련법을 써서 처녀와 같은 상태가 된 후에야 바야흐로 적룡을 단절시키는 일에 들어갈 수 있다.

또 살피건대 나타남을 얻는다는 '見' 자는 마땅히 현(現) 자의 발음을 따라서 읽어야 한다. 대개 이 현(見) 자를 '현'이라는 발음으로 읽는 것은 조짐이 나타나기 때문이니, 오직 마음으로 육체를 고요하게 해야 나타난다.

같이 나타난다는 현(現)은 육체가 보는 것이다. 이 두 자를 살펴보면 의미에 깊고 얕은 것이 있으니 경솔하게 읽고 지나치지 말 일이다.

이르시기를

여수정도의 여섯 번째 법칙은 제목을 유방이라 한다.

유방에 대해 말하자면 위로는 심장과 폐의 진액에 통하고 아래로는 혈해(血海)의 진액에 통한다. 수련으로 유방이 처녀나 어린아이와 같은 모습을 얻으면 곧 여자가 남자의 몸으로 바뀌게 된다. 그 공부법은 네 번째 법칙과 다섯 번째 법칙을 벗어나지 않는 것이니 여자는 혈(血)로써 근본을 삼는다.

이 법칙의 요지는 곧 수련으로 붉은 것을 흰 것으로 돌이키는 데에 있으나 또한 근본을 상하게 하는 우려가 있으므로 진액을 수련하여 혈로 변화시키는 한 편의 글이 있는 것이다. 진액을 변화시켜 혈을 이루는 것은 모든 이슬을 궐(闕)에 머무르게 함과 같은 것이 없다.

신(神)을 쌍관에 머무르게 하면 관(關) 안에 오랫동안 쌓이고 막혀 있던 진액이 자욱히 녹아 계(溪)와 해(海)로 돌아가서 혈이 필시 왕성하게 생한다. 그 가운데에 정밀한 뜻은 다섯 번째 법칙에 있다.

만약 혈을 변화시켜 희게 돌이키고자 하면 의식을 계방(溪方)에 머무르게 함과 같은 것이 없다.

입과 치아를 굳게 다물고 고요한 마음으로 의식을 가하면 기(氣)가 자연히 유계로 돌아와서 유방에 도달할 것이니 양쪽 손바닥으로 나누어서 양쪽 유방을 주무른다. 먼저는 천천히 나중에는 급하게, 먼저는 가볍게 나중에는 힘을 주어서 모두 백마흔 번을 행하고, 기(氣)가 왕성하게 모이면 의식을 가하여 뒤로 후퇴시켜 양쪽 허리에 나누어 머무르게 한다.

다시 목신(目神)으로 나누어 통솔해서 기를 좌우로 돌리는데 모두 일흔두 식(息)을 이루면 반드시 기가 뜸을 뜨는 것같이 뜨거워진다.

다시 의식으로 이끌어 배꼽에다 수없이 회전시키면 반드시 하극(下極)이 끓어오른다. 곧 이것이 붉은 것이 새롭게 흰 것으로 변하는 것이니 필시 자연히 기(氣)로 변화되어 미려를 뚫고 협척으로 상승해서 옥침을 넘어 천곡으로 뛰어오르는 것이다. 이때에는 내부에 삼신산의 신선이 나타나도 청정한 경계만 같지 못한 것이니 모름지기 급히 마음 쓰던 것을 잊어버려야 한다.

홀연히 또 캄캄하게 어두워져 밤이 되기도 하니 자신을 고요하게 지켜야 한다. 오래되면 필시 번갯불이 번쩍거리고 천둥소리가 요란하게 울리는 것을 자득하게 된다. 이슬이 떨어져 모이는 것같이 화지(華池)를 가득 채워서 삼키는 것을 참을 수 없으면 삼켜서 침착하게 궐(闕)로 내리고 배꼽에 도달하게 하면 온몸이 편안해지니 자신의 몸을 고요하게 하여 바라본다.

이와 같이 하여 100일 동안을 쉬지 않으면 양쪽의 커다란 유방이 어린아이와 같이 평평해지며 양쪽 유방 가운데의 비었던 것이 복숭아씨와 같이 채워져 처녀와 같아진다. 마침내는 그것이 어린아이와 같아지는 것이니 곧 흰 것으로 변화시키는 공부가 충족된 것이다.

나의 가르침을 따라 행해서 효험을 얻은 사람이 적지 않은데 봉고(鳳古)가 지은 시와 글이 있으니 채택하여 증거로 삼을 만하다.

그 시에 이르기를 왼쪽이 해이고 오른쪽이 달인 한 음양이 관비(關鼻)안에서 움직이는 것을 운강(運罡)이라고 이름한다. 만약 음양을 해와 달에 돌이키고자 하면 손에 진화(眞火)를 쥐고 양쪽 유방을 주무르라고 했다.

받는 자는 부지런히 수행하라.

삼가 쌍관(雙關)을 살펴보건대 척추의 앞과 자궁의 뒤에 위치해 있다. 관(關) 안에는 두 개의 혈이 있는데 사람 몸의 혼탁한 액체가 머물러 있는 곳이다. 왼쪽을 고(膏)라 하고 오른쪽을 황(肓)이라 하는데, 약의 힘도 이를 수 없는 곳으로서 진기가 스스로 도달하지 못한 자는 흐릿한 액체가 머물러 온몸에 화를 끼치는 것이다.

조화주가 사람을 내면서 이에 호심(護心)으로서 관을 세우게 하였으므로 그곳을 이름하여 쌍관(雙關)이라 한다.

무릇 액체가 흐리다고 하는 것은 액체 같으면서도 액체가 아니기 때문인데, 본래 음식이 변화된 진액의 종류로 기를 타고 폐에 달라붙어서 온몸에 퍼져 경락을 윤택하게 하는 것이다.

이 한 물건으로 말하자면 몸 안에서 왕성한 진기로 이 물건이 지나다니면 변화되어 무궁하게 쓰이게 되고 쇠약한 진기로 이 물건이 지나다니면 변화되지 않고 장부와 경락에 흘러들어가나 해가 되지는 않는다.

다만 지극한 음기를 만나서 감응되면 혼탁한 액체를 이루니 정(精) 같으나 정 아닌 것이 기도(炁道)를 막는 것이다. 그것이 가장 많이 머물러 있는 곳이 쌍관과 하극(下極) 두 곳인데 그것이 머무르게 되면 화가 제일 큰 것이 쌍관과 같은 것이 없으니 진기가 스스로 이르지 못하는 까닭이다. 그러므로 그것이 쌓이고 모여서 곤륜산 북쪽의 얼음이나 눈과 같아지면 삼복더위를 지내도 변화되지 않으니 오직 기토(己土)의 심강(心罡)으로써만이 방지하고 보호할 수 있는 것인 바 신(神)이 왕성하면 안정되고 신이 쇠약하면 위태로운 것이다.

옛 철인은 그것을 알았으므로 신을 모아서 관(關)을 태우는 비결 하나를 두었으나 속세에서는 얻어듣기가 어렵다. 그것을 알아내고 수행해서 경험한 것이 시나 글로 여러 곳에 실어놓은 자는 오직 봉 진인 뿐이니 이러한 까닭으로 취해서 증거를 삼은 것이다.

봉 진인이 수행해서 증험한 것을 살펴보면 먼저 텅 비고 고요한 마음으로 생각한다는 한 가지 비결에 의지해 돌이키는 것이다. 오직 텅 비고 고요한 마음으로 생각하므로 신(神)이 기로 돌아가 왕성해짐을 얻는 것이다.

이 공부방법으로써 유계에 머무르고 유방을 주무르는 공법을 가하면 비로소 혼탁한 액체가 녹아 관(關)에서 나오는데 그것이 바다에 도달하면 받아서 단련하는 것이니, 이것이 유무(有無)를 서로 다스려 묘용(妙用)을 얻는 것이다.

또 살피건대 좌측 유방은 간으로 통하고 우측 유방은 폐로 통하며 유계는 심장과 신장으로 통하고 또 비장으로 통하는데 마땅히 시시각각 주시해 보아야 한다.

그러나 보통 때에는 다만 의식을 있는 듯 없는 듯이 하여 그곳을 지키기만 한다. 무릇 여자의 명근(命根)은 심(心)에 근본을 둔 것인데 곤괘(坤卦)의 가운데 효를 얻어 이괘(離卦)를 이루었다는 의미로 진화(眞火)가 숨어 있는 것이다.

그러나 혈(血)은 청량함으로써 생하는 것이며 혈이 왕성해져야 신(神)이 안정되므로 마땅히 텅 비고 고요함으로 길러야 한다. 원래 이것은 병을 치료하고 양생(養生)하는 것으로 근원을 회복하고 도를 이루는 중요한 자리인데 청정경(淸靜經)에서 얻어 수행해야 하는 것이니 삼관(三觀)의 관법(觀法)이 묘하다.

이르시기를

여수정도의 일곱 번째 법칙은 제목을 옥액이라 한다.

무릇 남자로 말하자면 청정하게 공부를 시작해서 공부가 하거(河車)로 뚫고 운반하는 데에 도달하여 진정(眞精)을 충분히 보존해서 현관

140

(玄關)으로 내보내지 않고 역류시켜 정수리에 이르게 해서 감로가 천곡(天谷)을 적시고 내려와 화지(華池)로 흐르면 또한 옥액(玉液)이라 이름하는 것인데, 그러나 이것은 음신(陰神)의 출현을 얻는 것이다.

그러므로 혼(魂)은 천상의 조정에서 노닐고 백(魄)이 하느님의 참모습을 배알하며 둥그런 후광이 머리를 감싸고 파도가 현해(玄海)에서 솟아오르며 목소리가 옥청(玉清)을 꿰뚫어야 곧 참으로 옥액이 단(丹)으로 돌아간 것인데, 옛날의 진인이 제호(醍醐)가 머리를 적신다고 이름한 것이다.

여자의 옥액이라는 것은 적룡(赤龍)의 진액이 흰 봉황의 정수로 변한 것인데 그 정수가 충족되어야 역류시키는 일을 할 수 있고 고사(故事)를 헛되이 행함이 되지 않는 것이다. 그 가운데의 공부법은 비록 네 번째 법칙에서 가리킨 것을 떠나지 못하나 미묘한 뜻은 모름지기 여섯 번째 법칙을 따를 것이다. 능히 이와 같이 해야 바야흐로 무궁하게 쓰일 것인 바, 이것은 곧 예전의 현인이 한 톨에 한 톨을 돌이킨다고 하는 것이니 어찌 다함이 있겠는가.

참된 종자를 얻고자 하거든 이 일에 마땅히 힘을 돌이켜야 한다. 그러나 그것이 충족되고 얻어지는 것은 오직 힘쓴다는 것도 잊어버리고 텅 비고 고요한 마음으로 생각을 쏟는 데에 있는 것이니 받는 자는 힘써 수행하라.

삼가 이 법칙을 살펴보건대 취아선인(翠娥仙人)이 자술한 한 법칙을 들어 주해하는 것이 마땅하겠다. 그 법칙에 이르기를

"내가 전에 단(丹)을 돌이키는 법을 쓸 때에 사람이로되 사람임을 잊어버리고, 법을 쓰되 그것이 법임을 잊어버리고 들어가서 시간시간 지극하게 법칙대로 행하므로 능히 내가 나란 것을 잊을 수 있었다. 단지

자연스럽게 오늘 이렇게 하고 내일 이렇게 하여[이렇게 한다는 것은 환단대사(還丹大事)를 가리킨다] 날짜도 잊어버리고 시간도 잊어버리니 어느 날 문득 천지도 또한 없어져 버렸다.

그리고 그 상태가 오래되니 홀연히 각성한 것도 같고 깨달은 것도 같아져 고요하게 듣고 볼 뿐인데 마침내는 무슨 일을 하는지마저 모두 잊어버렸다. 다만 굽는 것도 같고 태우는 것도 같은 상태가 느껴지더니 뒤로 진액도 같고 기름도 같은 것이 나타나서[뒤는 곧 북극의 뒤이고 진액도 같고 기름도 같다는 것은 적룡이 액화된 흰 봉황의 정수인 것이다] 끝도 없고 한도 없으며 소리가 있는 것 같기도 하고 없는 것 같기도 하며 때로는 흐르고 때로는 멈추어 격렬하게 분출되고 어떤 때에는 눈으로 씻어서 걸어놓은 것 같았고 어떤 때에는 얼음으로 된 호수와 같이 청정하였다. 또한 때가 한때가 아니며 거처가 한 곳이 아니었으나 눈이 현혹되지 않고 정신이 피로하지 않았으며 홀연히 그 가운데에서 보고 듣는 것마다 바로 성품을 미혹하게 하기에 족한 것들이었다.

나는 이때에 '사물에 유혹되지 말라'는 말로 더욱 자신을 경계하며 이겨냈더니 갑자기 '가는 것은 이와 같은가'라는 말이 깨달아져 기(氣)를 마음대로 부릴 수 있게 되었다.

시험해 보려고 그것을 일으키려 하였더니, 갑자기 또 '천지가 나와 한 몸'이라고 이른 것이 깨달아져서 몸으로 돌이켜 내부를 살펴보니 내 몸이 진실로 역시 그러하였으며 이치가 밖에서 그러하면 안에서도 또한 그러하였고, 반드시 안에서 그러하면 밖에서도 또한 그러하였다.

이에 몸으로 돌이켜 스스로를 살펴보니 내가 나에게 있는 것이 아니었는데 몸을 고요하게 하여 오랫동안 있었더니 내가 나타났다. 그러나 깊이 들어가서 내부를 살피고자 하였더니 열린 문이 다 없어져서 꿈을 깬 것같이 놀랐고 이 몸 가운데의 중심부 아래와 하극(下極)이 불로 굽는 것같이 뜨거워졌다. 또 소리가 우레와 같이 일어나고 바람소리와 조수(潮水)소리가 그 가운데로부터 일어나더니 무아지경에 미려를 뚫고 척추로 상승해서 옥침을 통과하고 천곡에 도달하여 감로와 같은 것이 내려왔다.

다시 코로부터 화지(華池)에 떨어진 물이 가득 차서 삼키지 않고는 참을 수 없어서 삼켰더니, 곧 진액이 만들어져 남쪽 바다에서 솟아 올라왔다.

잠시 후 문득 허리로 흐르고 배꼽을 감아 이로써 녹이고 연단시켜 천지와 한 몸이 되니 밖에서 그러하면 안에서도 그러하다는 것이 진실로 그러하였다.

나는 이때에 일상적인 순서대로 순환하여 마치고 공부가 끝나자 물러났다고 하였다. 선자(仙子)가 기술한 것은 순전히 변화시키는 공부이다.

그 평상시를 생각하건대 필시 앞서는 고요하고 텅 비는 것에 전념하여 극복하였으며 뒤는 잊고 잊는 것으로 힘써 나아간 것이다. 그러므로 이것을 채택해서 이 공부방법의 증거로 삼는다" 하였다.

이르시기를

여수정도의 여덟째 법칙은 제목을 태식이라 한다.

무릇 태식(胎息)에 대해 말하자면 지극한 도이며 천제(天梯)이다. 여자가 단을 돌이킨 이후에 정기가 충족되면 남자와 같은 몸이 되는데 태식을 빌리지 않으면 환허(還虛)를 기약할 수 없는 것이다. 대저 이 한 호흡의 공용은 한이 없고 그 비결을 수련하는 것은 지극히 간단하다. 그러나 모든 사람이 똑같이 이루는 것은 아니고 그 가운데에 커다란 차이가 있는 것이다.

그것은 조물주가 있어서 그것을 주재하는 것이 아니고 조물주도 또한 스스로 만물로 인해서 만물을 이루는 것이기 때문이니, 사람이 고요함을 빌려서 식(息)의 시초를 찾아야 하는 것이다.

　생각을 없애고 사려를 없애기를 아침저녁으로 한결같이 하면 하루 아침에 조규(祖竅)가 나타나고 규가 활짝 열려 찾지 않고 부르지 않아도 혼연히 식(息)이 근원에 합하게 된다. 넓고 넓어서 끝이 없고 아득하고 아득하여 헤아릴 수 없어 조규가 나인지 내가 조규인지도 알지 못하고 근원과 하나되어 호흡을 하게 되니 옛 철인이 태식(胎息)이라 이름한 것이다. 이 규 가운데에서 음양오행과 천지만물이 모두 나오는 것이다.

　식(息)은 기틀에 따라 감응하는데 기틀에 감응되면 자연히 천선(天仙), 지선(地仙), 수선(水仙), 인선(人仙), 신선(神仙), 귀선(鬼仙)이라는 여섯 가지 등급 중에 한 권속을 이루게 된다.

　그 비결은 오직 텅 비고 고요함이 극에 이르게 하고 덕을 진일(眞一)에 합하게 수련하면 천선(天仙)을 이루고, 덕을 현일(玄一)에 합하게 수련하면 수선(水仙)을 이루며 덕을 정일(貞一)에 합하게 수련하면 지선(地仙)을 이루고, 덕을 정일(精一)에 합하게 수련하면 인선(人仙)을 이루는 것이다. 그 아래의 두 가지 신선은 덕을 정일(精一)에 합하여 수련하다가 양(陽)에 치우치면 신(神)을 이루고 음(陰)에 치우치면 귀(鬼)를 이루는 것이니, 사람의 증과(證果)로서는 좋은 것이나 아직 진선(眞仙)이라고는 이를 수는 없는 것이다.

　그 차등이 이와 같이 이르고 그 종류는 기틀에 감응하는 데에 있는 것이니 비록 하늘이 부여했다고 하나 어찌 스스로 취하는 것이 아니겠는가.

　받는 자는 힘써 수행하라.

　삼가 법칙에서 설명한 것을 음미하건대 태식의 한 공부가 참으로 지극한 도이고 참된 천제(天梯)가 되니, 어찌 그것에 힘쓰지 않겠는가.

이르시기를

여수정도의 아홉째 법칙은 제목을 나무(南無)라 한다.

무릇 여자의 수련을 대성하는 것은 대사(大士)와 같은 것이 없는데 고행을 보호받으면서 수련하여 불보살(佛菩薩)에 들어가는 그 힘을 얻는 것은 '나무' 두 자에 있는 것이다. 두 자 가운데에 현묘한 뜻이 감추어져 있으니 능해 체득해서 지킬 수 있다면 이 몸이 곧 불(佛)이다.

마치 수정으로 된 7층 부도(浮屠) 하나가 보타암(普陀巖) 위를 누르고 안치되어 있고 부도 전면에 한 붉은 어린아이가 앉아 있는 것 같은데, 곧 이것이 식신(識神)의 우두머리이다.

대사(大士)가 그에게 동서로 참구하는 것을 일임하였으니 참구하는 것이 쉰세 가지에 이르면 참구하는 것마다 부처를 보고 공안마다 환히 깨달아진다.

그 다음에는 남쪽 바다의 용녀(龍女)가 자재롭고 현묘한 구슬을 받들어 올리면 붉은 대나무 숲에 머물러 두었다가 회전시켜서 흰 앵무새가 위 아래로 날며 춤추는 데에다 맡겨둔다.

다시 손에 청정한 병을 지니고 버드나무 가지를 꽂아서 아이가 머무르게 하면 자연히 감로수를 얻게 되어 보타암 위에 편안히 앉게 된다.

다라니를 사용하는 법은 하나의 '옴(唵)' 자를 진의(眞意)를 내는 곳에 놓아서 지극한 보배를 얻고 어람(魚籃) 가운데에다 놓아두고 가라벌치(伽囉伐哆)를 생각하는 것이다. 일체의 번뇌를 놓아서 남쪽 바다에 있게하고 바다 가운데의 세찬 파도에도 나는 단지 자재롭게 자재(自在)를 관하는 것이다.

이 한 부분의 큰 수련법은 네 번째 법칙 안의 공부에서 얻지 못하는 것을 조금 보충한 것이다. 더욱 한 호흡 한 호흡을 위의 법칙대로 나아가고 자연스런 걸음으로 한 발자국 한 발자국을 진실로 텅 비고 진실로 고요한 데로 돌려서 공부가 원만해지고 수행이 만족하게 되면 곧 대사(大士)와 더불어 서로 보며 웃으면서 환하게 만날 것이다.

받는 자는 부지런히 수행하라.

삼가 이 법칙을 살피건대 순전히 변화하는 공부로써 기틀을 변화시켜 마치는 것인데, 모름지기 뜻으로만 생각하게 하고 많은 설명이 없다.

단지 스스로 간절하게 나무(南無)를 정성을 다해 체득해 지키면 이 몸이 곧 부처가 되고 활발하게 되어서 머무르지 않고 거처하지 않는 곳이 없게 된다.

이르시기를

여수정도의 열째 법칙은 제목을 신종(愼終)이라 한다.

무릇 여자에 대해 말하자면 곤(坤)의 덕이니 땅의 도는 이루는 것은 없으나 대신하여 끝마치는 것은 있는 것이다. 이것도 또한 하늘 아래서 화육하고 돕는 것을 본받아서 수행하는 것이다. 그 공부는 텅 비고 고요한 데로 들어가서 조금도 금전을 허비하지 않고 조그만 힘도 들이지 않고 앉은자리에서 그것을 성취하는 것이다. 사람들은 이것을 알지 못하나 덕이 조화에 참여하니 이것이 어찌 몸으로서 세상을 구하는 것이 아니겠는가.

이 공부는 순일하게 마음을 다스리고 고요하고 텅 비는 것으로 쓰임을 삼는데, 다스린 것이 가슴에 청정한 것을 품는 데에 이르면 천도(天都)가 크게 편안해지고 다스린 것이 곤복(坤腹)이 통하는 데에 이르면 문이 풍성하게 되고 사지가 잘 통하도록 조절하면 사방의 오랑캐가 안정된다. 이와 같이 신체를 다스리면 몸이 편안해지고, 몸이 편안해지면 세상이 다스려지는 것이니 서로 호응하는 것이 이와 같다.

그러므로 능히 일각이라도 잘 다스려 평온하게 하면 곧 일각의 덕을 더하는 것이니, 비록 효과가 곧 나타나지는 않지만 그 효과는 자연히 있게 되는 것이다.

다만 평소에 공부한 것이 순수하지 못해서 삼전(三田)이 관통되지 못할까 염려된다. 무릇 한 몸을 구제하지 못하고서 세상을 구제할 재주를 얻을 수는 없으니 그 비결은 오직 아침저녁으로 이에 힘을 기울이는 것이다. 남이 한 번을 할 때 나는 백 번을 하고, 남이 열 번을 할 때 나는 천 번을 하면 비록 어리석으나 반드시 현명해질 것이다. 받는 자는 부지런히 수행하라.

삼가 이 법칙을 살펴건대 곧 서왕모가 반포해 주신 전 부분을 거듭 바로잡은 것인데 손불이 원군이 옥청신모(玉淸神母)가 입으로 전하여준 세상을 다스리는 큰 도를 쫓아 예전에 전하던 마지막 법칙을 이 법칙의 끝에 바꿔서 편집하였다.

진실로 세상이 열린 이래 있지 않았던 큰 경전이 엮어진 것이다.

여조께서는 매우 다행스러운 행운이라 하셨고 원군께서는 도의 운이 마땅히 거듭 떨쳐질 것이라 하셔서 그분들이 뒤에 배우는 사람들에게 바라는 것이 이와 같이 무거우니, 원컨대 이 책을 얻어서 보는 사람들은 서로 힘써 인도할 것이다.

영원대도가

靈源大道歌

조문일(曹文逸) 여진인(女眞人) 지음

❧

이 글은 송나라 휘종 시대 조문일 여선(女仙)의 것으로서, 비유나 은어를 사용하지 않아 선도를 수련하는 남녀 모두에게 널리 지침이 되고 있다. 이 또한 진영녕(陳攖寧)의 주해가 있다.

조문일(曹文逸) 송나라 휘종 연간의 저명한 시인 여선으로, 21세에 출가하여 사방을 운유하다가 선도를 이루고 만년에 송나라 황제의 부름을 받고 수도에 머물면서 문일대사라는 호를 하사받기도 하였다.

영원대도가
靈源大道歌

내가 그대들을 위하여 단적으로 말하나니, 생명의 근원은 참된 호흡에 있는 것이라.

성품의 본체를 반조하여 장생하고 빈 것이 빈 것이 아니게 하여 신령한 거울로 하늘을 머금고 만물을 받아들이라.

태극이 펼쳐지매 묘하게 사람이 그 하나를 얻었나니, 얻은 하나를 잘 지키고 삼가 잃지 말라.

집이 비고 한가하면 신이 자연히 거처할 것이요, 신령스러운 곳을 괴롭게 하면 혈(血)과 진액이 고갈되리라.

한 번 슬퍼하고 기뻐하고 생각하며, 한 번 쉬고 일할 때마다 형체가 좀먹어 가서 아침저녁으로 손상되나 미혹하여 깨닫지 못하도다.

손상되고 어지러워진 정신이 거처할 곳이 없으니 조금씩 소멸하여 점점 쇠약해지다가 생기가 고갈되면 신(神)은 곧 떠나는 것이다.

다만 움직일 때나 앉을 때나 선정(禪定)에 들어야 할 것이니 성인이라야 이와 같을 것이요, 범인(凡人)은 그렇지 못하리라.

어린 싹은 연약하니 모름지기 품어 기를 것이나 육근(六根)의 식신

(識神)이 혼미하여 쉽게 변질시키리니, 때를 맞춰 잡초를 제거하지 않고서도 좋은 곡식이 거친 밭에서 나왔다는 것을 듣지 못했다.

9년의 공이 차고 화후(火候)가 충족되어 만물을 무심으로 응대하면 신(神)의 변화가 신속하리니, 무심의 마음이 곧 진심이고 움직임과 고요함을 함께 잊음이 욕심을 떠남이 되는 것이다.

신(神)이 성(性)이고 기(氣)가 명(命)이니, 신이 밖으로 달리지 않는다면 기는 자연히 안정될 것이다.

본래 두 가지 물건을 다시 어떻게 친하게 할 것이며, 흩어지고 잃어버린 것을 장차 어찌 예전대로 할 것인가.

혼합하여 하나로 만들고 다시 하나마저 잊는다면 도와 더불어 함께 출몰할 수 있으리니, 쇠와 돌을 관통하는 것도 어렵지 않고, 앉아서 몸을 벗어버리거나 선 채로 죽는 것도 순식간에 할 수 있다.

이 도(道)는 알기는 쉬우나 수행하는 것은 쉽지 않나니 행하되 행한 것을 잊으면 곧 도를 마치리라.

호흡을 가두는 것을 참된 공부로 삼지 말 것이며, 수식관(數息觀)이나 관법(觀法)도 다 옳은 것이 아니다.

근래의 수행인들은 밖으로는 번뇌를 다 놓아버렸다고 하나 안으로 마음이 얽혀 있으니 그 두 가지가 무엇이 다르겠는가.

다만 어린아이가 태 속에 있을 때를 볼 것이니 어찌 능히 마음 속으로 헤아림이 있었겠는가.

기(氣)를 전일(專一)하게 하여 부드럽게 되면 신이 오래 머무를 것이고, 때때로 참된 호흡이 스스로 유유하게 일어나고 가늘게 뻗쳐서 생명의 뿌리로 돌아가고 신령스런 샘에서는 기르지 않아도 항상 스스로 흐르리라.

삼만 육천이 큰 공이 되고 음양과 절기가 그 가운데에 있으니 관절과 혈맥을 찌고 융화시키며 근육과 뼈를 변화시켜서 온갖 것이 밝게 빛나 유통되지 않음이 없으면 삼시(三尸)가 음험한 집에서 도망가고, 만국(萬國)이 붉은 임금의 궁전으로 와서 조회(朝會)하리라.

시험삼아 묻건대 진인(眞人)이 어느 곳에서 오겠는가

전부터 단지 영대(靈臺)에 있었나니 전에는 안개와 구름에 두텁게 가려졌다가 오늘에야 서로 만나니 도의 눈이 열린 것이라.

이것은 일조일석(一朝一夕)에 이룬 것이 아니며, 이 나에게 있는 진인은 환술로 만든 것이 아니다.

추운 겨울에도 굳게 믿기를 쇠나 돌같이 하였으며, 음마(陰魔)와 싸워 물리치면서 지혜의 힘을 더했도다.

모든 것을 비고 담담한 데로부터 시작해서 다시 정밀하고 전일하게 하면 문득 청정한 나라가 된다.

처음에 어느 일에서부터 근본 기틀을 세워야 할 것인가. 하는 것이 없는〔無爲〕 곳에 이르러야 하지 않음이 없는 것이니, 마음 가운데의 잡념을 모름지기 소멸시키고 꿈 속에서도 정신을 굳게 잡아 지키라.

동(動)과 정(靜)이 없는 것이 큰 요체가 되고, 편벽됨이 없는 것이 지극한 도가 되는 것이라.

원기(元氣)를 안에서 움직여 조화시켜야 곧 참 도를 이룰 것이니 호흡으로 밖에서 구한다면 끝내 완성하지 못할 것이다.

원기가 머무르지 않으면 신이 불안하나니 나무의 뿌리가 훼손되면 줄기와 잎사귀가 마르는 것이라.

눈물〔涕〕과 타액〔唾〕과 정(精)과 혈(血)을 논하지 말 것이니, 근원에 도달하여 궁구하면 모두 하나인데 이들 물건이 어찌 일찍이 정한 자리가 있으리요

수시로 마음에 따라 변화하나니 몸에 있어서 열을 느끼면 곧 땀이

되고, 눈에 있어서 슬픔을 느끼면 곧 눈물이 되며, 성기에 있어서 음욕을 느끼면 곧 정이 되고, 코에 있어서 찬바람에 접촉되면 곧 콧물이 되어 종횡으로 유전하여 일신을 윤택하게 하나니, 결국 신수(神水)에서 벗어나지 않는 것이다.

신수는 말하기 어렵고 아는 자가 드무니 생을 비롯함은 모두 진기(眞氣)로부터라. 다만 담박함만 알 것이고 생각을 없애며 제계(齊戒)해서 마음을 안정시키고 말을 삼가라. 맛있는 제호(醍醐)와 감로(甘露)가 기갈을 없애고 참 바탕이 나타나리라.

훗날 공부가 차게 되면 자연히 소요하며 노닐 것이나 처음에는 단련하고 삶는 것이 실로 힘들고 고통스러우리라. 힘들고 고통스러운 가운데에 또 힘들지 않나니 한가하고 한가하게 다만 원신(元神)을 기름이 중요한데 어찌하여 마음이 한가함을 얻지 못하는가. 여기에 이르면 잃고 얻음이 다 그 사람에게 있는 것이다.

나도 옛적에 괴로운 가운데 괴롭고 다시 괴로웠나니, 나무뿌리를 먹고 풀로 옷을 삼으니 고독하고도 외로웠다. 마음으로는 큰 도를 알았으나 실행할 수가 없었으니 명예와 일과 육체가 큰 병이 되었다. 이와 같은 처지에서 틈틈이 공부하였으니 어찌 태연하게 대정(大定)을 닦았겠는가.

형체와 정신은 모름지기 양쪽을 다 완성하기가 어려운 것이니 명(命)을 완성하지 못하겠거든 먼저 성(性)을 완성하라. 명예와 이익을 좇지 말고 인정을 끊어 일이 없게 하고, 결연하게 사람들 가운데에 있다면 어찌 장애가 될 것이며 나에게 다시 누가 간섭하겠는가. 그 명성이 하늘을 진동시키면 또 무엇할 것이며 문장이 뛰어난 것도 귀한 것이 아니라.

영화로움과 입고 먹는 것을 모두 마음에다 두지 말 것이니, 금은보

화를 쌓고 모은들 어찌 다시 목숨을 건질 수 있겠는가. 교묘한 문장과 시 다양한 재능은 수행하는 길에 도리어 장애가 될 뿐이다. 흡사 엷은 안개와 가벼운 운무 속에서 한가하게 떨어지는 꽃과 버드나무 가지를 따라다니는 것과 같은 것으로 아득하게 천지간에 노니나 끝내 비와 이슬은 이룰 수 없는 것이다. 명예와 몸에게 마침내 무엇을 의지할 것인가. 반생 세월이 큰 얽매임이로다.

근래의 수련은 신기에만 의지하나 신기를 안정시키지 못한다면 헛되이 괴롭게 수고만 할 뿐이다.

가련하다. 한 좋은 터에 화려하고 아름다운 집이 있으나 주인이 없도다. 주인이 오랫동안 머무르게 하기를 권하노니, 비고 한가함에 놓아두고 쓰이는 것이 없게 할 것이라.

없는 가운데에 묘하게 있음을 잡아 지키기는 어려우니 영아(嬰兒)를 기르는 것은 모름지기 어머니에게 의지한다는 것을 알아야 한다.

훌륭한 변론을 버리고 총명함을 버리며 정신을 거두어들여 우둔하게 만들라. 굳건한 마음과 한결같은 의지에다 나아가는 과정을 맡긴다면 큰 도는 그 사람을 마침내 저버리지 않을 것이다.

수진전도론

修眞傳道論

여동빈(呂洞賓) 지음

이 글은 일명 「종려(鍾呂) 전도집」이라고도 한다. 선도의 비조 종리권과 여동빈 선인이 선도 수련에 대해 주고받은 문답을 기록한 것으로, 선도의 실질적인 이론서인 동시에 수련서로서 선가와 불가 등의 여러 서적에서 이론의 근거로 삼은 것이다. 이 「수진전도론」을 참고해야만 선도의 참모습을 알 수 있게 되고 선도에 대해 바른 이해를 할 수 있을 것이다. 선도를 수련하거나 정신계를 탐구하는 사람들은 반드시 통독해야 할 것이다.

종리권(鍾離權) 중국 함양 사람으로 호를 운방 선생이라 한다. 한나라 시대에 대장이 되어 싸움터에 갔다가 선인 왕현보를 만나 대단비결, 청룡검법 등을 전해 받았고 다시 공동산에 들어가 옥갑비결을 얻어 드디어 신선이 되어 갔다고 한다. 도교 팔선의 하나이고 정양조사라고도 한다.

여동빈(呂洞賓) 중국 당나라 말기 영락 지방 사람이다. 이름은 암이라 하고 호는 순양자(純陽子)이며 자칭 회도인이라고 했는데, 팔선 중 하나이다. 어려서부터 열심히 경사를 공부하였으나 번번이 시험에 떨어져 강산을 유력하였다. 장안에서 종리권 선인을 만나 열 번의 시험을 거친 뒤에 드디어 연명하는 법과 금액 대단의 공부법을 얻을 수 있었고, 다시 화룡진인으로부터 천둔검술을 얻어 번뇌와 색욕을 끊을 수 있었다. 주선, 검선, 시선 등으로 불리며 『여조오편(呂祖五篇)』, 『여조전서(呂祖全書)』 등을 남겼다.

여동빈(呂洞賓)

여조 수진전도집 소서
呂祖 修眞傳道集 小序

옛날에 우 임금이 열여섯 자로 마음을 전하는 기틀을 삼았고, 뒤를 이어 공자 문하에서 주고받은 것도 또한 하나로 꿰뚫는다는 한 마디에 그쳤으니, 이와 같이 도를 전함에는 진실로 많은 설명을 붙이지 않았다.

그러나 자공(子貢)은 이르기를 선생님의 말씀에서 성과 천도를 얻어들을 수 없었다 하였고, 『중용(中庸)』이라는 한 책은 공자의 말을 기술한 것인데, 『논어(論語)』에 실리지 않는 것이 많으니 당시에는 성(性)과 천(天)의 설이 빈틈없이 상세하였으나 그 대부분을 비밀로 해서 전하지 않았으리라 생각된다.

세상에서는 전하기를 여조(呂祖)가 정양제군(正陽帝君)에게서 도를 받았다고 하는데, 오백 년 뒤의 사람들이라도 한 마디라도 틀릴까 염려하여 삼천 가지 공덕행(功德行)을 이미 마치자 어찌 그리도 빨리 『수진전도집』을 열람하고 천인(天人) 성명의 뜻을 베풀어 상세히 반복하여 가르치는 것을 꺼리지 않았는가.

말한 것이 홀로 우 임금이 전한 열여섯 자나 공자 문하의 하나로써 꿰뚫는다는 한마디로 된 말과 다른 것은 또 어째서인가.

『수진전도집』은 화양(華陽)에게 전해지고 이어 견오(肩吾)에게 전해졌다.

견오는 당나라 원화(元和)시대의 진사로 홍주(洪州) 서산(西山)에 은거하여 뜻을 버리고 벼슬하지 않았는데, 일찍이 시를 지어 말하기를 "기(氣)는 나이를 늘리는 약(藥)의 근본이다. 마음으로 기와 신(神)을 부리고 기가 위주가 되는 수행법을 알 수 있으면 곧 신선을 얻을 것이라고 했으니 그 기르는 것을 족히 알 것이다"라고 하였다.

여조가 목(睦)이라는 곳에 여행하다가 그 안개와 기가 피어오르는 것을 보고 환단대도(還丹大道)를 전해주었으니 이 전도집이 전한 바의 유래이다.

다만 그 당시 도를 물을 때 비밀 구결이 있었을 터인데, 책에 붓으로 적을 수 없는 것이어서 이른바 입에서 입으로 서로 전한다는 것으로, 책으로는 기록하지 않았으니 지금은 모두 얻어볼 수가 없게 되었다.

전해오는 원본에 잘못된 곳이 많아 이제 어지럽게 뒤섞인 곳을 바로잡아 열여덟 편으로 나누고, 상·하 두 권을 만든다.

수진전도론 (상)

제일(第一). 진선(眞仙)을 논하다

여동빈(呂洞賓) 조사가 묻기를,

"사람이 살아가는 것이 편안하여 병들지 않고 건장하면서도 늙지 않고 태어나서 죽지 않으려면 어떠한 도(道)라야 여기에 이를 수 있겠습니까?"

종리권(鍾離權) 조사께서 이르시기를,

"사람의 태어남은 부모가 교접하여 두 기운이 서로 합함으로 인함이니 곧 정(精)과 혈(血)로 태(胎)를 만드는 것이다.

태초의 뒤에는 태질(太質)이 있어 음이 양을 이어 생하나니 기(氣)가 태(胎)를 따라 변화하는데, 300일이면 형체가 완성되고 영묘한 빛이 형체에 들어가 모체와 분리되게 된다.

태소(太素) 이후부터는 이미 오르내림이 있게 되어 황아(黃芽)가 자라는데, 5천 일이면 기가 넉넉하게 되고 그 수가 여든 한 장에 차게 되면 바야흐로 열다섯 살이 되니 동남(童男)이라 한다. 이때에는 음 가운데에 양이 절반이니 동쪽의 떠오르는 해에 비할 만하다.

　이때를 지나가면 원양(元陽)이 달아나고 진기(眞氣)가 흩어져 기가 약해서 병들고 늙고 죽어 없어지게 되나 평생 우매하여 스스로 신령스러운 빛을 손상시키고 일생 동안 잘못을 저질러 암암리에 수명을 줄이니, 다음 생애에 신분의 차등이 있게 되고 수명에 장단이 있게 되는 것이다.

　태어나면 다시 사멸하고 사멸하면 다시 태어나면서 이리저리 굴러다녀도 깨닫지 못하고 대대로 타락해 가면 기이한 종류에다 몸을 잃고 다른 껍질에 영묘함이 들어가리니, 지극히 참된 근본 성품이 사람을 회복하지 못하고 삿된 길에서 윤회하여 영원히 해탈할 수 없게 된다.

　혹시 참된 신선이나 지극한 사람을 만나 그가 죄의 업보를 소멸시켜 주면 짐승가죽이나 껍질을 벗어 다시 사람의 몸을 얻게 되나 바야흐로 몸에 장애가 있거나 어리석은 가운데에 있게 되니, 백 겁 동안이나 선행을 쌓아 좋은 땅에 올라서도 아직 춥고 배고픔과 근심스러움을 면하지 못하는 것이다.

　다시 올라가면 점차 완전한 모습을 얻으나 아직 남의 하인이나 비천한 가운데에 거처하게 되는데, 진실로 혹시라도 다시 앞서의 죄를 짓는다면 세워놓은 판자 위에서 구슬이 달아나는 것과 같을 것이니 다시 한없는 윤회의 길로 들어간다."

　여동빈 조사께서 묻기를,

　"좋은 나라에 태어나고 다행스럽게 태평한 세상을 만나 먹고 입는 것이 조금 넉넉하나 세월은 기다려 주지 않고, 사랑하는 사람은 편안하게 해주고 미워하는 자는 헐뜯고 탐내는 것에 살며 미워하는 것에

죽다가, 오늘에야 존경하는 스승님의 얼굴을 뵈옵고 거듭 예배드리오며 다시 여쭙겠습니다.

살고 죽는 일을 생각하건대 큰일입니다. 감히 병들지 않고 죽지 않는 이치를 바라오니 부족한 선비에게 가르쳐 주실 수 있겠는지요?"

종리권 조사께서 이르시기를,

"사람이 태어나서 윤회를 면하고 다른 종류의 몸이나 껍질 속으로 들어가지 않으려면 마땅히 그 몸이 병들고 늙어 죽는 고통이 없도록 하고, 하늘을 머리에 이고 땅 위에 서서 음(陰)을 지며 양(陽)을 안는 사람이 되고 귀신이 되게 하지 말고, 사람 가운데에서 수련하여 신선을 이루고 신선 가운데에서도 상승하여 천선(天仙)이 되어야 한다."

여동빈 조사가 묻기를,

"사람이 죽으면 귀신이 되고 도가 이루어지면 신선이 되니 신선은 최고의 단계입니다. 어찌하여 신선 가운데에서 상승하여 천선을 얻어야 한다고 하십니까?"

종리권 조사께서 이르시기를,

"신선은 하나가 아니다.

순전히 음으로 양이 없는 존재는 귀신이고, 순전히 양으로 음이 없는 존재는 신선이며, 음과 양이 서로 섞여 있는 것이 사람이다.

오직 사람은 귀신이 될 수도 있고 신선이 될 수도 있는데, 젊을 때 수련하지 않으며 정욕을 방자하게 베풀고 생각나는 대로 쫓아다니면 병들고 죽어서 귀신이 되는 것이니, 이것을 알아서 수련한다면 범인을 뛰어넘어 성인의 지위에 들어가며 몸을 벗어 신선이 된다.

신선에는 다섯 가지 등급이 있으며 그 법에는 세 종류의 이룸이 있으나, 그것을 지니고 수련함은 사람에게 있고 공을 이룸은 분수에 따르는 것이다."

여동빈 조사가 묻기를

"법에는 세 가지 이룸이 있고, 신선에는 다섯 가지 등급이 있다는 것은 무엇입니까?"

종리권 조사께서 이르시기를,

"법에 세 가지 이룸이 있다는 것은 조금 이룸과 중간 정도 이룸과 크게 이룸이 같지 않다는 것이다.

신선에 다섯 가지 등급이 있다는 것은 귀선(鬼仙)과 인선(人仙)과 지선(地仙)과 신선(神仙)과 천선(天仙)이 같지 않음이나 모두 신선이라는 것이다.

귀선은 귀신에서 떠나지 못하고, 인선은 사람에게서 떠나지 못하고, 지선은 땅에서 떠나지 못하며, 신선은 신에서 떠나지 못하고, 천선은 하늘에서 떠나지 못하는 것이다."

여동빈 조사가 묻기를,

"귀선(鬼仙)이라 이르신 것은 무엇입니까?"

종리권 조사께서 이르시기를,

"귀선은 다섯 종류 신선 가운데 아래에서 첫 번째이다.

음 가운데에서 초탈하나 신의 형상이 분명하지 않아 저승세계에 성(姓)이 없고 삼신산에도 이름[名]이 없어, 비록 윤회에는 들어가지 않으나 또한 봉래(蓬萊)와 영주(瀛洲)산에도 돌아가기 어려워 마침내 돌아갈 곳이 없으니 태 속으로 들어가는 것을 취사선택하는 데에 그칠 뿐이다."

여동빈 조사가 묻기를,

"이와 같은 귀선은 어떤 술법을 행하며, 어떤 공부법을 쓰면 이와 같이 되는 것입니까?"

종리권 조사께서 이르시기를,

"수련하는 사람이 큰 도를 깨닫지 못하고 속히 이루고자 하는 욕심에 형체를 고목과 같이 하며, 마음을 불꺼진 재와 같이 만들고 신(神)과 식(識)으로 안을 지켜 의지를 집중하여 흩어지지 않게 하면 안정된 가운데에서 음신(陰神)이 나타나는데, 이는 곧 맑고 영묘한 귀신으로 순양(純陽)의 신선은 아니다. 그 뜻을 한결같이 해서 음의 영이 흩어지지 않으므로 귀선이라 하는 것이다.

비록 신선이라고는 하나 실제로는 귀신이다. 고금에 석가를 숭상하는 이들 중 공부가 여기에 도달하면 곧 득도했다고 하는 자들도 있으나, 진실로 웃을 만하다."

여동빈 조사가 묻기를,

"인선(人仙)이라 말씀하신 것은 무엇입니까?"

종리권 조사께서 이르시기를,

"인선이라 하는 것은 다섯 등급의 신선 중 아래에서 두 번째 자리이다.

진리를 수행하는 사람이 큰 도를 깨닫지 못하고, 도 가운데에서도 하나의 법을 얻고 법 가운데에서 하나의 술수를 얻어 믿는 마음으로 뜻을 괴롭혀 종신토록 바꾸지 않으니, 오행(五行)의 기운이 잘못되게 교합되며 형체 또한 견고해져서 온갖 병이 해를 끼칠 수 없으며 편안함은 많고 병이 적으니 이를 인선이라 한다."

여동빈 조사가 묻기를,

"이와 같은 인선은 어떠한 술법을 쓰며, 무슨 공부를 하여 이와 같

164

이 된 것입니까?"

종리권 조사께서 이르시기를,

"수행하는 사람이 처음에는 혹 큰 도를 들었으나 업(業)은 무겁고 복(福)이 적어 여러 가지 어려운 장애로 드디어 처음에 지녔던 마음을 고쳐 조금 이루는 데에 그친 것이다.

법을 행하여 성과는 있으나 끝내 몸을 바꿔 옮겨갈 수 없으며 사시(四時)를 변환시킬 수도 없게 된다.

다섯 가지 맛〔五味〕을 끊은 사람이 어찌 여섯 가지 기〔六氣〕가 있음을 알며, 일곱 가지 감정〔七情〕을 잊은 사람이 어찌 열 가지 계율〔十戒〕이 있음을 알겠는가.

빨고 삼키는 것으로 수행하는 사람은 들이쉬고 내뱉는 것이 틀렸다고 조소하고, 채취하고 보충하는 사람은 청정한 수행을 어리석다고 비웃으며, 물질로써 천지의 기운을 빼앗기 좋아하는 사람은 단식하는 것을 긍정하지 않고, 존상(存想)하여 해와 달의 정기를 채취하기를 좋아하는 사람은 도인술을 긍정하지 않으니, 고독하게 앉아 숨을 멈추는 사람이 어찌 자연스러움이 있음을 알 것인가.

신체를 구부리며 몸을 피로하게 하나 하는 것이 없음을 알지 못하는 것이다.

음을 채취하기는 하나 부녀자의 기를 취함과 금귀(金龜)를 축소시키는 것과는 다르고, 양을 기르기는 하나 여자의 젖을 먹는 것과 단(丹)을 연성(煉性)하는 것은 같지 않으니, 이러한 종류로서 추구해 보면 헤아릴 수가 없는 것이다.

그러나 이것도 다 도이다.

큰 도를 온전하게 수행하지 못하고 큰 도 가운데 하나의 법이나 하나의 술에 머물러 공을 이루고 편안하고 즐겁게 나이를 늘릴 뿐이므

로 인선이라 한다. 다시 한 등급이 있으니 잠시 즐거워하다가 오래되
면 싫증을 느끼게 되어 공부를 삼가지 않아 시간에 어긋나고 날에 어
그러져 도리어 질병을 얻어 수명을 늘이지 못한 사람도 세상에는 또
한 많은 것이다."

여동빈 조사가 묻기를,
"지선(地仙)이라 말씀하신 것은 무엇입니까?"
종리권 조사께서 이르시기를,
"지선이란 천지의 절반이다.
신선의 재질은 있으나 큰 도를 깨닫지 못하고 중간 정도 이루는 법
에 그쳐 공이 나타나지 않은 것이니, 오직 오랫동안 세상에 머물러 살
면서 인간으로서 불사하는 사람인 것이다."

여동빈 조사가 묻기를,
"지선은 어떻게 시작하는 것입니까?"
종리권 조사께서 이르시기를,
"먼저 하늘과 땅의 오르내리는 이치를 법칙으로 삼고 태양과 달의
생성하는 수를 취하여 몸 가운데에서 연, 월을 쓰며 하루 가운데에서
시각을 쓰는 것이다.
먼저 용과 호랑이[龍虎]를 아는 것이 중요하며, 다음에는 감리(坎
離)를 배합함이 중요하고 수원(水源)의 청탁을 구별하며 기후의 이르
고 늦음을 구별해야 하는 것이다.
참된 하나를 거두어들이고 양의(兩儀)를 살피며 삼재(三才)를 벌리
고 사상(四象)을 나누며 오운(五運)을 구별하고 육기(六氣)를 정하며
칠보(七寶)를 모으고 팔괘(八卦)를 펼쳐 구주(九州)에 합한다. 오행을

전도시켜 기를 자식과 어미에게 전하고 진액을 부부로 운행한다.

　세 단전에서 반복하여 구워서 단약(丹藥)을 이루어서 길이 하단전에 눌러두고, 형체를 단련하여 세상에 머무르며, 장생불사를 얻어서 이로써 육지의 신선이 된 연고로 지선이라 한다."

　여동빈 조사가 묻기를,

　"신선(神仙)이라 말씀하신 것은 무엇입니까?"

　종리권 조사께서 말씀하시기를,

　"신선은 지선으로 속세에 살기를 싫어하여 공부를 그만두지 않으면 관(關)과 절(節)이 서로 연결되고, 납[鉛]을 빼고 수은[汞]을 보태며, 금정(金精)을 머리에서 단련하고 옥액(玉液)을 단에 돌이키며 형체를 단련하여 기를 이루면 오기(五氣)가 조원(朝元)하고 세 양[三陽]이 머리에 모인다. 공(功)이 차서 형체를 잊게 되면 신선의 태로 저절로 변화한다.

　음이 다하고 양이 순일(純一)해지면 몸 밖에 몸이 있게 되어 형체를 벗어버리고 신선으로 상승하여 초범입성(超凡入聖)하게 되고 속세를 잊어버리고 삼신산(三神山)으로 돌아가니 이를 신선이라 하는 것이다."

　여동빈 조사가 묻기를,

　"천선(天仙)이라 말씀하신 것은 무엇입니까?"

　종리권 조사께서 이르시기를,

　"지선이 속세에 거처하는 것을 싫어하여 공부를 그만두지 않아 초탈함을 얻으면 곧 신선이라 한다.

　신선이 세 곳의 섬[三島]에 머무름을 싫어해 인간에게 도를 전하여,

도 가운데에 공이 있고 인간들에게 베풀어줌이 있어서, 공이 차고 베
풀어줌이 만족되면 천서(天書)를 받아 하늘나라로 돌아가는데 이를 천
선이라 한다.

이미 천선이 되었으나 만약 하늘나라에 거처하는 것이 싫으면 직책
을 받아 선관(仙官)이 되는데, 아래를 수관(水官)이라 하고 중간을 지
관(地官)이라 하며 위를 천관(天官)이라 한다.

천지에 큰 공이 있고 고금에 큰 베풂이 있으면 관직마다 승진하여
서른여섯 군데의 하늘나라를 두루 거치고, 여든한 군데의 양천(陽天)
으로 돌아가며, 여든한 군데의 양천을 역임하고는 삼청(三淸)의 허무
자연의 세계로 돌아가는 것이다.”

여동빈 조사가 묻기를,

“귀선은 진실로 구할 것이 못 되고, 천선도 또한 아직 감히 바라지
못하겠습니다. 말씀하신 인선, 지선, 신선의 법을 얻어들을 수 있겠습
니까?”

종리권 조사께서 이르시기를,

“인선이 소성법(小成法)에서 나오는 것이 아니요, 지선이 중성법(中
成法)에서 나오는 것이 아니며, 신선이 대성법(大成法)에서 나오는 것
이 아니니 이 삼성법은 실로 하나이다.

법(法)을 써서 도(道)를 구한다면 도는 진실로 어렵지 않고, 도로써
신선을 구한다면 신선 역시 대단히 쉬운 것이다.”

여동빈 조사가 묻기를,

“예나 지금이나 수명을 기르는 수행인이 오래 사는 것을 구하지 않
음이 없고 신선이 되는 것을 구하지 않음이 없으나, 오래 살지 못하고

168

신선이 되지 못하는 것은 무엇 때문입니까?"

종리권 조사께서 이르시기를,

"법이 도에 맞지 않아서이다.

하찮은 법과 방문(旁門)들을 많이 듣고 억지로 알아 질병과 사망을 벗어나지 못하면서도 오히려 시해(尸解)했다 일컬어 세상 사람들을 미혹시키며 서로 추켜올려 큰 도를 듣지 못하는 데에 이르니, 비록 믿는 마음으로 뜻을 간절히 하고 수행을 오랫동안 해도 끝내 공을 보지 못하고 차례차례 땅 속으로 들어가는 것이니, 오호라 슬프도다."

제이(第二). 큰 도〔大道〕를 논하다

여동빈 조사가 묻기를,

"말씀하신 큰 도〔大道〕란 무엇입니까?"

종리권 조사께서 이르시기를,

"큰 도는 형체가 없고 이름도 없으며 묻고 응답함이 없는 것이니, 그 크기는 밖이 없고 그 작기는 안이 없으며 얻어서 알 수도 없고 얻어서 행할 수도 없다."

여동빈 조사가 묻기를,

"고금의 통달한 선비들이 처음에는 도를 배우고 다음에는 도를 지니고 다음에는 도를 얻는데, 도가 이루어지면 속세에서 봉래섬으로 들어가 통천(洞天)에 오르고 양천(陽天)에 오르며 삼청(三淸)에 오르니 이 모두가 도를 이룬 선비들입니다.

　오늘 존경하는 스승님께서 유독 도는 얻어서 알 수 없고 얻어서 수행할 수도 없다고 말씀하시니, 도에서 홀로 숨은 것을 얻으신 것입니까?"

　종리권 조사께서 이르시기를,

　"나는 도에 대해서 진실로 숨긴 것이 없다.

　대개 온 세상의 도를 받드는 선비들은 도를 좋아한다는 이름만 갖고 있을 뿐이어서, 큰 도를 들어도 믿는 마음이 없고 믿는 마음이 있더라도 의지의 간절함이 없어, 아침에 수행하다가 저녁에 바꾸고 앉아서는 공부하다가도 일어서면 잊으며 부지런히 힘씀으로 시작했다가 마침내 해이해지고 나태해지니, 이로써 나는 큰 도는 알기도 어렵고 행하기도 어렵다고 말하는 것이다."

　여동빈 조사가 묻기를,

　"큰 도를 알기도 어렵고 행하기도 어려운 이유는 무엇입니까?"

　종리권 조사께서 이르시기를,

　"방문(旁門)과 조그만 법들은 쉽게 효과가 나타나니 서로 주고받아서 죽음에 이르도록 깨우치지 못하고 드디어는 풍속(風俗)을 이루어 큰 도를 무너뜨리는 것이다.

　기도하거나 계율을 지키는 자도 있고, 음식을 끊은 자도 있으며, 기를 채취하는 자도 있고, 진액을 삼키는 자도 있으며, 아내를 멀리하는 자도 있고, 미각을 끊는 자도 있으며, 선정(禪定)에 잠기는 자도 있고, 말을 하지 않는다는 자도 있다. 존상(存想)하는 자도 있고, 음기를 채취하는 자도 있으며, 복기(服氣)하는 자도 있고, 청정을 지키는 자도 있으며, 마음을 쉬게 하는 자도 있고, 생각을 없애는 자도 있으며, 정수리를 여는 자도 있고, 귀두를 축소시키는 자도 있으며, 종적을 끊는 자도 있고, 책만 보는 자도 있으며, 태워서 단련하는 자도 있고, 안정하여 쉬는 자도 있다. 도인술을 행하는 자도 있고, 토납법(吐納法)을 하는 자도 있으며, 채취하는 자도 있고, 보시(布施)하는 자도 있으며, 공양하는 자도 있고, 구제하는 자도 있으며, 산에 들어가는 자도 있고, 성품을 알려는 자도 있으며, 움직이지 않는 자도 있고, 받아 지키는 자도 있어서, 방문과 소법(小法)들은 다 말할 수가 없는 것이다.

해와 달의 정화를 채취하며 하늘과 땅의 기를 빼앗아 마음으로 생각하고 의식으로 상상하여 단사(丹砂)가 맺어지기를 바라고 몸을 굽히며 형체를 수고롭게 하여 속세를 벗어나고 해탈을 구하고자 하는 것들을 말하자면 들어감은 많으나 나오는 사람들은 적으니 병을 치료하는 데에나 좋은 것이다.

태식(胎息)을 참으로 알고 생각을 끊고 말을 잃는 것은 성품을 기르는 데에는 좋은 것이다.

태일(太一)을 지어서 진기(眞氣)를 머금고 금창(金槍)을 전도시키지 않고 황하(黃河)를 역류시키는 가르침들은 수명을 기르는 낮은 법이고, 형체를 마른나무와 같이 하며 마음을 불꺼진 재와 같이 만드는 것은 정신을 집중시키는 조그만 술법인 것이니, 어찌 고금의 도를 받드는 수행자들이 고통스럽게 마음에 두겠는가.

생각을 다하여 진액을 삼켜 약을 만든다 하나 어찌 조화를 얻을 것이며, 기를 모아 단을 이룬다 하나 어떻게 머무르게 할 것이며, 간을 용(龍)이라 하고 폐를 호랑이(虎)라 하나 어떻게 교합시킬 것이며, 감(坎)을 납(鉛)이라 하고 이(離)를 수은(汞)이라 하는 것은 알지만 어떻게 빼고 보탤 것인가.

사시사철 물을 대어 누런 싹이 자라기를 바라고 의식을 하나로 만

들어 대약(大藥)을 구하려 하나, 해[年]를 어기고 달[月]이 틀리며 날
[日]이 폐해지고 때[時]가 어지러워지는 데에다 오행(五行)의 근본 뿌
리를 알지 못하니, 어찌 삼재(三才)의 조화를 알겠는가.

　가지를 찾아 잎사귀를 따내면서 뒷사람들을 미혹시켜서 큰 도가 날
마다 멀어지고 드물어지는 데에 이르게 하니 이단이 다투어 일어나
드디어는 풍속(風俗)을 이루어 선대 스승들의 본뜻을 잃게 되었다.

　진실로 항간의 잡설과 주위들은 학설로써 알지 못한 사람들에게 비
결이라 가르치며, 번갈아 가며 법식을 가리키다가 차례차례 땅 속으
로 들어가 버려 사람들이 한심스럽게 생각한다.

　큰 도를 열고자 하지 않음이 아니나 대개의 사람들은 업보는 무겁
고 복이 적어서 천기(天機)를 믿지 않고, 재물은 귀중히 여기나 목숨을
가벼이 여겨서 귀신이 되고 마는 것이다."

　여동빈 조사가 묻기를,

　"소법(小法)과 방문(旁門)은 이미 알았습니다. 큰 도를 얻어들을 수
있겠습니까?"

　종리권 조사께서 이르시기를,

　"도는 본래 물음이 없고 물어도 본래 응답이 없다.

　진실한 근원이 한 번 갈라지는 데에 이르니 큰 순박함은 이미 흩어
지고 만 것이다.

　도가 하나를 낳고 하나가 둘을 낳으며 둘이 셋을 낳으니, 하나는 체
(體)가 되고 둘은 쓰임[用]이 되며 셋은 조화(造化)가 된다.

　체(體)와 용(用)은 음양에서 벗어나지 못하며, 조화(造化)는 다 교구
(交媾)하는 데에서 기인하여 상·중·하로 벌어지고, 삼재가 되어 하
늘과 땅과 사람이 함께 하나의 도를 얻는 것이다. 도가 두 기운을 낳

고 두 기운은 삼재를 낳으며 삼재는 오행을 낳고 오행은 만물을 낳는데, 만물 가운데 가장 신령스럽고 귀한 것이 사람이다.

오직 사람만이 만물의 이치를 궁구하고 한 몸의 성품을 다할 수 있는 것이니, 이치를 궁구하고 성품을 다하여 명(命)에 이르고, 명을 온전히 하고 생명을 보존함으로써 도에 합하면 마땅히 천지와 더불어 나란하게 견고하고 장구함을 얻게 된다."

여동빈 조사가 묻기를,

"하늘과 땅은 아득한 세월이 지나가도록 변함이 없고 무한한 시간 동안 끊임없이 운행되고 있으나 사람의 수명은 백 세로서 칠십 세에 이르는 자도 드물다고 하는데, 어찌하여 도가 홀로 천지간에 존재하고 사람으로부터 멀어진 것입니까?"

종리권 조사께서 이르시기를,

"도가 사람에게서 멀어진 것이 아니고 사람들 스스로가 도에서 멀어졌을 따름이다.

도에서 멀어진 까닭은 명(命)을 기르는 법을 알지 못하기 때문이고, 법을 모르는 까닭은 공부에 들어가는 때를 알지 못하기 때문이요, 때를 알지 못하는 것은 하늘의 기밀에 통달하지 못했기 때문이다."

제삼(第三). 천지(天地)를 논하다

여동빈 조사가 묻기를,

"말씀하신 하늘과 땅의 기밀에 대해 얻어들을 수 있겠습니까?"

종리권 조사께서 이르시기를,

"하늘과 땅의 기밀은 곧 하늘과 땅을 움직이는 큰 도이니 상하로 왕래하는 것을 가지고 행하여 게을리 하지 않으면 장구하고 견고함을 얻을 수 있는 것으로 일찍이 경솔하게 사람들에게 누설하지 않은 것 이다."

여동빈 조사가 묻기를,

"천지가 도에 있어서 무엇을 운용의 기미라 하고, 무엇을 운행하는 기밀이라 하며, 운용함은 어떻게 시작하며 운행하면 어떠한 효과가 나타납니까?"

종리권 조사께서 이르시기를,

"큰 도가 이미 갈라져서 형체가 있게 되면 형체로 인한 수(數)가 있게 된다.

하늘은 건(乾)의 도를 얻었으니 하나로 체(體)를 삼아서 가볍고 맑아 위에 있으면서 용(用)으로 삼는 것이 양이요, 땅은 곤(坤)의 도를 얻었으니 둘로 체를 삼아서 무겁고 탁해 아래에 있으면서 쓰임[用]으로 삼는 것은 음이다.

양은 상승하고 음은 하강하여 서로 교합하고 건곤이 작용함에 도를 잃지 않으니 머리를 일으킴에 때[時]가 있고 효과를 보는 것에 날[日]이 있는 것이다."

여동빈 조사가 묻기를,

"하늘은 건도(乾道)를 얻어서 양(陽)을 쓰며 양은 상승을 위주로 하는데 어떻게 땅과 교합하며, 땅은 곤도(坤道)를 얻어서 음(陰)을 쓰며 음은 하강을 위주로 하는데 어떻게 하늘과 사귑니까?

하늘과 땅을 교합시키지 못하면 음양은 어떻게 합하며, 음양이 합하지 못하면 건곤(乾坤)은 어떻게 작용하겠습니까?

건곤이 이미 작용이 없다면 비록 머리를 일으키는 때와 효과가 나타나는 날이 있어도 큰 도를 어찌 얻을 수 있겠습니까?"

종리권 조사께서 이르시기를,

"하늘의 도(道)는 건(乾)을 바탕으로 삼고 양을 쓰임으로 삼아서 기를 쌓아 위에 있는 것이고, 땅의 도는 곤(坤)을 바탕으로 삼고 음을 쓰임으로 삼아서 물질을 쌓아 아래에 있는 것이다.

하늘의 도를 행하는 것은 건으로 곤에서 찾는 것으로, 첫 번째로 찾는 것은 장남(長男)이니 장남은 진괘(震卦)라 하고, 다시 찾으면 중남(中男)이니 중남은 감괘(坎卦)라 하며, 세 번째로 찾으면 소남(少男)이 되는데 소남은 간괘(艮卦)라 한다. 이것이 곧 하늘이 땅에서 교합하여 건도(乾道)로써 곤도(坤道)에서 찾는 것이니 세 개의 양[三陽]을 낳는 것이다.

땅의 도를 행하는 데에 이르면 곤으로 건에서 찾는 것인데, 첫 번째로 찾으면 장녀(長女)가 되니 장녀는 손괘(巽卦)라 하고, 다시 찾으면 중녀(中女)이니 중녀는 이괘(離卦)라 하고, 세 번째로 찾으면 소녀(少女)인데 소녀는 태괘(兌卦)라 한다. 이것이 곧 땅이 하늘에서 사귀는 것이며 곤도로써 건도에서 찾아 세 개의 음[三陰]을 낳는 것이다.

세 양이 세 음에 사귀고 합하여 만물이 태어나고, 세 음이 세 양에 사귀고 합하여 만물을 이루는 것이다.

천지가 교합함은 건·곤이 서로 찾는 것을 바탕으로 하여 도를 운행하는데, 건·곤이 서로 찾으면 육기(六氣)를 낳고, 육기가 교합하면 오행(五行)으로 나뉘며, 오행이 교합하여 만물을 낳고 이루는 것이다.

바야흐로 그 건도가 아래로 행하여 세 번째의 찾기가 끝나면 그 양이 다시 상승하는데, 양 가운데에 음을 감추고 있어 올라가 하늘로 돌아간다. 곤도가 위로 향하여 세 번째의 찾기가 끝나면 그 음이 다시 하강하여 음 가운데에 양을 저장하고 내려와 땅으로 돌아간다.

양 가운데에 음을 저장하면 그 음은 소멸되지 않으니 곧 진음(眞陰)이라 한다. 진음이 하늘에 도달하면 양으로 인하여 생하는데, 음이 하늘로부터 하강한 까닭으로 음 가운데에 양이 없을 수 있겠는가.

음 가운데에 양을 저장하면 그 양은 없어지지 않으니 곧 진양(眞陽)이라 한다. 진양이 땅에 도달하면 음으로 인해서 일어나니 양이 땅으로부터 상승한 까닭으로 양 가운데에 음이 없을 수 있겠는가.

양 가운데에 음을 저장하면 그 음은 다하지 않고 다시 땅에 도달하며, 음 가운데에 양을 저장하면 그 양은 없어지지 않고 다시 하늘에 도달하여 주류(周流)하고 다시 시작하며 운행함이 끊임이 없으니 교합함에 도를 잃지 않아 장구하고 견고하게 되는 것도 이와 같은 것이다."

여동빈 조사가 묻기를,

"하늘과 땅의 기밀을 도(道)로 운행하여 무한함을 얻음은 곧 하늘과 땅이 작용하는 공과입니다.

사람으로서 비록 총명한 성품이 있어 맑고 고요하게 마음을 머물러두고 큰 도를 받들어 수행하려 해도 적게는 편안히 나이나 늘리며, 중간 정도는 오래 살아 죽지 않고, 크게는 형체를 벗어나 신선에 오를 뿐이니, 어떠한 작용으로 큰 도를 운행하며 어떠한 방법으로 천기를 움직여야 또한 한없이 견고함을 얻어 무한한 시간 동안 존재할 수 있습니까?"

종리권 조사께서 이르시기를,

"큰 도는 형체가 없으나 그것을 얻는 것으로 인해서 형체가 되고, 큰 도는 이름이 없으나 그것이 있는 것으로 인해서 이름이 된다.

천지가 그것을 얻으면 건도(乾道)와 곤도(坤道)라 하고, 일월이 그것을 얻으면 음도(陰道)와 양도(陽道)라 하며, 사람이 그것을 얻으면 조정에서는 군신의 도라 하고 규방에서는 부부의 도라 하며, 사회에서는 어른과 아이의 도라 하고 학교에서는 친구의 도라 하며, 집안에서는 부모와 자식 간의 도라 하여 밖으로 나타난 이것에 도가 있지 않은 곳이 없는 것이다.

부모가 서로 사귀는 데에 이르게 되면 그 부(父)는 양이니 먼저 나아가고 음이 뒤에 따르는 것이다. 진기(眞氣)가 진수(眞水)에 교접하며 심화(心火)와 신수(腎水)가 서로 사귀고 단련하여 정화를 만드는데, 정화가 이미 출현했으면 모체(母體)의 음(陰)을 만나고 먼저 물로 나아가서 쓰임이 없는 곳에서 더러움을 씻어내고, 모체의 양(陽)을 만나면 먼저 혈해(血海)로 나아가 자궁 앞에서 수정을 이루어 정혈로 포태(胞胎)를 이루고 진기를 품고 모체의 자궁으로 들어가서, 날이 지나고 달이 차면 진기가 조화되어 사람을 이루는데 천지가 도를 행하는 것과 같은 것이다.

건곤(乾坤)이 서로 찾아 세 양과 세 음을 낳으니, 진기는 양이 되고 진수는 음이 되어 양은 물질 가운데에 감추어지고 음은 기 가운데에 감추어지는 것이다. 기는 상승을 위주로 하는데, 물질 가운데에는 진기가 있으니 진수는 곧 진음이며 진기는 곧 진양이다.

진양(眞陽)이 물질을 따라 아래로 행하면 건이 곤을 찾는 것과 같은 것이니, 위를 진(震)괘라 하고 중간을 감(坎)괘라 하고 아래를 간(艮)괘라 하는데, 사람에게 비유하면 중간을 기준으로 삼아 위로부터 내려가 진괘는 간이 되고 감괘는 신장이 되며 간괘는 방광이 된다.

진음(眞陰)이 기를 따라 위로 행하면 곤이 건을 찾는 것과 같은 것이니, 아래를 손(巽)괘라 하고 가운데를 이(離)괘라 하며 위를 태(兌)괘라 하는데, 사람에게 비유하면 중간을 법도로 삼아 아래로부터 올라가 손괘는 담(膽)이 되고 이괘는 심장이 되며 태괘는 폐가 되니, 형체의 모양이 갖추어지고 수가 채워지면 모체를 떠나게 되는 것이다.

이미 태어난 뒤에는 원양(元陽)이 신장에 있게 되는데, 원양으로 인해 진기가 생하면 진기가 심장에 모이고 진기로 인해 진액이 생하는데, 진액이 환원되어 상하(上下)로 운행되고 만약 손상됨이 없게 한다면 자연히 장생할 수 있을 것이니, 마치 때를 알아서 어긋나지 않게 하고 빼고 보태는 것을 법도 있게 하여 장생하는 것과 같은 것이다.

만일 수련을 게을리 하지 않고 수행하는 것을 그만두지 않는다면 음이 다하고 양이 순수해져 자연히 성인의 경지에 들어갈 수 있다. 이것이 곧 천기로 심오하게 창조하는 이치이니 고금에 전하지 않았던 일이다.

그대가 만약 믿는 마음으로 망설임이 없다면 명예와 이익을 목을 겨누는 칼이나 손을 묶는 수갑과 같이 여기고, 은혜와 사랑을 도적이나 원수와 같이 여기며, 질병 피하기를 죽음을 두려워하는 것과 같이 근심하여 다른 껍질에다 몸을 잃어버리지 않게 예방하고, 영묘한 것이 다른 종류에 들어가는 것을 염려하고 청정함을 쫓는 데에 뜻을 가질 것이며, 마땅히 또한 그 근원을 막아서 원양을 잃어버리거나 진기가 손상되어 흩어지지 않게 하라.

기가 왕성하게 되면 혼 가운데에 음이 없어지고 양이 웅장해지면 백 가운데 기가 있게 되는 것이니, 한 번 오르고 한 번 내림에 법을 취함이 천지에 벗어남이 없고 한 번 쇠하며 왕래함이 또한 일월(日月)과 같은 것이다.”

제사(第四). 일월(日月)을 논하다

여동빈 조사가 묻기를,

"하늘과 땅의 이치는 이제 대강 알았습니다.

일월(日月)의 운행하는 도수와 교합을 사람에게 견주어 볼 수 있겠습니까? 원컨대 그 설명을 듣고 싶습니다."

종리권 조사께서 이르시기를,

"큰 도는 형체가 없으나 천지를 낳아 기르고, 큰 도는 이름이 없으나 태양과 달을 운행시킨다.

일월은 태음(太陰)과 태양(太陽)의 정기로 묵묵히 천지가 교합하는 법도를 본받아 만물을 생성하는 공을 도와 운행한다.

동서로 들어가고 나와서 밤과 낮으로 나뉘고, 남북으로 오고 가서 추위와 더위를 정하여 밤낮으로 쉬지 않고 추위와 더위가 서로 바뀌니 백(魄) 가운데에 혼(魂)이 생하며 혼 가운데에 백이 생하는 것이다.

진퇴에 때가 있어 건곤(乾坤)의 수를 잃지 않고 오고 감에 도수(度數)가 있어 천지의 시기와 어긋남이 없다."

여동빈 조사가 묻기를,

"동서로 출몰하여 밤낮으로 나뉜다는 것은 무엇입니까?"

종리권 조사께서 이르시기를,

"혼돈함이 처음 나뉘어 천지가 정해지니 천지의 모양은 그 형체가 알과 같고, 우주 가운데에서 그것은 공과 같이 둥글다.

일월은 출몰하여 한 번은 하늘 위로 운행하고, 한 번은 땅의 아래로 운행하여 위아래와 동서로 바퀴와 같이 운행한다.

무릇 태양이 동쪽에서 나와 서쪽으로 아직 들어가지 않은 것이 낮이 되고, 서쪽으로 들어가서 동쪽으로 아직 나오지 않음이 밤이 되는 것이니, 이것이 태양이 들어가고 나옴으로 밤과 낮을 구분하는 것이다.

달이 뜨고 지는 것은 태양과 같지 않은데, 서쪽에서 백(魄)을 싣고 동쪽에서 혼(魂)을 받아 밤에는 빛을 비추고 낮에는 혼을 감추는 것이다. 날과 시로 누적하면서 혹은 뜨고 혹은 지며 서쪽으로부터 동쪽으로 가는 것이다.

그 처음에는 백 가운데에 혼이 생하는데 그 모양이 구부러진 활과 같고, 처음에는 빛이 서쪽을 비추며 그 다음에는 백 가운데에 혼이 반이 되는데 상현(上弦)의 때로 초저녁에 빛이 남쪽을 비추며, 그 다음에는 백 가운데 혼이 가득 차는데 태양과 함께 서로 바라보나니 초저녁에 동에서 빛이 비춘다.

그 다음에는 혼 가운데에서 백이 생하는데 그 모양이 일그러진 거울과 같아 새벽에 혼을 서쪽에다 감추고, 그 다음에는 혼 가운데에 백이 반이 되는데 하현(下弦)에 해당하여 새벽에 백을 남쪽에다 감추며, 그 다음에는 혼 가운데에 백이 가득 차서 태양과 더불어 서로 등지고 새벽에 백을 동쪽에 감추니, 이것이 달의 뜨고 짐으로 주야(晝夜)를 나누는 것이다."

여동빈 조사가 묻기를,

"남과 북으로 오고 가서 추위와 더위를 정한다는 것은 무엇입니까?"

종리권 조사께서 이르시기를,

"동지 이후에 태양이 진시(辰時) 초 오십 분에 떠올라서 신시(申時)

말에 들어가는데, 이때를 지나면 일출과 일몰이 남에서 북으로 가는 것이며 하지를 기한으로 삼는다.

하지 이후에는 태양이 인시(寅時) 말 오십 분에 떠올라 술시(戌時) 초 오십 분에 들어가는데, 이때를 지나면 일출과 일몰이 북에서 남으로 가는 것이며 동지를 기한으로 삼는다.

남쪽에서 북쪽으로 가면 겨울에서 여름에 이르는 것이니 곧 추위가 더위로 되는 것이며, 북쪽에서 남쪽으로 이동하면 여름에서 겨울에 이르는 것이니 곧 더위가 추위가 되는 것으로, 여름의 낮은 곧 겨울의 밤이고 겨울의 낮은 곧 여름의 밤이다.

동지 이후에는 달이 북으로부터 남으로 가며 떠오르니 여름의 낮에 비교되고, 하지 이후에는 달이 남으로부터 북으로 가며 떠오르니 겨울의 낮에 비교되는데, 이것이 일월이 왕래하여 추위와 더위를 정하는 것이다."

여동빈 조사가 묻기를,

"천지의 기미는 음양의 오르내림으로 바로 사람의 행위와 다름이 없습니다만, 일월이 출몰하고 왕래하며 교합하는 법칙을 사람에게 비교해 주실 수 있습니까?"

종리권 조사께서 이르시기를,

"천지의 기밀은 음양의 오르내림에 있으니 한 번 오르고 한 번 내림으로 태극이 상생(相生)하고, 상생하여 서로를 이루면 돌아서 다시 시작하는 것이니 도에서 떠나지 않아 장구할 수 있는 것이다. 수행하는 사람이 만약 천지에서 법도를 취하면 자연히 오래 살고 죽지 않을 수 있다.

만약 일월의 운행 도수가 오고가는 교합함에 비유한다면, 달이 해

의 혼을 받는 데에 머물러서 양으로써 음을 변화시켜 음이 다하고 양
이 순수해지면 달빛이 밝고 깨끗해져서 어두운 백을 없애는 것이니,
태양 빛과 같아져 지면을 밝게 비춘다. 이때가 되어 만약 사람이 수련
한다면 기로써 신을 이루어 육체를 벗어버리고 신선의 지위에 오르며
연성(煉性)하여 순양(純陽)의 몸으로 나아가는 것이다."

여동빈 조사가 묻기를,
"진리를 닦고 도를 받드는 선비가 천지 음양의 승강(昇降)하는 이치
와 일월(日月)의 정(精)이 서로 교합하는 도수에 대해 공부할 때에, 둘
중에 어느 것을 먼저 해야 합니까?"
종리권 조사께서 이르시기를,
"처음에는 하늘의 기틀에서 법을 본받고 음양의 승강하는 이치를
쓰는데, 진수(眞水)와 진화(眞火)를 합하여 하나로 만들고 단련하여 대
약(大藥)을 이루어 길이 단전을 다스리게 되면 영원히 죽지 않고 수명
이 천지와 같아진다.
만일 속세에 머무르기를 싫어할 것 같으면 공부를 그치지 말고 마
땅히 일월의 교합을 취하여 양으로 음을 단련하여 음이 생기지 않게
하고, 기로써 신(神)을 길러 신을 흩어지지 않게 하면 오기(五氣)가 조
원(朝元)하고 삼화(三花)가 정수리에 모이니 속세의 무리를 버리고 삼
도(三島)로 돌아가는 것이다."

여동빈 조사가 묻기를,
"이와 같은 공부의 효과는 깊이 뜻을 알았으나 때와 절기를 얻지
못할까 하여 두려울 뿐입니다."
종리권 조사께서 이르시기를,

"천지의 음양은 승강하여 1년에 한 번 교합하고, 일월의 정화는 왕래하여 한 달에 한 번 교합하며, 사람의 기액(氣液)은 하루에 한 번 교합한다."

제오(第五). 사시(四時)를 논하다

여동빈 조사가 묻기를,

"천지와 일월이 교합하는 연(年), 월(月), 일(日), 시(時)에 대해서 얻어들을 수 있습니까?"

종리권 조사께서 이르시기를,

"무릇 사시(四時)에는 차등이 있는 것이니 사람의 수명을 백 살로 보면 한 살에서 서른 살까지는 곧 어리고 자라는 때이며, 서른 살부터 예순 살까지는 곧 크게 자라는 때이며, 예순 살에서 아흔 살까지는 곧 늙고 혼미해지는 때이고, 아흔 살에서 백 살 혹은 백스무 살에 이르면 곧 늙고 쇠약해지는 때이니, 이것은 몸 가운데의 때〔時〕로서 첫 번째 등급이다.

만약 열두 시간으로 하루를 삼으면 닷새는 하나의 후〔一候〕가 되는데, 세 후는 하나의 기〔一氣〕이며, 세 기는 하나의 절(節)이다. 두 절을 하나의 시(時)로 삼으면 시에 봄, 여름, 가을, 겨울이 있게 되는 것이다. 시가 봄이 되면 음 가운데에 양이 반이 되어 그 기가 추위를 변화시켜 따뜻하게 만드니 곧 봄의 때이다. 시가 여름이 되면 양 가운데에 양이 있어 그 기가 따스함을 변화시켜 뜨겁게 만드니 곧 여름의 때이다. 시가 가을이 되면 양 가운데에 음이 반이 되어 그 기가 뜨거움을 변화시켜 서늘하게 하니 곧 가을의 때이다. 시가 겨울이 되면 음 가운데에 음이 있어 그 기가 서늘함을 변화시켜 차갑게 되니 곧 겨울의 때인데, 이것이 일 년(年) 가운데의 때로서 두 번째 등급이다.

만약 율(律) 가운데에서 여(呂)를 일으키고, 여 가운데에서 율을 일으킨다면 무릇 한 달은 30일이고 360시간이며, 3천 각이고 18만 분이다. 달이 초하루에서 상현에 이르면 음 가운데에 양이 반이 되고, 상현으로부터 만월에 이르면 양 가운데에 음이 반이 되며, 하현으로부터 그믐에 이르게 되면 음 가운데에 음이 있게 되는데, 이것은 일월(日月) 가운데의 때로서 세 번째 등급이다.

만약 60분으로 1각을 삼는다면 8각 20분이 한 시간이 되고, 한 시간 반이 한 괘가 되니 그것은 괘로 팔방을 정했다는 말이다. 그것이 바로 네 가지로 나뉨을 논한다면, 자(子)로부터 묘(卯)에 이르기까지는 음 가운데에 양이 반이니 태음(太陰) 가운데로부터 소양(少陽)을 일으키고, 묘로부터 오(午)에 이르기까지는 양 가운데에 양이 있으니 순수한 소양이 태양(太陽)을 일으키며, 오로부터 유(酉)에 이르기까지는 양 가운데에 음이 반이니 태양 가운데에서 소음(少陰)을 일으키고, 유로부터 자에 이르기까지는 음 가운데에 음이 있으니 순수한 소음이 태음을 일으키는데, 이것이 날〔日〕 가운데의 때로서 네 번째 등급이다.

얻기는 어려우나 잃기는 쉬운 것이 몸 속의 때이고, 가는 것은 빠르고 오는 것은 느린 것은 일 년 가운데의 달이며, 번갯불같이 빠르고 부딪치는 돌 사이에서 튀는 불꽃처럼 빠른 것이 날 가운데의 때이다.

날이 쌓여 달이 되고, 달이 쌓여 해가 되며, 세월이 신속하게 흘러가는데도 명예를 탐하고 이익을 추구하여 망령된 마음을 제거하지 못하며, 자식을 사랑하고 후손을 염려하며 은혜와 감정을 또 일으키니 비록 마음을 돌이켜 도로 향하지만 나이가 늙고 기가 쇠약해지는 것을 어찌하겠는가.

마치 봄날의 눈이나 가을에 핀 꽃과 같아 다만 잠시 잠깐의 경치와 같고, 저녁 해와 새벽 달빛이 오래가지 못하는 것과 같은 것이니 도를 받드는 사람이 얻기 어려운 것이 몸 속의 때이다. 화창하고 아름다운 경치에 온갖 꽃은 향기로운데 물가에 있는 높은 정자에 오르니 상쾌한 바람이 마음을 즐겁게 하고 달 뜨는 밤이면 한가하게 담소하며 눈 오는 하늘을 상대하여 술을 마시면서 끝없는 즐거움을 마음대로 누리면서 유한한 정을 소모시키니, 비록 마음을 돌이켜 도(道)로 향하더라도 필시 질병이 몸을 얽어매어 마치 부서진 배같이 되어 건널 수가 없게 되는 것이다.

누가 구원을 바라는 마음이 없으리요만, 새는 집을 다시 고쳐서 다시 수련하려는 뜻을 버리니 도를 받드는 사람이 헛되이 보내는 것이 연(年) 가운데의 때이다.

새벽닭이 울기도 전에 집을 나서면서도 늦다고 서두르고, 거리에 북소리가 두루 들릴 때 집에 돌아오니 이르다고 한탄하니, 탐욕과 어리석음을 어찌 잠시라도 쉬겠는가. 망상으로 오직 부족함을 근심하면서 금과 옥으로 집안을 채운다. 병이 깊이 들어 저당잡히고 한번 눈을 감으면 귀신의 자손이 되는 것이니, 기(氣)가 끊어지면 무엇으로 바꿀 수 있겠는가만은 밤이 새도록 멈추지 않으면서도 세상 사람들은 깨닫지 못하니 도(道)를 받드는 사람이 아까워하는 것은 하루〔日〕 가운데의 때이다."

여동빈 조사가 묻기를,

"몸 가운데의 때와 일월 가운데의 때와 날 가운데의 때는 모두 때입니다. 존경하는 스승님께서 특별히 몸 가운데의 때를 얻기 어렵다고 하시고, 또 하루 가운데의 때를 아깝다고 하신 것은 무엇 때문입니까?"

종리권 조사께서 이르시기를,

"도를 받드는 사람으로 어린 나이를 얻기 어려운 것인데, 어린 나이는 근원이 완전하고 진실해서 모든 일에 쉽게 공을 보는데, 겨우 1천 일이면 크게 이룰 수가 있다.

도를 받드는 사람으로 또 중년도 얻기 어려운데, 중년이 수련하는 것은 먼저 보충하고 더해 완비하게 하고 차차로 공부법에 나아가 수련을 시작한다. 처음에는 늙음을 돌이켜 어린아이로 되돌린 뒤에 초범입성(超凡入聖)하는 것이다.

만약 나이가 어릴 때에 깨닫지 못하고 중년의 나이에도 살피지 못하다가 혹은 재난 때문에 청정함에 마음을 두거나 혹은 질병으로 인해 심오한 도에 뜻을 두고 늦은 나이에 수련하게 되면, 먼저 구하고 보호하는 것을 논하고 다음에 보충하고 더하는 것을 말한 뒤에야 소성법으로부터 공부를 쌓아 중성법에 이르고, 중성법으로부터 공부를 쌓아 늙음을 돌이켜 어린아이로 돌아가서 형체를 단련하여 세상에 살게 된다.

그러나 오기(五氣)가 조원(朝元)할 수 없고 삼양(三陽)이 취정(聚頂)하기 어려워, 형체를 벗어버리고 신선의 지위에 오르는 것은 인연이 없으면 얻기 어려우니, 이것이 얻기 어려운 몸 가운데의 때라는 것이다."

여동빈 조사가 묻기를,

"몸 가운데의 때는 진실로 얻기 어렵다는 것을 알았습니다.

하루 가운데의 때가 아깝다는 것은 무엇입니까?"

종리권 조사께서 이르시기를,

"사람의 하루는 일월의 한 달과 같고 천지의 1년과 같다. 큰 도가 천지를 낳아 기르고 천지가 자리를 나누니 상하로 8만 4천 리가 서로 떨어졌다.

동지 이후에는 지중(地中)의 양기가 상승하는데, 무릇 한 기(氣)가 보름간 7천 리를 나아가고 합계 180일이면 양이 상승하여 하늘에 이르고 태극이 음을 낳는다. 하지 이후에는 하늘 가운데에서 음이 하강하는데 무릇 한 기가 보름간 7천 리를 나아가는데, 합계 180일이면 양이 하강하여 땅에 도달하고 태극이 다시 양을 낳는다. 일주(一週)하면 다시 시작하여 운행함을 그치지 않으면서 그 도를 잃지 않으니 장구하게 해와 달이 운행하는 것이다.

일월이 형체를 이루면 주위가 각각 840리가 된다. 초하루 뒤에는 6 가운데 9를 일으키는데, 무릇 하루를 12시간으로 계산하면 백(魄) 가운데의 혼(魂)이 70리를 나아가서 15일이면 합계가 180시간이 되어 백 가운데의 혼은 840리를 나아간다. 보름 뒤에는 9 가운데에서 6을 일으키는데 무릇 하루는 합계가 12시간이니 혼 가운데의 백이 70리를 나아가서 15일이면 합계가 180시간이 되어 혼 가운데의 백이 840리를 나아간다. 일주하면 다시 시작하여 운행을 그치지 않으니 큰 도가 견고하게 만물을 기르고 키우는 까닭인 것이다.

만물 가운데에서 가장 신령스럽고 가장 귀한 것은 사람이다. 사람의 심장과 신장은 상하로 여덟 치 네 푼이 떨어져 있는데, 음양의 승강이 천지와 다름이 없고 기(氣) 가운데 액(液)이 생하며 액 가운데 기가 생하니 기와 액이 서로 생함이 일월과 더불어 같은 것이다.

천지는 건(乾)과 곤(坤)으로 서로 찾는데, 음양의 승강으로 1년에 한 번 교합하여 도를 잃지 않으니 1년 뒤에 1년이 있게 되는 것이다.

일월은 혼과 백으로 서로 생하는데 정화로 오고 가며 한 달에 한 번 교합하여 도를 잃지 않으니 한 달 후에 한 달이 있는 것이다.

사람의 교합은 비록 하루 밤낮에 있으나 교합하는 때를 알지 못하고, 또 채취하는 법이 없으면 손상되었을 때 보충하지 못하고, 이익되었을 때 또 거두어들이지 못하니, 음과 사귈 때 양을 기르는 것을 이해하지 못하고 양과 사귈 때 음을 연성하는 것을 모르는 것이다.

한 달 가운데에서 덜어내고 더하는 것을 모르고 하루 가운데에서 또 지녀 행하는 것이 없으니, 1년을 지나면 1년을 없애는 것이고 하루를 지나면 하루를 없애는 것이나, 바람을 맞고 습기찬 곳에 누우며 더위를 무릅쓰고 추위를 견뎌야 하므로 수행하기를 좋아하지 않고 달가운 마음으로 질병을 받고 헛되이 시간을 보내다가 가만히 앉아 죽기를 기다리는 것이다."

여동빈 조사가 묻기를,

"도를 받드는 사람이 시간이 헛되이 지나고 세월이 화살같이 흘러 질병이 몸을 얽어매어 장차 죽음의 시기가 옴을 모르는 것은 아니나, 대개 수련하는 법을 알지 못하고 지녀 행하는 때를 알지 못해서 음양이 교합하는 데에 이르러 차질이 생기게 되고, 시간과 달 수에 지녀 행하는 기준이 없습니다."

종리권 조사께서 이르시기를,

"몸 속에서 해[年]를 쓰고 연 가운데에서 달[月]을 쓰며 달 가운데에서 하루[日]를 쓰고 하루 중에서 시간[時]을 쓰는 것이다.

대개 오장(五臟)의 기운은 달 가운데에서는 성쇠함이 있고 하루 가운데에서는 진퇴함이 있으며, 시간 위에서는 교합함이 있는 것이니, 다섯 가지 도수로 운행하여 기를 육후(六候)에 전하는 것이다. 금·

목·수·화·토로 분별하여 어긋나지 않게 하며 동·서·남·북·중
앙에 생성하는 숫자가 있는 것이니, 정(精)을 단련하여 진기(眞氣)를
기르고 기(氣)를 단련하여 양신(陽神)에 합하며 신을 단련하여 큰 도
〔大道〕에 합하는 것이다."

제육(第六). 오행(五行)을 논하다

여동빈 조사가 묻기를,

"이른바 오장(五臟)의 기란 금(金)·목(木)·수(水)·화(火)·토(土)라
하고 오행(五行)의 방위는 동(東)·서(西)·남(南)·북(北)·중앙(中央)
을 말하는데, 어떻게 상생(相生)하고 상성(相成)함을 얻을 수 있으며
교합하는 데에 때가 있으며 채취하는 데에 때가 있습니까? 원컨대 그
설명을 듣고 싶습니다."

종리권 조사께서 이르시기를, .

"큰 도가 이미 갈라지니 천지를 낳고, 천지가 이미 나누어지니 오제
(五帝)가 늘어섰다.

동(東)은 청제(靑帝)라 하여 봄의 명령을 수행하니 음 가운데에서 양
을 일으켜 만물을 발생시키고, 남(南)은 적제(赤帝)라 하여 여름의 명
령을 수행하니 양 가운데에서 양을 상승케 하여 만물을 자라게 하며,
서(西)는 백제(白帝)라 하여 가을의 명령을 수행하니 양 가운데에서 음
을 일으켜 만물을 성숙하게 하고, 북(北)은 흑제(黑帝)라 하여 겨울의
명령을 수행하는데 음 가운데에서 음을 나아가게 하여 만물을 죽게
만든다.

네 계절은 각기 90일로 매 계절 아래 18일은 황제(黃帝)가 주관하는데, 봄에는 청제를 도와 발생시키고, 여름에는 적제를 순서대로 이어 성장시키며, 가을에는 백제가 결실하는 것을 돕고, 겨울에는 흑제를 다스려 위엄을 나타낸다.

오제가 나누어 다스리며 각기 70이 일을 주관하니 합계가 360일이 되고, 1년이 되어 천지를 보필하고 도를 행한다.

청제가 자식을 낳으니 갑(甲)과 을(乙)이라 하는데 동쪽의 목(木)이고, 적제가 자식을 낳으니 병(丙)과 정(丁)이라 하는데 남쪽의 화(火)이며, 황제가 자식을 낳으니 무(戊)와 기(己)라 하는데 중앙의 토(土)이고, 백제가 자식을 낳으니 경(庚)과 신(辛)이라 하는데 서쪽의 금(金)이며, 흑제가 자식을 낳으니 임(壬)과 계(癸)라 하는데 임과 계는 북쪽의 수(水)이다.

때에 나타나 상(象)이 되면 목(木)은 청룡(靑龍)이 되고, 화(火)는 주작(朱雀)이 되며, 토(土)는 구진(勾陳)이 되고, 금(金)은 백호(白虎)가 되며, 수(水)는 현무(玄武)가 된다.

때에 따라 나타나는 사물로는 을(乙)과 경(庚)이 합함에 봄에는 느릅나무가 있는데, 청색과 백색이 금과 목의 색을 잃지 않은 것이고, 신과 병이 합함에 가을에는 대추가 있는데 백색과 적색이 금과 화의 색을 잃지 않은 것이며, 기(己)와 갑(甲)이 합함에 여름의 끝과 가을의 초에는 오이가 있는데 청색과 황색이 토와 목의 색을 잃지 않은 것이고, 정(丁)과 임(壬)이 합함에 여름에는 오디가 있는데 적색과 흑색이 수와 화의 색을 잃지 않은 것이며, 계(癸)와 무(戊)가 합함에 겨울에는 귤이 있는데 흑색과 황색이 수와 토의 색을 잃지 않은 것이다.

이로써 유추하고 구한다면 오제(五帝)가 서로 교접하고 때에 나타나 물건을 생하는 것을 헤아릴 수가 없는 것이다."

여동빈 조사가 묻기를,

"오행이 때에 있어서는 이와 같으나 사람에 있어서는 어떠합니까?"

종리권 조사께서 이르시기를,

"오직 사람은 머리가 둥글고 발이 네모나 천지의 모양을 갖고 있고 음은 하강하고 양은 상승하니 또한 천지의 기밀이 있어 신장(腎臟)은 수(水)가 되고 심장(心臟)은 화(火)가 되며 간장(肝臟)은 목(木)이 되고 폐장(肺臟)은 금(金)이 되며 비장(脾臟)은 토(土)가 되는 것이다.

만약 오행으로 상생(相生)시킬 것 같으면 수는 목을 생하고 목은 화를 생하며 화는 토를 생하고 토는 금을 생하며 금은 수를 생하는 것인데, 생하는 것은 어미가 되고 생함을 받는 것은 자식이 된다.

만약 오행으로 상극(相剋)시킬 것 같으면 수는 화를 극하고 화는 금을 극하며 금은 목을 극하고 목은 토를 극하며 토는 수를 극하는 것인데, 극하는 것은 남편이 되고 극을 당하는 것은 아내가 된다.

자식과 어미로서의 그것을 말한다면 신장의 기는 간장의 기를 생하고 간장의 기는 심장의 기를 생하며 심장의 기는 비장의 기를 생하고 비장의 기는 폐장의 기를 생하며 폐장의 기는 신장의 기를 생하는 것이다.

남편과 아내로서의 그것을 말한다면 신장의 기는 심장의 기를 극하고 심장의 기는 폐장의 기를 극하며 폐장의 기는 간장의 기를 극하며 간장의 기는 비장의 기를 극하며 비장의 기는 신장의 기를 극하는 것이다.

신장은 심장의 남편이고 간의 어미이며 비장의 아내이고 폐의 자식이며, 간장은 비장의 남편이고 심장의 어미이며 폐장의 아내이고 신장의 자식이며, 심장은 폐장의 남편이고 비장의 어미이며 신장의 아내이고 간장의 자식이며, 폐장은 간장의 남편이고 신장의 어미이며 심장의 아내이고 비장의 자식이며, 비장은 신장의 남편이고 폐장의 어미이며 간장의 아내이고 심장의 자식이다.

심장이 안으로 나타나면 맥(脈)을 이루고 밖으로 나타난 것이 혈색이 되는데, 혀〔舌〕로 문(門)을 삼고 신장의 통제를 받으며 폐장을 몰아서 이용하니 대개 부부의 이치가 이와 같고, 간장을 얻으면 왕성해지며 비장을 보면 감소하니 대개 자식과 어미의 이치가 이와 같다.

신장이 안으로 나타나면 뼈가 되고 밖으로 나타난 것이 머리카락이 되는데, 귀〔耳〕로써 문을 삼고 비장의 통제를 받으며 심장을 몰아서 이용하니 대개 부부의 이치가 이와 같고 폐장을 얻으면 왕성해지며 간장을 보면 감소하니 대개 자식과 어미의 이치가 이와 같은 것이다.

간장이 안으로 나타나면 근육이 되고 밖으로 나타난 것이 손톱이 되는데, 눈〔目〕으로 문을 삼고 폐장의 통제를 받으며 비장을 몰아 이용하니 대개 부부의 이치가 이와 같고 신장을 보면 왕성해지며 심장을 보면 감소하니 자식과 어미의 이치가 이와 같은 것이다.

폐장이 안으로 나타나면 피부가 되고 밖으로 나타난 것이 털이 되는데, 코〔鼻〕로써 문을 삼고 심장의 통제를 받으며 간장을 몰아 이용하니 대개 부부의 이치가 이와 같고 비장을 보면 왕성해지고 신장을 보면 감소하니 자식과 어미의 이치가 이와 같은 것이다.

비장이 안으로 나타나면 장기가 되어 심장·비장·간장·폐장을 고루 기르고 밖으로 나타난 것이 살〔肉〕이 되는데, 입〔口〕으로 문을 삼고 호흡의 왕래를 정하며 간장의 통제를 받고 신장을 몰아 이용하니 대개 부부의 이치가 이와 같고, 심장을 얻으면 왕성해지고 폐를 보면 감소하니 자식과 어미의 이치가 이와 같은 것이다.

이것이 곧 사람의 오행으로, 상생·상극으로 부부와 부모·자식이 되니 전해진 기의 왕성함과 쇠약함이 여기에 나타나는 것이다."

여동빈 조사가 묻기를,

"심장은 화(火)인데 어떻게 화를 아래로 운행시킬 수 있으며, 신장은 수(水)인데 어떻게 수를 위로 상승시킬 수 있으며, 비장은 토(土)로 토는 가운데에 있어 화를 이으면 왕성해지는데 어떻게 수를 이길 수 있고, 폐장은 금(金)으로 금이 위에 있어 화를 만나면 손상되는데 어떻게 수를 생할 수 있습니까?

상생은 간격이 있고 상극은 친해지기 어려우니 이 오행의 상생·상극으로부터 어찌해야 합니까?"

종리권 조사께서 이르시기를,

"오행이 근원으로 돌아가면 한 기운을 접촉하여 끌어내며 원양(元陽)이 상승하여 올라가 진수(眞水)를 낳고 진수가 조화하여 진기(眞氣)를 낳으며 진기가 조화하여 양신(陽神)을 낳으니 비로소 오행이 자리를 정하여 한 남편과 한 부인이 있게 된다.

신장은 수인데 수 가운데에는 금이 있고 금은 본래 수를 생하는데 시작할 때에는 수 가운데의 금을 아는 것이 중요하고, 수는 본래 토를 싫어하니 약을 채취한 뒤에는 모름지기 토를 얻고 수로 돌아가야 한다.

용(龍)은 곧 간장의 상징이고 호랑이〔虎〕는 폐장의 신(神)인데 양(陽)의 용은 이괘(離卦)의 궁전에서 나오며 음(陰)의 호랑이는 감괘(坎卦)의 자리에 생하니, 오행을 순행하여 기운을 자식과 어미에게 전해 자(子)로부터 오(午)에 이르면 곧 양(陽)의 시(時)에 양을 낳는다고 하며, 오행을 전도시켜 액이 부부간에 운행되어 오로부터 자에 이르면 곧 음 가운데에서 양을 단련한다고 하는 것이다.

양은 음을 얻지 못하면 이루지 못하지만 결국은 음이 없어야 불사하게 되는 것이고, 음은 양을 얻지 못하면 생하지 못하지만 결국은 음이 끊어져야 장수하게 된다."

여동빈 조사가 묻기를,

"오행은 음양의 한 기[一氣]에 근본하는데, 한 기라 하는 것은 무엇입니까?"

종리권 조사께서 이르시기를,

"한 기라 하는 것은 전에 부모가 교합하면 정과 혈로써 조화하여 형체를 이루는데, 신장은 비장을 낳고 비장은 간장을 낳고 간장은 폐장을 낳고 폐장은 심장을 낳고 심장은 소장을 낳고 소장은 대장을 낳고 대장은 담(膽)을 낳고 담은 위(胃)를 낳고 위는 방광(膀胱)을 낳으니, 이는 음이 정과 혈로써 조화하여 형체를 이룬 것으로 그 양은 다만 머리를 일으켜 처음 생한 곳에 있는 것이니 일점(一點)의 원양(元陽)은 두 신장에 있고 또한 신장은 수(水)이다.

수 가운데에는 화(火)가 있는데 상승하여 기(氣)가 되고 기로 인하여 상승하여 심(心)에 조회(朝會)한다. 심은 양(陽)인데 양으로써 양을 합하면 태극(太極)이 음(陰)을 낳으니 곧 기가 쌓여 액(液)을 낳는다. 액이 심으로부터 내려오면 액의 하강함으로 인해 신장으로 돌아간다.

간(肝)은 본래 심의 어미이고 신(腎)의 자식이니 그 신의 기를 옮겨 심에 이르게 하고, 폐는 본래 심의 처이고 신의 어미이니 그 심의 액을 옮겨 신에 이르게 한다.

기와 액의 오르내림은 천지의 음양과 같고 간과 폐가 전도하는 것은 일월이 왕복하는 것과 같다.

오행은 각각 하나의 숫자이다. 그 교합하고 생성하는 것을 논하면 곧 원양의 한 기운이 근본이 되는데 기 가운데에서 액이 생하고 액 가운데에서 기가 생한다.

신(腎)은 기의 근원이요 심(心)은 액의 근원이 되니, 영묘한 뿌리가 견고해지면 황홀하게 기 가운데에서 저절로 진수를 생하고 심의 근원이 청결해지면 묘묘하고 명명하게 액 가운데에서 저절로 진화(眞火)를 생한다.

화 가운데에서 참된 용을 취할 줄 알고 수 가운데에서 참된 호랑이를 취함을 알면 용호가 서로 교접하고 변하여 황아(黃芽)가 되고 황아가 결합하고 나아가 대약(大藥)을 이루니 곧 금단이라 한다.

금단이 이미 이루어지면 곧 신선이라 하는 것이다."

여동빈 조사가 묻기를,

"금단을 성취하면 형체를 벗고 신선의 자리에 올라 십쥬(十洲)로 돌아간다는 것은 진실로 알겠습니다만 무엇을 황아(黃芽)라 하는 것입니까?"

종리권 조사께서 이르시기를,

"참된 용과 참된 호랑이가 이것이다."

여동빈 조사가 묻기를,

"용과 호랑이는 무엇입니까?"

종리권 조사께서 이르시기를,

"용은 간이 아니라 곧 양의 용이니, 양의 용이 나오는 것은 이괘(離卦)의 궁전 속 진수(眞水) 가운데에 있다.

호랑이는 폐가 아니라 곧 음의 호랑이니, 음의 호랑이가 나오는 것은 감괘(坎卦)의 자리 진화(眞火)의 가운데에 있다."

제칠(第七). 수화(水火)를 논하다

여동빈 조사가 묻기를,

"사람이 장생하는 것은 수련하여 금단을 이루는 데에 있는데, 금단을 연성하려면 먼저 황아를 채취해야 하고 황아를 얻고자 하면 모름지기 용호를 얻어야 합니다.

진룡(眞龍)은 이괘(離卦)의 궁전에서 나오고 진호(眞虎)는 감괘(坎卦)의 자리에서 생하며 이괘와 감괘 가운데에 수화(水火)가 있다고 하셨는데, 수화란 무엇입니까?"

종리권 조사께서 이르시기를,

무릇 몸 가운데에서 수(水)로 말한 것은 사해오호(四海五湖)니 구강삼도(九江三島)니 화지요지(華池瑤池)니 봉지(鳳池)·천지(天池)·옥지(玉池)·곤지(崑池)·원담(元潭)·낭원(閬苑)·신수(神水)·금파(金波)·경액(瓊液)·옥천(玉泉)·양수(陽酥)·백설(白雪)이니 하여 이와 같이 부르는 이름을 다 나열할 수도 없으나, 무릇 몸 가운데에서 화로 말한 것은 군화(君火)·신화(臣火)·민화(民火)일 뿐이다.

세 가지 화는 원양(元陽)을 근본으로 하여 진기(眞氣)를 생한다.

진기가 모이면 편안함을 얻고 진기가 약해지면 병을 이루는데 만약 진기가 소모되고 흩어지면 원양을 잃게 되며 원양이 다하여 순음(純陰)을 이루면 원신(元神)이 형체를 떠나게 되니 곧 죽음이라 한다."

여동빈 조사가 묻기를,

"사람의 몸 가운데에서 한 점의 원양으로 세 가지 화를 일으키는데 세 가지가 많은 수와 많은 음 가운데에서 일어나니 흩어지고 소모되기는 쉬우나 타오르기는 어렵습니다.

이와 같이 양은 약하고 음은 왕성하며 화가 적고 수가 많아 사람들을 속히 쇠약하게 하고 장생하지 못하게 하니 그것을 어찌해야 합니까?"

종리권 조사께서 이르시기를,

"심(心)은 피의 바다〔血海〕가 되고 신(腎)은 기의 바다〔氣海〕가 되며 뇌는 골수의 바다〔髓海〕가 되고 비위(脾胃)는 곧 물과 곡식의 바다〔水穀之海〕가 되니, 사해(四海)라 말한 것은 이와 같은 것이다.

오장(五臟)에도 각기 액(液)이 있어 주관하는 자리가 동·서·남·북·중앙이니 오호(五湖)라 하는 것이 이와 같다.

소장은 두 장 네 자인데 위아래로 아홉 번 구부러져 있어서 구강(九江)이라 하니 소장 아래의 원담(元潭)의 설(說)은 이와 같은 것이다.

정수리를 위의 섬〔上島〕이라 하고 심(心)을 가운데 섬〔中島〕이라 하며 신장을 아래의 섬〔下島〕이라 하는데, 세 섬의 안과 낭원(閬苑)의 설(說)이 이와 같으며 화지(華池)는 황정(黃庭)의 아래에 있고 요지(瑤池)는 단궐(丹闕)의 앞에서 나오며 곤지(崑池)는 위로 옥경(玉京)에 맞닿고 천지(天池)는 바로 내원(內院)을 충돌하며 봉지(鳳池)는 곧 심과 폐 사이이다. 옥지(玉池)는 입술과 치아의 안에 있으며 신수(神水)는 기 가운데에서 나오며 금파(金波)는 하늘에서 내려오고 적룡이 머무르는 곳에 자연히 경액(瓊液)과 옥천(玉泉)이 있게 되는데 무릇 태(胎)를 바꾼 뒤에야 바야흐로 백설 같은 양(陽)의 우유〔酥〕를 볼 수 있다.

물을 대는 데에는 때가 있으니 이로써 불꽃을 왕성하게 만드는데 먼저는 옥액(玉液)이라 하고 그 다음을 금액(金液)이라 하니 모두 환단(還丹)할 수 있는 것이다.

빼고 보태는 데에는 도수가 있으니 이로써 응하여 목욕을 시키는데 먼저는 중전(中田)이라 하고 다음은 하전(下田)이라 하니 다 형체를 단련시킬 수 있고, 옥 꽃술과 황금 꽃이 변하여 황백(黃白)의 몸으로 나아가고 제호(醍醐)와 감로(甘露)가 연성(煉性)되어 기이한 향기를 이루는데 이와 같은 것은 다 수(水)의 공효(功效)이다.

무릇 민화(民火)가 상승하는 데에 이르면 신장의 기를 도와서 진수를 낳고 신장의 화가 상승하여 심장의 액과 교접하면 진기를 낳는데, 적게는 마장(魔障)을 항복시키고 병을 없애며 크게는 형체를 단련하고 단을 익힌다.

주천(周天)에 쓰면 화가 일어나 몸을 태우고 양관(陽關)을 다스리면 환원하고 약을 단련하며 구주(九州)의 세력을 떠나서 양신(陽神)을 기르고 삼시(三尸)의 얽매임을 태워서 음귀를 제거한다.

위로 운행하여 한번에 삼관(三關)을 치고 아래로 운행하여 칠백(七魄)을 소멸시키며 형체를 단련하고 기를 이루면 나는 것같이 가볍게 되고 기를 단련하고 신을 이루면 매미와 같이 태를 벗어버리는 것이니, 이와 같은 것은 모두 화(火)의 공로이다."

여동빈 조사가 묻기를,

"처음에 가르침을 듣고 근심스러운 것이 화는 적고 수는 많아 쉽게 쇠약해지고 죽는 것이었는데, 다음의 높은 이론을 듣건대 수·화에 이와 같은 공과 효과가 있으니, 마침내 어떻게 조화해야 적은 것으로 많은 것을 이길 수 있으며 약한 것을 강한 데에 이르게 할 수 있습니까?"

종리권 조사께서 이르시기를,

"이팔(二八)에 음이 감소하고 구삼(九三)에 양에 자라면 붉게 빛나는 금단은 날을 가리키며 이룰 수 있으니, 칠반구환(七返九還)하면 태선(胎仙)으로 자연히 변화하는 것이다.

진기(眞氣)는 심장에 있으니 심장은 액의 근원이 되고 원양(元陽)은 신장에 있으니 신장은 기의 바다가 되며 방광은 민화(民火)가 되는데 민화에서 멈추지 않으면 쓸 수가 없으며 방광은 또한 진액의 창고가 된다.

만약 천기를 통달하지 못하여 현묘한 이치를 헤아리지 못하면 도를 받드는 사람이 조화를 부리기 어려워 질병을 면하지 못하고 사망하는 것이다."

여동빈 조사가 묻기를,

"말씀하신 바 조화로 양을 기르고 음을 소멸시키면 금단을 이룰 수 있고 선인의 태(胎)가 스스로 변화한다는 것은 무엇입니까?"

종리권 조사께서 이르시기를,

"사람의 심장과 신장은 서로 여덟 치 네 푼이 떨어져 있으니 곧 천지가 자리를 정함에 비교되고, 기와 액이 태극에서 상생하니 곧 음양의 교접함에 비교되며, 하루는 열두 시이니 곧 1년 열두 달에 비교되는 것이다.

심장이 액을 생함은 스스로 생하는 것이 아니고 폐의 액이 내려옴으로 인해 심장의 액이 운행되는데 액을 부부로 운행시켜 위로부터 내려서 하단전에 돌이키면 곧 부인이 남편의 궁전으로 돌아간다고 하는 것이다.

신장이 기를 생함은 스스로 생하는 것이 아니고 방광의 기가 상승함으로 인해 신장의 기가 운행되는데 기를 자식과 어미로 운행시켜 아래로부터 상승시켜 중원(中元)을 조회하면 곧 남편이 부인의 방으로 돌아간다고 하는 것이다.

간장의 기로 신장의 기를 이끌어서 아래로부터 상승시켜 심장에 이르게 하는데 심장은 화이다.

두 기가 교접하여 폐를 훈증하고 폐의 액이 하강하여 자연히 심장으로 오면 심장으로부터 액이 생하는데 액이 심장에서 나오나 소모되어 흩어지지 않으므로 진수라 하는 것이다.

폐의 액을 심장의 액에 전송하여 위로부터 하강시켜 신장에 이르게 한다.

신장은 수이니 두 개의 수를 교접시켜 방광으로 배어들게 하면 방광의 기가 상승하여 자연히 신이 일어나고 신장으로부터 기가 생하는데 기가 신장에서 생했기 때문에 소모되거나 마모되지 않으므로 진화라 하는 것이다.

진화가 수 가운데에서 나오면 황홀한데 그 가운데에 물건〔物〕이 있어 보아도 볼 수 없고 취하려 해도 취할 수 없으며, 진수가 화 가운데에서 나오면 아득한데 그 가운데에 정(精)이 있어 보아도 머무르게 할 수 없고 머무르게 해도 상주하게 할 수 없다.”

여동빈 조사가 묻기를,

“신장은 수이고 수 가운데에서 기를 생하여 진화(眞火)라 이름하니 화 가운데에서 어느 것이 물건이 되며, 심장은 화이고 화 가운데에서 액을 생하여 진수(眞水)라 이름하니 수 가운데에서 어느 것이 정이 됩니까?

화 가운데의 물건과 수 가운데의 정은 이미 찾을 만한 형상이 없으니 가령 그것을 구한다 해도 또한 얻기 어렵고 비록 그것을 얻었다 해도 또 어떻게 쓰겠습니까?”

종리권 조사께서 이르시기를,

"예전의 큰 성인이 도를 이루심에 이 두 가지 물건을 분리시키지 않고 교구(交媾)시켜 황아로 바꾸시니, 기간이 차 태(胎)가 완성되었고 이로서 대약(大藥)을 이룬 바 곧 진룡(眞龍)과 진호(眞虎)라는 것이다."

제팔(第八). 용호(龍虎)를 논하다

여동빈 조사가 묻기를,

"용(龍)은 본래 간의 상징이고 호(虎)는 곧 폐의 신(神)입니다.

이 심(心)의 화(火) 가운데에서 액(液)을 생하니 액은 진수(眞水)가 되고 수 가운데에는 아득하게 진룡(眞龍)이 숨어 있는데 용이 간에 있지 않고 이궁(離宮)에서 나오는 것은 어째서이며, 이 신(腎)의 수(水) 가운데에서 기(氣)를 생하니 기는 진화(眞火)가 되고 화 가운데에는 황홀하게 진호(眞虎)가 숨어 있는데 호가 폐에 있지 않고 감(坎)의 자리에서 생하는 것은 어째서입니까?"

종리권 조사께서 이르시기를,

"용은 양의 물체이니 날아올라 하늘에서 울면 구름을 일으키고 연못을 얻으면 만물을 돕는데, 형상에 있어서는 청룡이 되고 방위로는 갑(甲)과 을(乙)이 되며 물건으로는 나무가 되고 때로는 봄이 되며 도리에 있어서는 어짊[仁]이 되고 팔괘에 있어서는 진괘(震卦)가 되며 사람 몸의 오장(五臟)에서는 간이 된다.

호는 음의 물체이니 땅에서 질주하며 울부짖으면 바람이 생기고 산을 얻으면 위엄이 백충(百蟲)을 제압하는데, 형상에 있어서는 백호가 되고 방위로는 경(庚)과 신(辛)이 되며 물건에 있어서는 금이 되고 때

에 있어서는 가을이 되며 도리에 있어서는 의로움이 되고 팔괘에 있
어서는 태괘(兌卦)가 되며 사람 몸의 오장에서는 폐가 된다.

또한 간장은 양인데 음의 자리 가운데에 있어 신장의 기를 간장의
기에 전하는 것이다. 기를 어미와 자식으로 운행시켜 수로써 목을 생
하고 신장의 기가 이미 생했으면 신장의 나머지 음을 근절하고 순양
(純陽)의 기가 상승한다.

폐장은 음인데 양의 자리 가운데에 있어 심장의 액을 폐장의 액에 전
하는 것이다. 액을 부부로 운행시켜 화로써 금을 극하고 심장의 액에
이르면 폐의 액이 생하며 폐의 액을 이미 낳았으면 심장의 나머지 양
을 근절하고 순음의 액이 하강한다.

간장은 양에 속하여 신장의 나머지 음을 근절시키니 이로써 기가
간을 지나는 때를 알아 순양을 만들면 순양의 기 가운데에 진실한 하
나의 수〔一水〕가 감춰져서 황홀하고도 형체가 없는데 이름을 양의 용
이라 한다.

폐는 음에 속하여 심장의 나머지 양을 근절시키니 이로써 액이 폐
에 이르는 때를 알아 순음을 만들면 순음의 액 가운데에 바른 양의 기
를 실어 아득하게 보이지 않는데 이름을 음의 호라 한다.

기는 상승하고 액은 하강하여 본래 서로가 사귈 수 없는 것인데 어
떻게 해야 기 가운데의 진실한 하나의 수가 액을 보아 서로 합하고 액
가운데의 바른 양의 기가 기를 보아 저절로 모이겠는가.

곧 전하여 행할 때 법도로써 그것을 조절하니 신장의 기를 달아나
거나 잃어버리지 않게 하여 기 가운데에서 진실한 하나의 수를 거두
어들이고 심장의 액을 소모하거나 흩어지지 않게 하여 액 가운데에서
바른 양의 기를 채취하고 자식과 어미를 서로 만나게 하면 둘이 서로
돌아보고 끌리게 되어 날마다 좁쌀만한 크기를 얻는 것이다.

100일 동안 차질이 없으면 약의 힘이 완전해지고 200일이면 성스러운 태가 견고해지며 300일이면 선인의 태가 완전해져 모양이 총알과 같고 색은 붉은 귤과 같아 이름을 단약(丹藥)이라 하니 길이 하단전을 다스리고 형체를 남겨 세상에 거주하며 무한한 시간 동안 장생하니 이것이 땅의 신선〔地仙〕이다."

여동빈 조사가 묻기를,

"신장의 수가 기를 낳으면 기 가운데에 진정한 하나의 수가 있어 음의 호랑이라 하고, 호랑이가 액을 보아 서로 합하면 심장의 화에서 액을 생하는데 액 가운데에는 정양(正陽)의 기가 있어 양의 용이라 하며 용이 기를 보면 서로 합쳐지니, 방위에서는 종류대로 모이고 만물이 무리로 나눠지는 것은 마땅합니다.

기가 생할 때 액 또한 내려오니 기 가운데의 진정한 하나의 수도 액을 따르지 않을 수 없어 내려가 오장에 전해집니까? 액이 생할 때 기 또한 오르니 액 가운데의 정양의 기도 기를 따르지 않을 수 없어 중루(重樓)로 나옵니까?

진수가 액을 따라 아래로 내려가면 호랑이가 용과 사귈 수 없고 진양이 기를 따라 상승하면 용이 호와 사귈 수 없게 되어, 용과 호랑이가 사귈 수 없으니 어찌 황아를 얻으며, 황아가 이미 없는데 어찌 대약을 얻을 수 있겠습니까?"

종리권 조사께서 이르시기를,

"신장의 기가 이미 생겼다면 바다에서 떠오르는 태양을 안개와 이슬이 그 빛을 가릴 수 없는 것과 같고 액은 내리는 것이 성긴 주렴과 같은 것이니 어찌 그 기를 이기겠는가.

기가 장대해지면 진정한 하나의 수는 자연히 왕성해지는 것이다.

심장의 기가 이미 생하면 엄동설한의 겨울 하늘이 만물을 죽이는데 호흡으로는 그 추위를 대적할 수 없는 것과 같고 그 기가 상승하여 파란 장막과 같아지니 어찌 그 액을 이기겠는가.

액은 왕성하나 정양의 기는 혹은 강해지고 혹은 약해지니 반드시 기약할 수는 없는 것이다."

여동빈 조사가 묻기를,

"기(氣)가 생함과 액(液)이 생함에는 각기 때가 있습니다.

때에 따라 기를 생하고 기가 왕성해지면 진실한 하나의 수(水)도 자연히 왕성해지고 때에 따라 액을 생하고 액이 왕성해지면 정양(正陽)의 기도 또한 왕성해지는데, 왕성해짐과 쇠약해짐이 보존될 수 없음은 어째서입니까?"

종리권 조사께서 이르시기를,

"신장의 기는 소모되거나 흩어지기 쉬우니 얻기 어려운 것이 진호(眞虎)이고, 심장의 액은 쌓고 모으기 힘드니 잃어버리기 쉬운 것이 진룡(眞龍)이다.

단경(丹經) 만 권에서 논의한 것이 음양에서 벗어나지 않고 음양 두 가지 일의 정수(精髓)는 용호가 아님이 없으나 도를 받드는 사람 만 명 중에 아는 사람은 하나나 둘이다.

어떤 이는 많이 듣고 널리 기억하여 비록 용호의 이치를 알지만 교합하는 때를 알지 못하고 채취하는 법을 몰라, 고금의 통달한 사람들이 머리가 희어지도록 수련하나 조금 성취하여 오랫동안 나이를 늘리는 데에 머무를 뿐 초탈했다는 것을 듣지 못했으니, 대개 용호를 교합시켜 황아를 채취하고 단약을 이룰 수 없었기 때문이다."

제구(第九). 단약(丹藥)을 논하다

여동빈 조사가 묻기를,

"용호의 이치는 알았습니다만, 이르신 바 금단대약(金丹大藥)에 대해서 얻어들을 수 있겠습니까?"

종리권 조사께서 이르시기를,

"이른바 약이란 것은 병을 치료할 수 있는 것이다.

대개 병에는 세 가지 차등이 있는데, 바람에 맞서고 습기찬 곳에 누우며 더위를 무릅쓰고 추위에 돌아다니며 힘쓰는 것과 편안함이 정도를 넘고 배고픔과 배부름이 때를 놓치며 차례를 어겨 안정되지 못함을 질환이라 하니, 이 질환은 때[時]의 병이 된다.

수련에 힘쓰지 않고 마음가는 대로 방자하게 정을 누설하면 원양(元陽)이 산실되고 진기가 손상되어 나이가 들면 초췌하게 되는 것을 늙음이라 하니, 이 늙음은 나이[年]의 병이 된다.

무릇 기가 다하고 육체가 공허해지면 혼은 소멸되고 신이 흩어져서 긴 한숨 한 소리에 사대육신(四大肉身)의 주인이 없게 되고 몸이 황량한 들판에 눕게 되는 데에 이름을 곧 죽음이라 하는데, 죽음은 몸[身]의 병이 된다.

또 때의 병이 있으니 춘·하·추·동이 춥고 덥고 따스하고 서늘함으로 운행되니, 양이 넘치고 음이 부족하면 마땅히 서늘함으로 이를 다스려야 하고 음이 넘치고 양이 부족하면 마땅히 따스함으로 이를 다스려야 한다.

노인은 냉기가 많고 어린이는 열이 많으며 살진 사람은 진액이 많고 마른 사람은 쌓인 것이 많으며 남자의 병은 기에서 생하고 여자의 질환은 혈에 근본하니, 그 허(虛)한 것을 보(補)하고 그 실(實)한 것을 취(取)하며 그 약한 것을 보(保)하고 그 나머지는 덜어내야(損) 하는데, 가벼운 것은 침과 뜸으로 하고 중한 것은 약과 식이요법을 써서 하는 것이다.

비록 차례를 어겨 안정되지 못하고 때의 병으로 질환이 들어도 밝은 사람과 훌륭한 의사에게 맡겨 병에 맞는 약을 복용시키면 다 치료할 수 있으나, 늙는 병은 어찌 다스릴 것이며 죽는 병은 어찌 치료할 것인가. 장부를 씻고 살을 보충함이 옛날의 훌륭한 치료법이나 주름진 얼굴과 흰 머리카락을 어린아이의 얼굴로 돌리는 것을 얻는 사람이 없고, 머리를 바꾸고 팔다리를 이음은 옛날의 훌륭한 의사들이 한 일이나 형체를 남겨 세상에 머무르면서 장생함을 얻은 사람이 없다."

여동빈 조사가 묻기를,

"차례를 어겨 안정되지 못하고 때(時)로써 병을 이룬 것은 훌륭한 의사나 좋은 약으로 진실로 치료할 수 있습니다만, 헛되이 무너져 나이가 먹는 병과 기(氣)가 다하여 목숨이 끊어지는 고통은 어떻게 치료하며 약은 없습니까?"

종리권 조사께서 이르시기를,

"무릇 병에는 세 가지 차등이 있으니, 때(時)의 병은 초목의 약으로 치료하면 저절로 치유되고, 몸(身)의 병과 나이(年)의 병을 치료하는 약은 두 가지가 있는데 첫째는 내단(內丹)이라 하고 그 다음은 외단(外丹)이라 한다."

여동빈 조사가 묻기를,

"외단이란 것은 무엇입니까?"

종리권 조사께서 이르시기를,

"옛날에 고상원군(高上元君)께서 사람들에게 도(道)를 전함에 천지의 승강(昇降)하는 이치와 일월이 오고가서 베풀어짐으로 비유해서 가르치시니, 이로부터 단경(丹經)들이 세상에 가득 차게 되어 세상 사람들도 큰 도를 들을 수 있게 되었다.

광성자(廣成子)께서 이로써 황제를 가르치셨으나 황제가 정치하는 여가에 법에 따라 수행하였으니 공(功)이 보이지 않았다.

광성자께서는 심장과 신장 사이에 진수(眞水)와 진기(眞氣)가 있고 기(氣)와 수(水) 사이에 진음(眞陰)과 진양(眞陽)이 있어 대약(大藥)을 배합하는 것이 금석(金石) 사이에 지극한 보배가 숨겨져 있는 것과 비길 수 있다 하고는 공동산(崆峒山) 가운데에서 내부의 일〔內事〕로 법을 삼아 대단(大丹)을 단련하였다.

여덟 가지 돌 가운데에서 오직 주사(硃砂)를 쓰는데, 주사 가운데에서 수은〔汞〕을 취하며 다섯 가지 금속 가운데에서 오직 검은 납〔黑鉛〕을 쓰고 납 가운데에서 은(銀)을 썼다.

수은은 양의 용에 비겼고 은을 음의 호랑이로 삼았는데, 심장의 화(火)는 주사같이 붉고 신장의 수(水)는 납의 검은 색과 같기 때문이다.

연(年)의 화는 때〔時〕를 따라 건곤(乾坤)의 숫자를 잃지 않고 월(月)의 화는 빼고 보태어 문(文)과 무(武)의 베풂을 자연스럽게 나눴다.

삼층(三層) 화로인 탁자는 각기 높이가 아홉 치로 바깥쪽은 네모지고 안쪽은 둥글게 하여 여덟 방위의 기를 취하며 사시(四時)의 절후(節侯)에 응했다.

금정(金鼎)의 모양으로 납〔鉛〕과 수은〔汞〕을 저장하여 폐액(肺液)과 다름이 없게 하였고 유황(硫黃)을 약(藥)으로 삼아 영사(靈砂)에 화합시켰으니 황파(黃婆)에 비길 수 있다.

3년에 소성(小成)하여 복용하고 온갖 병을 끊어버릴 수 있었으며, 6년에 중성(中成)하여 이를 복용하고 스스로 나이를 늘릴 수 있었으며, 9년에 대성(大成)하여 이를 복용하고 마음대로 상승하고 팔을 천 리만 리라도 뻗을 수 있었다.

비록 봉래(蓬萊)섬으로 돌아갈 수는 없으나 인간 세상에서 영원히 불사(不死)했던 것이다."

여동빈 조사가 묻기를,

"오랜 옛날부터 지금까지 연단(煉丹)하는 사람은 많으나 공을 본 사람이 적은 것은 어째서입니까?"

종리권 조사께서 이르시기를,

"연단해도 성공하지 못하는 것에는 세 가지가 있다.

약재(藥材)의 진위를 분별하지 못하고 화후(火候)의 빼고 보탬을 알지 못하여 지극히 보배로운 물건을 하루아침에 연기와 불꽃 속에서 소산시켜 재와 먼지가 되게 하니 시간마다 피폐해지고 날마다 어지러워져 마침내 이루어짐이 없는 것이 하나이다.

약재는 비록 좋으나 화후를 얻지 못하고 화후는 비록 알아도 약재가 모자라 두 가지가 서로 맺어지지 못하여 마침내 이루어지는 것이 없는 것이 둘이다.

약의 재료도 좋고 화후의 합함도 적당하며 해[年] 중에 달[月]을 어기지 않고 달 중에 날[日]을 어기지 않으며, 더하고 빼는 데에 수(數)가 있게 하고 나아가고 물러감에 때[時]가 있게 해서 기(氣)가 충족되고 단(丹)을 이루었으나 밖의 수행이 완비되지 않아 현학으로 변화되어 허공을 건너다니지만 먹을 인연이 없어 이루지 못한 것이 셋이다.

또한 하물며 약재는 본래 천지의 뛰어난 기운이 결실한 물건이고 화후는 곧 신선이 수지(修持)하여 득도하는 술법이니, 삼황(三皇) 때에 황제가 연단함에 구전(九轉)해서야 바야흐로 이루었고 오제(五帝)의 뒤에서는 혼원(混元)이 연단(煉丹)하여 삼 년만에 겨우 이루었다.

대저 전국시대(戰國時代)에 이르러서는 흉한 기운이 허공에 응결되고 시체가 들에 가득 차서 물질이 천지의 뛰어난 기운을 받을 수 없게 되어 세상에 약재가 결핍되었다.

당시에는 법을 얻은 사람도 늙음에서 도망가기가 어려워 바위 골짜기에서 죽었으니, 단(丹)과 선(仙)의 방법들을 간혹 죽백(竹帛)이나 비단에 기록한 사람들도 있었으나 오래되자 마르고 해어지게 되어 인간 세상에 다시는 있지 않게 되었다.

만약 속세에 약재가 있었다면 진시황(秦始皇)이 해도(海島)에서 구하지 않았을 것이며, 만약 속세에 단을 만드는 방법이 있었다면 위백양(魏伯陽)이 주역(周易)을 참구(參究)하지 않았을 것인데도, 어떤 사람들은 널리 얻어들은 억지 지식으로 후인(後人)을 미혹시켜 많고 많은 집을 파산시키고 아울러 하나도 성공하지 못했으니 밖에서 구하는 것도 잘못된 것이다."

여동빈 조사가 묻기를,

"외단(外丹)의 이치가 광성자로부터 나왔는데, 내부의 일로 법을 삼아 비록 성취가 있었으나 9년에야 바야흐로 마쳤습니다.

또 장차 약재를 구하기 어렵고 단을 제조하는 방법도 얻기 어려우니 결국에는 상승하여 올라갈 수 있는 데에 그치는 것이고 초범입성(超凡入聖)하여 십주(十洲)로 돌아가는 것은 바라볼 수 없습니다.

감히 여쭙건대 내약(內藥)에 대해서 얻어들을 수 있겠습니까?"

종리권 조사께서 이르시기를,

"외부의 약을 쓸 수 없는 것은 아니나 도를 받드는 사람이 늦은 나이에야 깨달으면 근원이 썩 견고하지는 못하게 된다.

신장은 기(氣)의 뿌리[根]이니 뿌리가 깊지 못하면 잎이 무성하지 못하고, 심장은 액(液)의 근원[源]이니 액이 맑지 못하면 흐름이 길지 못하니, 반드시 다섯 가지 금속[五金]과 여덟 가지 돌[八石]을 빌려 날마다 쌓고 달마다 더해 세 가지 품목[三品]을 연성해야 한다.

각 품목에는 다시 세 가지 차등이 있어 곧 구품용호대단(九品龍虎大丹)이라 하니, 진기(眞氣)에 접촉하는 것을 돕고 형체를 단련하여 세상에 머무르면서 가볍고 나는 것같이 움직일 수 있게 된다.

만약 내부의 일을 가지고 닦아 교합하는 때를 알고 채취하는 법을 알면 선인(仙人)의 태(胎)를 이루어 날짜를 정하고 초탈할 수 있게 되는데, 그들은 깨닫지 못하고 외단(外丹)에 집착해 날마다 불을 더하여 그것을 복용하고 하늘나라로 상승하고자 하니, 참으로 우스운 일이다.

그들이 아직 외약의 근원을 궁구하지 못함이니 이제 마땅히 내단(內丹)의 이치를 상세히 밝히겠다.

내단의 약재는 심장과 신장에서 나오는데 이는 사람들이 다 가지고 있는 것이다.

내단의 약재는 본래 천지에 있는데 천지는 마땅히 해와 달을 얻어야 볼 수 있다.

화후(火候)는 일월이 오고가는 숫자를 취하고 부부가 교합하는 이치를 본받아 닦아 합하면 성스러운 태(胎)로 나아가 진기(眞氣)가 생(生)하는데, 기 가운데에 기가 있게 되어 마치 용이 구슬을 기르는 것같다가 대약이 이루어지고 양신(陽神)이 출현하면 몸 밖의 몸이 있게 되어 흡사 매미가 껍질을 벗는 것과 같게 된다.

210

이 내약(內藥)은 용호(龍虎)가 교합함을 바탕으로 하여 황아(黃芽)로 변하고, 황아가 성취되면 납과 수은[鉛汞]으로 나뉜다."

제십(第十). 연홍(鉛汞)을 논하다

여동빈 조사가 묻기를,

"내약(內藥)은 용호(龍虎)에서 벗어나지 않습니다.

호랑이는 감궁(坎宮)에서 생(生)하니 기(氣) 가운데의 수(水)가 이것이고, 용은 이궁(離宮)에서 생하니 수 가운데의 기가 이것입니다.

외약(外藥)은 주사(硃砂) 가운데의 수은에서 취하여 양(陽)의 용에 비유하고 납[鉛] 가운데의 은(銀)을 써 음(陰)의 호랑이에 비유한 것이나 납과 수은은 외부의 약입니다.

어째서 용호가 교합해서 황아(黃芽)로 변하고 황아가 나아가 납과 수은[汞]으로 분리되며, 이른바 내약 가운데의 납과 수은이란 무엇입니까?"

종리권 조사께서 이르시기를,

"천일(天一)의 바탕을 포함하고 다섯 금속[五金]의 머리가 되는 것이 검은 납[黑鉛]이다. 납은 은을 낳으니 납은 곧 은의 어미이다.

태양의 기에 감응하여 뭇 돌들의 우두머리가 되는 것이 주사(硃砂)이다. 주사는 수은을 낳으니 수은은 곧 주사의 자식이다.

취하기 어려운 것이 납 가운데의 은이고 흩어지기 쉬운 것이 주사 가운데의 수은인데, 은과 수은을 만약 서로 합쳐서 단련시키면 자연히 지극한 보배를 이루니, 이 납과 수은의 이치가 밖에 나타난 것이 이와 같다.

만약 내부의 일로써 그것을 말하자면 고금의 의론(議論)이 각각 다르다.

그 현묘한 설(說)을 취하면 본래 부모가 사귀어 통할 때부터 정(精)과 혈(血)이 서로 합해서 진기(眞氣)를 싸안고 모체의 뱃속 순음(純陰)의 궁전에 형체를 의지하며 신을 감춰 음양이 갈라지지 않은 속에 있다가 300일이면 태가 완전해지고 5000일이면 기가 가득 차게 되는 것이다.

오행(五行)으로 그것을 말하면 사람의 몸은 본래 정과 혈이니 먼저 수(水)가 있는 것이고, 오장(五臟)으로 그것을 말하자면 정과 혈이 형체가 되는데 먼저 신장을 생하는 것이다.

신장의 수(水) 가운데에는 수태한 시초의 부모의 진기가 저장되어 있는데 진기가 사람 몸 안의 신장에 숨어 있으니 납이라고 말하는 것이 이것이다.

신장 가운데에서는 기(氣)를 위주로 하는데 기 가운데의 진실한 하나의 수를 참된 호랑이〔眞虎〕라고 이름하니 납 가운데의 은이라고 말하는 것이 이것이다.

신장의 기는 간장의 기로 전해지는데 간장의 기는 심장의 기로 전해지고 심장의 기는 태극에서 액(液)을 낳고 액 가운데에 바른 양의 기가 있으니 이른바 주사(硃砂)란 심장의 액이고 수은〔汞〕이란 심장의 액 가운데에 있는 바른 양의 기이다.

기와 액을 쌓아 태(胎)가 되면 황정(黃庭) 안으로 보내 있게 하고 화후(火候)로 나아가 차질이 없게 하면 선인(仙人)의 태로 자연히 변화되니, 곧 이것이 납과 은을 수은에 합하여 단련해서 보배를 이룸에 비유되는 것이다."

여동빈 조사께서 묻기를,

"다섯 가지 금속〔五金〕 중에 있는 납〔鉛〕 가운데에서 은(銀)을 취하며 여덟 가지 돌〔八石〕 안에 있는 주사(硃砂) 가운데에서 수은을 추출하여 솥과 그릇에 놓고 약을 배합하면 수은은 자연히 주사가 되고 은은 자연히 보배가 됩니다.

그러나 내부에 있는 납에서는 어찌해야 은을 취하고 사람에게 있는 주사에서는 어찌해야 수은을 취하며 수은에서는 어찌해야 주사를 취하고 은에서는 어찌해야 보배를 만드는 것입니까?"

종리권 조사께서 이르시기를,

"납은 본래 부모의 진기인데 합하여 하나가 되며 순수하여 분리되지 않는다.

이미 형체가 이루어진 뒤에는 신장 가운데에 감추어지며 두 신장이 서로 마주하여 함께 기를 상승시키니 원양(元陽)의 기(氣)라 하고 기 가운데에 수(水)가 있으니 진일(眞一)의 수라 한다.

수는 기를 따라서 오르고 기가 머무르면 수도 머무르며 기가 흩어지면 수도 흩어져 수와 기는 자식과 어미가 서로 떨어지지 못하는 것과 같은데, 잘 살피는 사람도 기를 보는 데에 그치고 수는 보지 못하는 것이다.

이 진일의 수를 심장의 정양의 기에 합할 것 같으면 곧 용호(龍虎)가 교합하여 황아(黃芽)로 변하고 황아로 대약(大藥)을 만드는 것이다.

대약의 재료는 본래 진일의 수(水)로서 태를 만들고 정양(正陽)의 기를 내포함이 마치 옛날의 부모의 진기와 같은 것이니, 정과 혈로써 포태(胞胎)하고 300일간 조화(造化)하면 태가 완전해지고 기가 충족되어 형체가 구비되고 신(神)이 오게 되어 모체와 분리되고 형체와 신이 이미 합하면 형체에서 형체가 생기는 것이다.

도를 받드는 사람은 신장의 기를 심장의 기에 교합시키고 기 가운
데에 진일의 수를 감추며 정양의 기를 실어 기로써 진일의 수에 교합
시켜 포태가 되면 그 모양이 좁쌀 같은데 온양시켜 이지러짐이 없게
하는 것이다.

처음에는 음을 양에 머무르게 하고 그 다음에는 양을 써서 음을 단
련시키면 기가 변하여 정이 되고 정이 변하여 수은이 되며 수은은 변
하여 주사가 되고 주사는 변하여 금단이 된다.

금단이 이미 이루어졌으면 진기가 자연히 생하니 그 기를 단련하여
신을 이루면 초탈할 수 있어 불의 용〔火龍〕을 변화시켜 어두운 거리
를 벗어나고 검은 학〔玄鶴〕을 타고 봉래섬으로 들어간다."

여동빈 조사가 묻기를,

"형체로써 형체를 교합시키면 형체가 합해 형체를 낳고 기로써 기
를 교합시키면 기가 합해 기를 생하는데 그 숫자가 300일을 벗어나지
못하고 형체로 나누어진 뒤에는 남녀의 모양이 같지 않은데 자기의
단사(丹砂)는 색과 광택이 어찌하여 같습니까?"

종리권 조사께서 이르시기를,

"부모의 형체가 교합하여 부(父)의 정(精)이 먼저 나가고 모(母)의 혈
(血)이 뒤에 가서 혈이 정을 감싸면 여자가 되는데, 여자는 안은 양이
고 밖은 음으로 모체(母體)를 형상하니 대개 혈이 밖에 있기 때문이다.

만약 모혈(母血)이 먼저 나아가고 부(父)의 정(精)이 나중에 움직여
서 정이 혈을 감싸면 남자가 되는데 남자는 안이 음이고 밖은 음으로
부체(父體)를 형상하니 대개 정이 밖에 있기 때문이다.

이른바 혈이란 것은 본래 심장에서 생하나 정양(正陽)의 기가 없는
것이고 이른바 정이란 것은 본래 신장에서 생하고 정양의 기가 있으

니 곧 수은[汞]의 근본이다.

바로 진실한 하나의 수[眞一之水]로 그것을 화합시켜 황정(黃庭)으로 들어가고 납탕[鉛湯]을 써서 삶고 수은물[汞水]로 끓인다.

납이 수은을 얻지 못하면 진실한 하나의 수를 드러낼 수 없으며 수은이 납을 얻지 못하면 순양의 기[純陽之氣]로 변화될 수 없는 것이다."

여동빈 조사가 묻기를,

"납이 신장(腎臟) 가운데에 있어서 원양(元陽)의 기(氣)를 생하고 기 가운데에는 진일(眞一)의 수(水)가 있으나 보아도 볼 수가 없습니다.

납이 수은을 얻음으로써 수은에 정양의 기가 있게 되는데, 정양의 기로 납을 태우고 단련하면 납이 기를 생하여 왕성해지고 진일의 수를 일으켜 상승하게 됩니다.

그러나 수은은 본래 정양의 기로서 곧 진일의 수이니 포태(胞胎)가 되어 황정(黃庭) 가운데로 보내서 보존한다면 이미 이것은 용호(龍虎)가 교구(交媾)하여 음양이 다 정지한 것이니, 또한 납탕으로 그것을 삶아도 음이 지나치거나 진양이 흩어지고 소모되지 않음이 없으니 어찌 해야 대약을 이룰 수 있으며 기 가운데에서 기를 생할 수 있겠습니까?"

종리권 조사께서 이르시기를,

"신장의 기를 심장의 기에 던지면 기가 다하여 액을 생하는데 액 가운데에는 정양의 기가 있으니, 진실한 하나[眞一]의 수와 배합시키는 것을 이름하여 용호가 교합한다고 하고 좁쌀만한 크기를 얻는 것을 이름하여 금단 대약(金丹大藥)이라 하니, 황정 가운데로 보내 보존하는 것이다.

또 황정이란 비장과 위장의 아래〔下〕이고 방광의 위〔上〕이며 심장의 북(北)이고 신장의 남(南)이며 간의 서(西)이고 폐의 동(東)인데, 위는 맑고 아래는 탁하며 밖으로는 네 가지 색에 응하고 용량은 두 되를 지닐 수 있으며 통로가 여덟 가지 수에 통해 있다.

얻은 약(藥)을 밤낮으로 그 안에 있게 해야 하는데, 만약 약을 채취하고도 불을 때지 않으면 약은 필시 소모되고 흩어져서 머무를 수 없을 것이며 만약 불을 때면서도 약을 채취하지 않는다면 음 가운데에 양이 머무를 수 없게 되어 신장의 기를 일어나게 하는 데에만 그치니, 하원(下元)을 건장하고 따뜻하게 할 뿐이다.

만약 채약을 때〔時〕가 있게 하고 불을 때는 데에 도수〔數〕가 있게 하며 반드시 먼저 납 가운데에서 기를 빌려 불을 때어 대약(大藥)을 견고하게 하면 영원히 하단전을 다스리게 되는데 이름하여 채보(採補)의 법(法)이라 하니, 수은을 연성하고 단전을 보충하면 나이를 연장하고 수명을 더하여 지선(地仙)이 될 수 있는 것이다.

만약 약을 채취하자면 원래의 납으로 뽑고 주후(肘後)에서 금정(金晶)으로 날리는 것이다.

이미 납을 뽑았으면 모름지기 수은을 더해야 하는데, 수은을 더하지 않으면 한낱 환정보뇌(還精補腦)한 것뿐이니 진기가 어떻게 생기겠으며 진기가 생하지 않으면 양신(陽神)을 어찌 이룰 수 있겠는가.

이미 수은을 더했으면 모름지기 납에서 뽑아야 되는데 납에서 뽑지 않으면 한낱 수은을 단련하고 단전을 도운 것뿐이니 어떻게 단사(丹砂)로 변하겠으며 단사로 변하지 않았으니 금단을 어떻게 성취하겠는가.”

수진전도론 (하)

제십일(第十一). 추첨(抽添)을 논하다

여동빈 조사가 묻기를,

"채약(採藥)은 반드시 기 가운데의 수를 의지해야 하고 불을 때는 데에는 모름지기 납 가운데의 기를 빌려야 마침내 납에서 뽑아 대약을 이루고 수은을 더해 단전(丹田)을 돕는 것이니, 이른바 빼고 보태는 이치는 어떠합니까?"

종리권 조사께서 이르시기를,

"옛날에 윗성인께서 인간에게 도를 전하셨는데 태고 시대의 백성들은 순박하고 아득히 무지하여 큰 도를 알아들을 수 없었음으로 천지(天地)가 승강하는 이치에 비유해서 가르쳤으니, 따뜻하고 서늘하며 춥고 더운 기가 바뀌어 절기의 때가 있게 되고 한 해의 숫자가 정해져 일주(一週)하면 다시 시작하는 도를 잃지 않음으로써 천지가 장구하다고 한 것이다.

일월의 정화(精華)가 왕래하는 이치에 비교하여 설명하면 진퇴(進

退)가 초하루와 보름 초승과 그믐에 있어 출몰에 어그러짐이 없이 한 달의 숫자를 충족하며 운행을 그치지 않는 도를 잃지 않으므로 일월이 장구한 것이다.

어찌하여 추위가 가면 더위가 오고 더위가 가면 추위가 오지만 세상 사람들은 천지가 승강하는 이치를 깨닫지 못하고, 달이 차면 다시 이지러지며 이지러지면 다시 차지만 세상 사람들은 일월이 왕래하는 이치를 깨닫지 못하는가.

멋대로 끝없는 욕망에 따라 유한한 시간을 소모시키고 부귀와 사치와 화려함으로 헤아리고 단장하면서 뜬구름 같은 인생살이로 은혜를 주고받고 사람과 근심과 번민을 하나 마침내는 다음 생에 빚만 지는 것이다.

노랫소리가 끊어지기도 전에 고뇌가 조급하게 찾아오고 명예나 재산이 바야흐로 무르익었는데 젊은 얼굴이 이미 떠나가 버린다.

재물을 탐하여 장차 끝없이 가지고 있을 것으로 생각하고 자손을 사랑하고 연민하여 내생(來生)까지도 같이 모여 살기를 바라 어리석게 탐내는 것을 쉬지 않고 망령된 생각을 한없이 만드니, 원양(元陽)이 소모되고 흩어지며 진기는 달아나서 곧바로 몹쓸 병이 몸을 얽어매고 바야흐로 심장이 멈추는 날 큰 기한이 임박하니 잠깐 사이에 손을 놓는 때가 되는 것이다.

진선(眞仙)과 윗성인께서 그들이 이와 같이 윤회하여 모두 타락하여 돌아가는 것을 가련히 여기시고 세상 사람들에게 큰 도를 밝게 깨닫게 하고자 하셔서 천지와 일월의 장구함에 비유하셨다.

처음에는 천지 음양의 승강하는 이치를 갖추어 설명하고 다음에는 일월의 정화가 왕래하는 이치에 비유하였는데도 그들이 천기를 통달하지 못하고 현묘함을 헤아리지 못하였다.

그리하여 내부의 약으로 외부의 약을 비유하고 무정(無情)으로 유정(有情)을 설명하셨으니, 무정이란 금석(金石)이고 금석이란 외약(外藥)이며 유정이란 기(氣)와 액(液)이고 기와 액이란 내약(內藥)인 것이다.

크게는 천지이고 밝게는 일월이며 외부로는 금석이고 내부로는 기와 액이니 이미 채취했으면 반드시 더해야 하고 이미 더했으면 모름지기 빼야 하는데 빼고 더하는 이치가 곧 조화의 근본인 것이다.

또 동지 이후에는 양이 땅에서 상승하는데 땅이 그 음을 빼니 태음(太陰)이 빠져 궐음(厥陰)이 되고 소양(少陽)에 더해져 양명(陽明)이 되며 궐음이 빠져 소음(少陰)이 되고 양명에 더해져 태양(太陽)이 된다.

그렇지 않으면 추위가 없어져 따뜻함으로 변하고 따뜻함이 열로 변하는 것이다.

하지(夏至) 뒤에는 음이 하늘에서 하강하는데 하늘이 그 양을 빼니 태양이 빠져 양명이 되고 소음에 더해져 궐음이 되며 양명이 빠져 소양이 되고 궐음에 더해져 태음이 된다.

그렇지 않으면 더위가 없어져 서늘함으로 변하고 서늘함이 변하여 춥게 되는 것이다.

이것이 천지가 음양으로 승강해서 육기(六氣)로 변함이니 그 빼고 보탬의 효과이다.

만약 달[月]로 해[日]의 혼(魂)을 받고 해가 달의 백(魄)을 변화시키면 전(前) 15일이니 달이 그 백을 빼고 해가 그 혼을 더하여 정화가 이미 가득 차면 빛이 아래의 땅을 비추는 것인데 그렇지 못하면 초생달 없이 상현(上弦)으로 변하고 상현이 만월로 변하는 것이다.

달이 음의 백을 거두고 해가 양의 정(精)을 거두어들이면 후(後) 15일이니 해가 그 혼을 빼고 달이 그 백을 더하여 빛을 비춤이 이미 기

울어지고 음의 백이 가득 차게 되는데 그렇지 못하면 보름달 없이 하현(下弦)으로 변하고 하현이 그믐으로 변하는 것이다.

그러므로 일월의 정화가 왕복하고 6과 9로 변하니 그 빼고 보탬의 증험이다.

옛날의 진선(眞仙)과 높으신 성인들께서 인심(人心)이 사랑하는 것이 무병(無病)하고 장생(長生)하는 것이어서 금석으로 대단(大丹)을 연단하게 하였으며 인심이 좋아하는 것이 황금과 은(銀)이어서 납과 수은으로 지극한 보배를 이루게 하였으나 본래는 세상 사람들에게 그 이치를 깨닫게 하고자 했던 것이다.

무정한 금석(金石)도 화후(火候)를 어기지 않고 빼고 보탬에 도수가 있게 하면 오히려 해를 늘리고 수명을 더할 수 있는데, 만약 자신의 바른 양의 기와 진실한 하나의 수(數)에 뜻을 두고 교합하는 때를 알고 채취하는 법에 밝아 날마다 더하고 달마다 쌓으면 기 가운데에 기가 있게 되는데 기(氣)를 단련하여 신(神)을 성취하면 이로써 초탈함을 얻는 것이니 어찌 고금(古今)의 얻기 어려운 일이 되지 않겠는가.

외약(外藥)의 설(說)이 있은 후부터 고금의 성현들이 간혹 자세히 말씀해 높으신 것을 세상에서 얻어듣기도 했으나 세상 사람들은 또다시 깨닫지 못하고 자신을 속이고 타인을 망치면서 단사(丹砂)로 수은(汞)을 채취하고 수은을 납(鉛)에 부으니, 납이 수은을 건조시켜 수은이 구리로 변해 가는데도 목숨을 돌아보지 않고 삿되게 재물을 구하여 서로 밀고 추대하며 도를 좋아한다고 이름하는데, 그들은 사실 이익을 좋아하고 황금에 뜻이 있으니 납과 수은의 설(說)이 내부의 일에 비유된 것임을 알지 못한다.

도를 받드는 사람은 마땅히 깊이 이것을 탐구하여 외단과 불을 때서 단(丹)을 만드는 술법에 손대지 말아야 한다.

　무릇 사람의 납은 곧 천지의 시초이니 태시(太始)로 인하여 태질(太質)이 있어 만물의 어미가 되고 태질로 인하여 태소(太素)가 있게 되는데, 그것의 체(體)는 수(水) 가운데의 금(金)이 되고 그것의 용(用)은 화(火) 가운데의 수가 되니 오행(五行)의 조상이 되며 큰 도의 근본인 것이다.

　이미 약을 채취했으면 수은에 더하고 수은에 더했으면 반드시 납에서 빼야 하는데 이른바 빼고 더함이 밖에 있는 것이 아니다.

　하단전(下丹田)으로부터 상단전(上丹田)으로 들어가는 것을 이름하여 주후(肘後)가 금정(金晶)으로 난다 하고 또 하거(河車)에서 일어나 용호(龍虎)로 달린다 하며 또 환정보뇌(還精補腦)하여 장생불사(長生不死)한다고 하는 것이다.

　납이 이미 뒤에서 뽑히면 수은이 자연히 가운데에서 하강해 중단전(中丹田)에서 하단전으로 돌아가는데 비로소 용호가 교구(交媾)하여 황아(黃芽)로 변하니 이것이 오행이 전도됨으로, 여기에서 납을 뽑고 수은을 더해 신선의 태(胎)를 길러 세 단전을 반복하는 것이다.

　오행을 전도시키지 않으면 용호가 교구하지 못하고 세 단전에 오르내릴 수 없으니 신선의 태가 기를 충족시키지 못하는 것이다.

　납에서 빼고 수은에서 더하기를 100일이면 약(藥)의 힘이 완전해지고 200일이면 성스러운 태가 견고해지며 300일이면 신선의 태가 완성되어 진기(眞氣)가 생(生)한다.

　진기가 이미 생하면 기를 연성하여 신을 이루는데, 공(空)이 차고 형체를 잊으면 신선의 태가 자연히 변화하니 곧 신선이라 한다.”

　여동빈 조사가 묻기를,

　“금석에서 나오는 것을 외부의 납과 외부의 수은으로 빼고 보태서 보석〔寶〕으로 만들 수 있고 자신의 몸에서 나오는 것은 신장 가운데에 저장된 부모의 진기가 납이 되고 진실한 하나의 정양(正陽)이 합쳐진 약이 수은이 되니 빼고 보태서 신을 생하게 할 수 있습니다만, 이른바 참된 납〔眞鉛〕과 참된 수은〔眞汞〕도 또한 빼고 보태는 것이 있습니까?"

종리권 조사께서 이르시기를,

"처음에 수은을 얻는 데에는 모름지기 납을 쓰나 납을 쓰면 끝에서는 착오가 생기므로 그것을 뽑아서 윗궁전〔上宮〕으로 들어간다.

납이 없으면 원기(元氣)가 전해지지 못하므로 뽑아 윗궁전으로 들어가게 하고 정을 돌이켜 뇌로 들어가면 얻은 수은이 음이 다하고 양이 순수해져서 정(精)이 변해 단사〔砂〕가 되며 단사가 변하여 금(金)이 되니 곧 진연(眞鉛)이라 하는데, 진연이란 것은 자신의 진기를 합하여 얻는 것이다.

진연이 진기 가운데에서 생하면 기 가운데에서 진실한 하나의 기운이 있게 되어 오기(五氣)가 조원(朝元)하며 세 가지 양이 정수리에 모이게 되는데, 그 전에 금정(金精)이 하강하여 단전으로 들어갔다가 상승하여 형체를 단련하면 신체의 뼈가 황금색이 된다.

이러한 사람은 진연이 내부에서 상승하면 신체에서 백색의 광명〔白光〕을 놓는데, 아래로부터 위로 위로부터 아래로 단을 돌이키고 형체를 연성하는 것은 다 금정이 왕복하는 공이다. 앞으로부터 뒤로, 뒤로부터 앞으로 몸을 태우고 기를 합하는 것은 모두 진기가 조화를 부리는 공이다.

만약 빼고 보태지 않고 일용(日用)의 채약(採藥)과 불을 때는 것에 그친다면 어찌 이와 같은 효험이 있겠는가?"

여동빈 조사가 묻기를,

"무릇 빼고 보태는 데에 어떻게 해야 상하(上下)의 법도가 있고 전후(前後)의 어긋남이 없습니까?"

종리권 조사께서 이르시기를,

"올라가야 할 때 내려가면 안 되고 빼야 할 때 더할 수 없으니 상하로 왕래함에 조금이라도 어긋나지 않음은 하거(河車)의 힘이다."

제십이(第十二). 하거(河車)를 논하다

여동빈 조사가 묻기를,

"이른바 물수레[河車]란 것은 무엇입니까?"

종리권 조사께서 이르시기를,

"옛적에 뜻이 있는 지혜로운 사람이 하늘에 뜬구름이 해를 가리는 것을 보고 일산(日傘)을 만들어 그늘을 취할 수 있었으며, 낙엽이 물결 위에 떠 있는 것을 보고 배를 만들어 물건을 실을 수 있었고, 낙엽이 떨어져 바람 따라 왕래하고 돌아다님이 그치지 않음을 보고 물러나 수레를 만들었다.

또한 수레라는 물건은 덮개와 몸체에 하늘과 땅의 상(象)이 있으며 바퀴는 일월에 비유할 수 있으니, 도(道)가 높은 선비가 수레로 비유를 취한 것이다.

무릇 수레란 땅에서 다니고 육지에서 굴러다니는 것인데도 지금 물수레라 함은 또한 일설이 있는 것이다.

사람의 몸 가운데에는 양은 적고 음이 많아 수(水)를 말한 곳이 심히 많으니, 수레는 곧 운반하는 데에서 뜻을 취하고 물은 곧 음이 많은 형상을 위주로 해서 말한 것이다.

그러므로 이 물수레는 지상에서 다니는 것이 아니고 물에서 다니는데 위로부터 아래로 혹은 뒤로 혹은 앞으로 팔경(八瓊) 안에서 태우고 사해(四海)의 바다 가운데를 달리면서 하늘로 올라 위로 곤륜(崑崙)으로 들어갔다가 안정되면 아래의 봉궐(鳳闕)로 달려가 원양(元陽)을 싣고 운반하여 바로 이궁(離宮)으로 들어간다.

진기(眞氣)를 싣고 운반하여 구불구불 수명[壽]의 창고로 돌아가 구주(九州)를 왕래하며 잠시도 쉴 때가 없이 삼단전(三丹田)을 돌아다니니 어느 때에 쉬겠는가.

용호(龍虎)가 이미 교합하면 황파(黃婆)를 태워 황정(黃庭)에 들어가게 하고 납과 수은이 잠시 분리되면 금남(金男)을 맡아 금궐(金闕)로 반입하는 것이니 옥천(玉泉)이 천 갈래이나 운반하는 때는 반나절의 공부에 그치고 금액(金液)이 한 항아리이나 운반하여 통과하는 것은 잠깐 동안의 공적이다.

오행도 이 수레의 운반이 아니면 생성을 얻기 어렵고 하나의 기(氣)도 이 수레의 운반이 아니면 어찌 능히 사귀고 모일 수 있겠는가.

절기에 응하고 사시(四時)에 따라 공부하는 것도 반드시 이 수레를 빌려서 운반해야 바야흐로 효과를 볼 수 있고, 양을 기르고 음을 단련하며 일을 세우는 것도 반드시 이 수레를 빌려서 운반해야 비로소 어긋남이 없게 된다.

건곤(乾坤)이 순수하지 못해도 간혹 그 음양이 오고가는 것도 이 수레의 공이고 우주가 돌지 않아도 간혹 혈기(血氣)가 사귀고 통하는 것도 이 수레의 공인 것이다.

밖으로부터 안으로 천지의 순수한 기를 운행시켜 본궁(本宮)의 원양(元陽)에 끌어다가 접합시키며 범인(凡人)으로부터 성인(聖人)으로 음양의 진실하고 바른 기를 운행시켜 본체의 원신을 돕고 연성하니 그 공을 다 갖추어 기록할 수 없다."

여동빈 조사가 묻기를,

"물수레가 이와 같이 묘하게 쓰인다 하니 감히 물수레의 이치를 묻습니다.

결국 사람 몸 가운데의 어떤 물건이 그것이 되며 이미 얻었다면 어떻게 운용하는 것입니까?"

종리권 조사께서 이르시기를,

"물수레는 북방의 바른 물 가운데에서 일으키는데 신장은 진기를 감추고 있으니 진기에서 생하는 것이 바른 기로서 곧 물수레라 한다.

물수레의 작용은 고금에 드물게 듣는 것이니 진선(眞仙)들이 비밀리에 하고 말하지 않은 것이다.

만약 건(乾)이 두 번째로 곤(坤)을 찾으면 감괘(坎卦)를 생하는데, 감은 본래 수(水)이고 수는 곧 음(陰)의 정(精)이다. 양이 이미 음을 찾으면 양이 곧 음을 지고 자리로 돌아가는데, 지나는 곳은 간(艮)과 진(震)과 손(巽)이다.

양으로써 음을 찾고 음으로 인하여 음을 취하고 운반하여 이로 들어가면 양이 이어서 생하니, 이 물수레는 음을 운반하여 양궁(陽宮)으로 들이는 것이다.

무릇 곤이 건을 두 번째로 사귀는 데에 이르면 이를 생하는데, 이는 본래 화(火)이고 양(陽)의 정(精)이다. 음이 이미 양을 찾으면 음이 돌이켜 양을 싸안고 자리로 돌아가는데, 지나는 곳은 곤과 태(兌)와 건이다.

음으로써 양을 찾고 양으로 인하여 양을 취하고 운반해 감으로 들어가면 음이 이어서 생하니 이 물수레는 양을 운반하여 음궁(陰宮)으로 들이는 것이다.

무릇 구궁(九宮) 위에서 약을 채취하는 데에 이르러서는 그것을 얻어 황정(黃庭)으로 들어가고 구부러진 강 아래에서 납을 빼내 운반하여 내원(內院)으로 상승시킨다.

옥액(玉液)과 금액(金液)을 환단(還丹)에 바탕을 두고 운반하면 형체를 연성시킬 수 있고 수(水)를 위로 가게 할 수 있으며 군화(君火)와 민화(民火)를 연형(煉形)에 바탕을 두고 운반하면 단(丹)을 구울 수 있고 화(火)를 아래로 나아가게 할 수 있다.

오기(五氣)가 조원(朝元)하는 운반은 각기 때가 있고 삼화(三花)가 취정(聚頂)하는 운반은 각기 일수(日數)가 있다.

신(神)이 모여도 마장(魔障)이 많을 때에는 진화(眞火)를 운반하여 몸을 태우면 삼시(三尸)가 도망하여 끊어지고, 약이 성취되어도 바다〔海〕가 마를 때에는 안개 같은 음료수〔霞漿〕를 운반하여 목욕시키면 물에 들어가도 물결이 없으니 이것이 물수레의 작용이다.”

여동빈 조사가 말하기를,

“물수레는 북방의 정기에 근본을 두어 운전(運轉)이 무궁하고 음양을 실어서 각각 성취함이 있으니 쓰이는 것이 하나가 아닙니다.

존경하는 스승님께서는 세밀하게 말씀해 주시기 바랍니다.”

종리권 조사께서 이르시기를,

“오행이 순환하여 일주(一週)한 뒤 다시 시작하고 묵묵히 거꾸로 뒤집는 법술(法術)에 맞추면 용호가 서로 교합하여 황아로 변하는 것은 적은 물수레이고 뒤로 이끌어 금정(金晶)에 날리고 금정에서 이환(泥

丸)으로 돌이켜 들이며 납을 빼고 수은을 더해서 큰 약을 이루는 것은
큰 물수레이다.

용호가 교합하여 황아로 변하고 납과 수은이 사귀어 대약을 이루며
진기가 생하여 오기가 중원(中元)을 조회하고 양신(陽神)을 이루어 세
신〔三神〕이 내원(內院)을 초월하며 자줏빛 금단을 이루어 항상 현학
(玄鶴)을 상대하여 나는 것 같고 백옥 같은 수은을 이루어 화룡(火龍)
이 뛰어 일어나는 것 같음을 진정시키면 황금빛 광명이 길에 가득하
고 광채가 속세의 뼈를 덮는데, 옥같이 아름다운 한 그루 나무에서 아
름다운 꽃이 나타나 찬란하게 된다.

혹은 나오고 혹은 들어가니 들어가고 나옴이 자유롭고, 혹은 가고
혹은 와서 오고감에 걸림이 없게 되니 신을 운반하여 육체에 들어가
서 시대의 흐름에 섞였다가 성인으로 변하여 속세를 떠나 신선이 되
니, 곧 자하거(紫河車)라 한다.

이 세 가지 수레의 명칭은 상·중·하 세 가지 이룸으로 나뉜다.

세 가지를 이룬다는 것은 그 공의 증험을 말하는 것으로 불교 삼승
(三乘)의 수레에 비교한 것이 아닌 양거(羊車)·녹거(鹿車)·대우거(大
牛車)라 한다.

도(道)로써 그것을 말하면 물수레의 뒤에 다시 세 수레가 있으니 무
릇 불을 모아서 마음대로 행하고 뜻대로 부려서 질병을 고치는 것을
사자거(使者車)라 하고 이미 다스려 위로부터 내려 음양을 바르게 합
하고 수화를 같이 거처하게 하여 고요한 가운데에서 뇌성을 듣는 것
을 뇌거(雷車)라 한다.

만약 마음이 경계에서 부려지고 성품이 감정에 이끌리어 사물에 감
응되고 진양의 기를 흩어지게 하면서 안으로부터 밖에까지 휴식할 줄
모르게 하면 기는 약해지고 육체는 텅 비게 되어 이로써 쇠약하고 늙

게 되는데, 어떤 이는 여덟 가지 잘못된 것[八邪]과 다섯 가지 질병〔五疫〕마저 도리어 운반하니 진기와 원양이 감당하기 어려워 이윽고 늙고 병들고 죽는 것을 파거(破車)라 하는 것이다."

여동빈 조사가 묻기를,

"오행을 뒤집어서 용호가 교합하면 적은 물수레는 이미 다닌 것이고, 세 단전에 반복하고 뒤로 이끌어서 다시 금정에 날리면 큰 물수레는 다닐 것입니다만, 자하거(紫河車)는 어느 날에나 행해지겠습니까?"

종리권 조사께서 이르시기를,

"진리를 닦는 사람이 이미 큰 도에 대해서 듣고 밝은 스승과의 만남을 얻게 되어 천지가 승강하는 이치와 일월이 오고 가는 수를 깨달아 통달하면 비로소 음양을 짝할 수 있게 된다.

다음에는 수화(水火)를 흩고 모은 연후에 약을 채취하고 불을 때며 수은에서 더하고 납에서 빼면 적은 물수레〔河車〕가 마땅히 다닐 것이며 뒤로 이끌어 금정이 정수리로 들어가는 데에 이르면 황정에서 대약이 점차 이루어지고 한 번에 세 관문을 치고 바로 내원(內院)을 뛰어넘어 뒤에서 일으키고 앞에서 거두며 위〔上〕를 더하고 아래〔下〕를 연성하면 큰 물수레가 마땅히 행해질 것이다.

만약 금액과 옥액으로 환단(還丹)한 뒤에 연형(煉形)하고 연형한 뒤에 연기(煉氣)하며 연기한 뒤에 연신(煉神)하고 연신하여 도에 합해야 바야흐로 도를 이루었다고 하는 것으로, 이로써 범인(凡人)을 벗어나 신선에 들어가니 곧 자하거(紫河車)라 한다."

제십삼(第十三). 환단(還丹)을 논하다

여동빈 조사가 묻기를,

"형체를 단련하여 기(氣)를 이루고 기를 단련하여 신(神)을 이루며 신을 단련하여 도(道)에 합하는 것이 환단(還丹)에서 시작하는데 이른 바 환단이란 무엇입니까?"

종리권 조사께서 이르시기를,

"이른바 단(丹)이란 것은 색이 아니니 붉거나 노란색으로 그것을 이룰 수 없고, 이른바 단이란 것은 맛이 아니니 달거나 섞임이 그것과 합치될 수 없는 것이다.

단은 곧 단전(丹田)이다.

단전은 세 군데가 있으니, 상단전은 신(神)의 집이고 중단전은 기(氣)의 창고며 하단전은 정(精)의 구역이다.

정 가운데에서 기가 생하는데 기는 중단전에 있게 되고 기 가운데에서 신이 생하는데 신은 상단전에 있게 되며 진수(眞水)와 진기(眞氣)가 합하여 정을 이루는데 정은 하단전에 있게 되는 것이니, 도를 받드는 사람으로 세 단전이 있지 않음이 없는 것이다.

그러나 기가 신장에서 생하나 중원(中元)을 조회하지 못하고 신이 심장에 저장되나 상원(上元)을 초월하지 못하면 이른바 정화(精華)를 돌이켜 합할 수 없다는 것이니 비록 삼단전(三丹田)이 있으나 끝내 무용지물이 되는 것이다."

여동빈 조사가 묻기를,

"현묘한 가운데에 현묘함이 있으니 모든 사람들이 명(命)이 있지 않음이 없습니다.

명 가운데에는 정이 없으니 나의 기가 아니고 곧 부모의 원양(元陽)이며, 정이 없으면 기도 없는 것이니 나의 신이 아니고 곧 부모의 원신(元神)인 것입니다.

정(精)·기(氣)·신(神)이라 하는 것은 곧 세 단전의 보배이온데 어찌해야 항상 상·중·하의 세 궁(宮)에 머물러 있게 할 수 있겠습니까?"

종리권 조사께서 이르시기를,

"신장 가운데에서 기를 생하면 기 가운데에 하나의 진실한 수(水)가 있게 되는데 수를 다시 하단전으로 돌려보내면 정이 신령한 뿌리를 길러 기가 자연히 생하게 되고 심장 가운데에서 액을 생하면 액 가운데에 바른 양의 기가 있게 되는데 기를 다시 중단전으로 돌려보내면 기가 영묘한 원천을 길러서 신이 자연히 생하게 되니, 신을 합해 도(道)에 들어가고 상단전으로 돌이킨 뒤에 초탈하게 되는 것이다."

여동빈 조사가 말하기를,

"단전은 상·중·하가 있고 돌이킨다는 것은 이미 갔다가 돌아온 곳이 있다는 것이니, 환단의 이치가 뜻이 깊고 미묘하니 감히 자세한 설명을 청합니다."

종리권 조사께서 이르시기를,

"소환단(小還丹)이 있고 대환단(大還丹)이 있으며 칠반환단(七返還丹)이 있고 구전환단(九轉還丹)이 있으며 금액환단(金液還丹)이 있고 옥액환단(玉液還丹)이 있으며, 하단(下丹)을 상단(上丹)으로 돌이키는 것이 있고 상단을 중단(中丹)으로 돌이키고 중단을 하단으로 돌이키는 것도 있으며 양이 음을 단에 돌이킴도 있고 음이 양을 단에 돌이킴도

230

있는데, 이름이 다른 데에만 그치지 않고 또한 시후(時候)에 차별이 있으니 시작하는 곳이 각각 다르다."

여동빈 조사가 묻기를,
"이르신 바 소환단(小還丹)이란 무엇입니까?"
종리권 조사께서 이르시기를,
"소환단이란 본래 하원(下元)을 말하는 것인데 하원은 오장(五臟)의 주인이고 세 단전(三丹田)의 근본이다.

수(水)로써 목(木)을 생하고 목은 화(火)를 생하며 화는 토(土)를 생하고 토는 금(金)을 생하며 금은 수를 낳으면 이미 상생(相生)한 것이니 시후(時候)에 차질이 없게 하고 마땅히 생함을 이끌어 생함이 없게 하면 자식과 어미가 서로 사랑하는 것과 같게 된다.

화로써 금을 극하고 금은 목을 극하며 목은 토를 극하고 토가 수를 극하며 수가 화를 극하면 이미 상극(相剋)한 것이니 도수(數)에 어긋나지 않게 하고 마땅히 극함을 도와 극함이 없게 하면 부부가 서로 합하는 것과 같게 되는 것이다.

기와 액이 옮겨 다니며 일주(一週)하면 다시 시작하게 하고 자(子)로부터 오(午)에 이르면 음양을 생하게 하고 묘(卯)로부터 유(酉)에 이르면 음양을 멈추게 하며 무릇 하루 밤낮을 다시 하단으로 돌이켜서 한 차례 순환시킨 것을 소환단이라고 하는 것이다.

도를 받드는 사람이 가운데에서 약을 채취하고 불을 때서 하단을 이루는 것이 진실로 이것으로부터인 것이다."

여동빈 조사가 묻기를,
"소환단은 이미 알았습니다.

이르신 바 대환단(大還丹)이란 무엇입니까?"

종리권 조사께서 이르시기를,

"용호(龍虎)가 서로 사귀어 황아(黃芽)로 변하고 납과 수은에서 빼고 더하여 대약을 이루면 현무궁(玄武宮) 가운데에서 금정(金晶)이 비로소 일어나고 옥경(玉京)의 산 아래에서 진기(眞氣)가 상승하여 물수레〔河車〕가 산봉우리 위를 달리고 가운데 거리에서 옥액(玉液)으로 물을 대며 하전(下田)으로부터 상전에 들어가고 상전으로부터 하전으로 돌아가며 전후로 왕래해서 순환함이 이미 차게 된 것을 대환단이라 한다.

도를 받드는 사람이 가운데에서 용호를 일으켜 금정에 날리고 신선의 태(胎)를 기르며 진기를 생하여 중단(中丹)을 이루는 것이 진실로 이것으로부터인 것이다."

여동빈 조사가 묻기를,

"대환단은 이미 알았습니다.

이르신 바 칠반환단(七返還丹)과 구전환단(九轉還丹)이란 무엇입니까?"

종리권 조사께서 이르시기를,

"오행(五行)이 낳고 이루는 수는 오십오로 천일(天一)·지이(地二)·천삼(天三)·지사(地四)·천오(天五)·지육(地六)·천칠(天七)·지팔(地八)·천구(天九)·지십(地十)인데, 일(一)·삼(三)·오(五)·칠(七)·구(九)는 양(陽)으로 합계가 25이며 이(二)·사(四)·육(六)·팔(八)·십(十)은 음(陰)으로 합계가 30이다.

신장(腎臟)으로부터 시작하여 수일(水一)·화이(火二)·목삼(木三)·금사(金四)·토오(土五)가 되니 이것은 오행이 생하는 수(數)로 양(陽)

이 셋에 음(陰)이 둘이고 신장으로부터 시작하여 수육(水六)·화칠(火七)·목팔(木八)·금구(金九)·토십(土十)이 되니 이것은 오행이 이루는 수로 음이 셋에 양이 둘이다.

사람 몸 가운데에도 오행을 생성하는 도가 같이 있는 것이니, 수는 신장이 되는데 신장은 일(一)과 육(六)을 얻은 것이고, 화(火)는 심장으로 이(二)와 칠(七)을 얻은 것이며, 목(木)은 간이 되는데 간은 삼(三)과 팔(八)을 얻은 것이고, 금(金)은 폐로 폐는 사(四)와 구(九)를 얻은 것이며, 토(土)는 비(脾)가 되는데 비는 오(五)와 십(十)을 얻은 것이다.

장부(臟腑)마다 각각 음양이 있으니 음이 팔(八)에서 다하고 이(二)에서 왕성해져 기가 간에 도달하면 신장의 나머지 음이 끊어지는 것이고 기가 심장에 도달하면 태극(太極)에서 음을 생하는데 이(二)는 심장에 있고 팔(八)은 간장에 있게 되는 것이다.

양(陽)이 구(九)에서 다하고 일(一)에서 왕성해져 액이 폐에 도달하면 심장의 나머지 양이 끊어지는 것이고 액이 신장에 도달하면 태극에서 양을 생하는데, 일(一)은 신장에 있고 구(九)는 폐에 있게 되는 것이다.

도를 받드는 사람은 처음에는 용호를 교합시켜 심장의 바른 양의 기를 채취해야 하는 것이니, 정양(正陽)의 기는 곧 심장의 칠(七)이다.

칠(七)이 중원(中元)으로 돌아와 하전으로 들어가서 선인(仙人)의 태(胎)를 길러 이루고 다시 심장으로 돌아가는 것을 곧 칠반환단이라 한다.

이(二)와 팔(八)의 음이 사라짐은 진기가 생하여 심장에 음이 없어지면 이(二)가 끊어지고 대약을 성취하여 간에 음이 없어지면 팔(八)이 끊어지는 것이다.

이미 이(二)와 팔(八)이 사라지면 삼(三)과 구(九)의 양(陽)이 자랄 수 있게 되는 것이다.

간장의 음을 없애 심장을 도우면 삼(三)의 간기(肝氣)가 왕성해져 양이 자라고, 칠(七)을 이미 심장으로 돌이켜 폐의 액을 끊으면 폐의 구(九)가 옮겨서 심장을 돕고, 구의 폐의 기가 왕성해져 양이 자라니 곧 삼(三)과 구(九)의 양이 자라는 것으로서 구전환단이라 한다."

여동빈 조사가 묻기를,

"칠반(七返)이란 그 심장의 양으로서 다시 심장에 돌이켜 중단전에 있게 하는 것이고 구전(九轉)이란 그 폐의 양은 본래 심장으로부터 생하는데 다시 옮겨 심장에 돌이켜서 또한 중단전에 있게 하는 것으로 칠반구전은 이미 알았습니다.

이르신 바 금액(金液)과 옥액(玉液)이 상·중·하로 서로 사귀고 음양이 왕복하여 환단한다는 것은 무엇입니까?"

종리권 조사께서 이르시기를,

"이전의 현인들과 옛 성인들은 많이들 하단전에 폐액을 들이는 것을 금액환단(金液還丹)이라 하고 심장의 액을 하단전에 들이는 것을 옥액환단(玉液還丹)이라 하였는데, 이 말씀도 묘하지 않은 것이 아니지만 현묘한 기미를 다하지 않은 것이다.

대개 폐는 신장을 생하니 금(金)으로써 수(水)를 생하는데 금이 수 가운데로 들어가면 어찌 환단이라 할 수 있으며, 신장은 심장을 극하니 수로써 화(火)를 극하는데 수가 화 가운데로 들어가면 어찌 이것을 환단이라 하겠는가.

금액은 곧 폐의 액이다. 폐의 액으로 태포(胎胞)를 만들고 용호를 품어 보호하면서 보내어 황정 가운데에 있게 하면 대약이 장차 이루어지니, 뽑아서 뒤로 이끌고 폐액을 일으켜 날려 상궁으로 들어갔다가 하강하여 중단전으로 돌이키고 중단전으로부터 하단전으로 돌이키므로 금액환단이라 하는 것이다.

옥액은 곧 신장의 액이다. 신장의 액이 원기를 따라 상승하여 심장을 조회함이 쌓이면 금수(金水)가 되고 그것을 들어올려 옥지(玉池)에 가득 차게 하여 흩으면 옥 같은 꽃이 되고 연성하면 흰 눈이 된다.

만약 그것을 거두어들여 중단전으로부터 하단전으로 들어가면 약이 있게 되어 신선의 태를 목욕시키며, 만약 그것을 상승시켜 중단전으로부터 사지(四支)로 들어가 형체를 연성하면 속세의 뼈를 바꾸는데 오르고 거두어들이지 않음이 없어 돌면 다시 시작하므로 옥액환단이라 한다.

음이 다하여 양이 생하면 양 가운데에 참된 하나의 수(水)가 있게 되는데, 그 수가 양을 따라 상승하면 이것이 음이 양에 단(丹)을 돌이킨 것이고 양이 다하여 음이 생하면 음 가운데에 참된 양의 기가 있게 되는데 그 기가 음을 따라 하강하면 이것이 양이 음에 단을 돌이킨 것이다.

뇌(腦)를 돕고 정수리를 단련하여 아래에서 위로 돌이키고 안정되면 물을 대고 위로부터 가운데로 돌이켜 단을 굽고 불을 때며 가운데로부터 아래로 돌이켜 형질을 단련하고 아래에서 가운데로 돌이켜 오행을 뒤집어 세 단전에서 반복하고 서로서로 교환시키면 형체를 단련하여 기를 변화시키고 기를 연성하여 신을 이루는 데에 이르게 된다.

하단전으로부터 옮겨서 중단전에 이르고 중단전으로부터 옮겨 상단전에 이르고 상단전으로부터 옮겨 천문(天門)을 벗어나면 속세의 몸을 버리고 성인과 선인의 반열에 드는 것이니, 바야흐로 세 군데로 옮긴 공이 이루어진 것으로 하계(下界)로부터 올라가 다시는 돌아오는 것을 반복하지 않는다."

제십사(第十四). 연형(煉形)을 논하다

여동빈 조사가 묻기를,

"환단에 대해서는 이미 알았습니다만, 이르신 바 연형(煉形)의 이치를 얻어들을 수 있겠습니까?"

종리권 조사께서 이르시기를,

"사람이 살아가는 것은 형체와 정신을 표리(表裏)로 삼는데, 정신은 형체의 주인이고 형체는 정신의 집이 된다.

형체 가운데에서는 정(精)이 기(氣)를 낳고 기는 신(神)을 생하며 액 가운데에서 기를 생하고 기 가운데에서 액을 낳으니 곧 형체 가운데의 자식과 어미이다.

수(水)는 목(木)을 생하고 목은 화(火)를 생하며 화는 토(土)를 생하고 토는 금(金)을 생하며 금은 수를 생하여 기는 어미와 자식으로 전해지고 액은 부부로 운행되니 곧 형체 가운데의 음양이다.

수가 변하여 액(液)이 되고 액이 변하여 혈(血)이 되며 혈이 변하여 진액(津液)이 되는 것은 음이 양을 얻어 생하는 것인데, 만약 음양이 마땅함을 잃으면 눈물 콧물과 침과 땀이 절제 없이 나와 음이 그 생명을 잃게 된다.

기(氣)가 변하여 정(精)이 되고 정이 변하여 구슬[珠]이 되며 구슬이 변하여 수은[汞]이 되고 수은이 변하여 주사(硃砂)가 되는 것은 양이 음을 얻어 생하는 것인데, 만약 음양이 마땅함을 잃으면 병들고 늙고 죽고 괴로우니 양이 이룰 수가 없는 것이다.

음은 양을 얻지 못하면 생하지 못하고 양은 음을 얻지 못하면 이루지 못하는 것이니 도를 받드는 사람이 어찌 양을 닦고 음을 닦지 않으며 자기를 단련하고 외물(外物)을 단련하지 않겠는가.

무릇 자신의 몸이 기를 받는 처음에는 부모의 진기(眞氣) 두 가지가 머물러 곧 정(精)과 혈(血)로 태(胎)를 만들고 모체의 순음(純陰) 가운데에 형체를 의탁해 음 가운데에서 음을 낳고 형체로 인해서 형체를 만드는데, 태가 완전해지고 기가 충족되면 당당한 6척(六尺)의 몸이 되니 모두 음에 속한 것이다.

가진 것은 한 점의 원양(元陽)뿐이니 반드시 장생불사(長生不死)하고자 하면 형체를 단련해 세상에 머물러야 끝없는 겁(劫) 동안 오래 존재하고 반드시 초범입성(超凡入聖)하려면 형체를 단련하고 기를 변화시켜야 몸 밖의 몸을 갖게 되는 것이다."

여동빈 조사가 묻기를,

"형체는 음의 모양이고 음에는 곧 체가 있는 것이니, 유(有)로써 무(無)를 만들고 형체를 기로 변화시켜야 범부(凡夫)의 몸을 뛰어넘고 성인의 자리에 들어가는 것이니 곧 형체를 단련하는 상법입니다.

형체로 인해서 기를 머무르게 하고 기로써 형체를 기르면 적게는 편안하게 즐기면서 나이를 늘리고 크게는 형체를 남겨 세상에 머무르고 이미 늙은 사람은 늙음을 돌이켜 어린아이가 되며 아직 늙지 않은 사람은 얼굴이 변하지 않고 장수하게 됩니다.

360년을 한 살로 삼고 3만 6천 년을 한 겁(劫)으로 삼으며 3만 6천 겁을 한 호겁(浩劫)으로 삼으면서 끝없는 겁을 세월이 얼마인지도 잊어버리고 천지와 더불어 장구하게 사는 것이 곧 연형(煉形)의 증험입니다.

연형의 이치는 조화의 기밀로 이와 같은 증험이 있으니 얻어들을 수 있겠습니까?"

종리권 조사가 이르시기를,

"사람의 형체를 이루는 것은 300일이면 태가 완전해지는 것이고 이미 태어난 뒤에는 5000일이면 기가 넉넉해져 다섯 자 다섯 치가 기본인 몸을 만드니 오행의 생성하는 숫자에 응한 것이다.

혹 크고 작은 형체가 있어서 같지 않은 것은 치[寸]로써 자[尺]를 정하면 길고 짧음이 합해 맞게 된다.

심장의 위[上]가 구천(九天)이 되고 신장의 아래가 구지(九地)가 되는데 신장에서 심장에 이르기까지 여덟 치 네 푼이고 심장에서 중루(重樓)의 첫 번째 고리에 이르기까지가 여덟 치 네 푼이며 중루의 첫 번째 고리에서 정수리에 이르기까지가 여덟 치 네 푼으로 신장에서 정수리에 이르기까지가 무릇 두 자 다섯 치 두 푼이다.

원기(元氣)를 하루 밤낮 동안 가득 채운 것이 320도(度)이고 각각의 도는 두 자 다섯 치 두 푼으로 합계 81장(丈)의 원기가 되어 이로써 구구(九九)의 순양(純陽)의 수(數)에 응하니 심장과 신장이 서로 떨어진 거리이고 천지의 떨어진 이치와 합하는 것으로 신장에서부터 정수리까지로 같이 두 자 다섯 치가 된다.

또 오행(五行)으로 살펴보면 오(五)와 오의 순양의 수(數)이므로 원기가 내쉬는 숨을 따라 나가는데, 이미 나가면 영(榮)과 위(衛)가 모두 통하여 천지의 정기가 때에 응하고 절기에 따라 혹은 교합하거나 떨어져 장(丈)과 자[尺]가 무궁하게 된다.

들이쉬는 숨을 따라 들어오면 경락(經絡)이 다 열리니 한 번 내쉬고 한 번 들이쉼에 천(天)·지(地)·인(人) 삼재(三才)의 진기(眞氣)가 십이중루 앞에서 왕래하는데, 한 번 왕래하는 것을 한 호흡이라고 하며 하루 동안에 사람에게는 1만 3500번의 호흡이 있게 된다.

나누어서 말하면 1만 3500번을 내쉬는데 내쉬는 것은 자신의 원기

가 속으로부터 나가는 것이며, 1만 3500번을 들이쉬는데 들이쉬는 것
은 천지의 정기가 밖으로부터 들어오는 것이다.

근원을 견고하게 하고 원기를 손상시키지 않으면 호흡하는 사이에
천지의 정기를 취할 수 있으니 기로써 기를 단련하고 기를 퍼트려 사
지에 채우면 맑은 영과 탁한 위가 다 유통되고 세로의 경(經)과 가로
의 락(絡)이 다 뚫려서 추위나 더위가 해칠 수 없고 힘든 노고(勞苦)가
근심스럽게 할 수 없으며 뼈는 튼튼해지고 기분은 상쾌해지며 정신이
맑아져서 영원히 무궁하게 수명을 보존하고 길이 늙지 않는 사람이
되는 것이다.

혹시 근원이 견고하지 못해 정(精)이 고갈되고 기(氣)가 약하면 위로
는 원기가 이미 누설되고 아래로는 본궁(本宮)에서 도움이 없어서 들
이쉬는 천지의 기가 끝없이 나가며 열한 장의 원기가 들어와도 구구
로 손상되어 자기 소유가 되지 못하고 도리어 천지가 취하게 되니, 어
찌 천지의 정기를 취할 수 있겠는가.

그것이 누적되면 음은 왕성해지고 양이 쇠약해져 기가 약해서 병들
게 되고 기가 다하면 죽어서 윤회에 떨어져 들어가는 것이다."

여동빈 조사가 묻기를,

"원기를 어찌해야 잃지 않고 형질을 단련하며 천지의 정기를 취해
서 영원히 살 수 있습니까?"

종리권 조사께서 이르시기를,

"전쟁에 이기고자 하면 병사를 강하게 해야 하고 백성을 편안하게
하려면 나라를 부강하게 해야 한다.

이른바 병사란 원기이니 그 병사가 안에 있으면 형질의 음을 소멸
시키고 그 병사가 밖에 있으면 천지의 정기를 거두는 것이고, 이른바

나라라는 것은 본래의 몸이니 그 몸의 형상이 있는 자는 풍족하여 항상 남음이 있고 그 몸의 형상이 없는 자는 견고하여 부족함이 없는 것이다.

1만 채의 집이 항상 열려 있더라도 하나도 잃어버릴 염려가 없으나, 한 마리의 말이 잘못 다니면 많은 집이 손실을 입을 염려가 있게 된다.

혹은 앞으로 하고 혹은 뒤로 함은 곧 형질을 연성해서 몸을 태우는 것이고, 혹은 올리고 혹은 내림은 곧 양을 길러 음을 소멸시키는 것이다.

건곤(乾坤)을 태우는 데에 일후(日候)가 없게 하여 옥액(玉液)으로 연형(煉形)시키면 갑룡(甲龍)을 복종시켜 날아오르며 흰 눈이 속세의 몸에 가득하고, 금액(金液)으로 연형시키면 뇌거(雷車)를 따라 하강하며 금빛 광명이 누워 있는 방에 가득하게 된다.”

여동빈 조사가 묻기를,
“연형하는 이치도 또한 대략 알았습니다.
금액(金液), 옥액(玉液)은 무엇입니까?”
종리권 조사께서 이르시기를,
“금액으로 연형하면 뼈가 금색이 되고 몸에서 금빛 광명이 나오며 황금꽃 조각들이 공중에 저절로 나타나게 되니, 곧 오기(五氣)가 조원(朝元)하고 세 양[三陽]이 정수리에 모인 것이다.

평범한 몸을 뛰어넘고 싶을 때에는 금단을 대성하는 날 옥액을 좇아 연형하면 피부는 아름다워지고 형체는 옥으로 된 나무의 꽃과 같이 되어 범인(凡人)의 몸을 바꾸니 광채가 사람들을 쏘고 바람을 타고 날아오르는 것을 마음대로 하니, 형체가 바야흐로 기를 이룬 것으로 도를 받드는 사람이 비록 환단(還丹)의 법을 알더라도 연형의 공 또한 적지 않은 것이다.

옥액으로 환단하는 데에 이르면 신선의 태(胎)를 들어올려 상행(上行)시키고 물수레〔河車〕로 사대에 운반해야 하는데 이는 간(肝)에서 시작한다.

간이 그것을 받으면 빛이 눈에 충만해지고 눈에 칠로 점을 찍은 것 같으며, 다음에 심장이 그것을 받으면 입에서 영묘한 액이 생하고 액이 백설이 되며, 다음에 비장이 그것을 받으면 피부가 응결된 기름과 같아져 상처자국이 다 제거되고, 다음에 폐가 그것을 받으면 코에서 천상의 향기를 맡고 어린아이의 얼굴을 다시 회복하며, 다음에 신이 그것을 받으면 다시 본래의 고을로 돌아가 귀 가운데에서는 항상 음악소리가 들리고 귀 밑의 흰 털이 영원히 없어지니, 이것이 옥액으로 연형하는 것이다.

만약 금액으로 연형하여 환단을 시작했으나 돌이키지는 않고 군화(君火)와 서로 마주보는 것은 기제(既濟)라 하고, 이미 환단하고 다시 일어나 진음(眞陰)과 서로 상대하는 것을 바탕을 단련한다고 하는 것이다.

토(土)는 본래 수(水)를 극하니 만약 금액이 토에 있으면 황제(黃帝)로 하여금 회광(回光)하여 태음(太陰)에 합하게 하고, 화(火)는 본래 금(金)을 극하니 만약 금액이 화에 있으면 적자(赤子)로 하여금 같은 화로에 있게 하면 자연히 자줏빛 기를 생한다.

수 가운데에서 화를 일으켜 양(陽) 속에 있게 하면 음(陰)이 사라져 금단(金丹)이 황정(黃庭) 안에서 변하고 양신(陽神)을 단련함이 오기(五氣) 가운데에 있게 되니, 간에서는 푸른 기가 솟구치고 폐에서는 흰빛이 나오며 심장에서는 붉은 기운이 나타나고 신장에서는 검은 기가 오르며 비장에서는 황금빛이 모여서 오기가 중원(中元)을 조회하고 군화(君火)를 좇아서 내원(內院)을 초월하게 된다.

하원(下元)은 음 가운데의 양으로 그 양에는 음이 없는데 상승하여 신궁(神宮)에 모이고, 중원(中元)은 양 가운데의 양으로 그 양에는 생하는 것이 없는데 상승하여 신궁에 모이며, 황정(黃庭)의 대약(大藥)은 음이 다한 순양(純陽)으로 상승하여 신궁에 모이게 된다.

다섯 가지 액[五液]이 하원에 모이고 다섯 기[五氣]가 중원에 모이며 세 가지 양[三陽]이 상원에 모여서 근원을 조회[朝元]하는 것을 이미 마치고 삼천의 공행(功行)이 차면, 혹 학(鶴)이 머리 가운데에서 춤추고 혹 용(龍)이 몸 안에서 나나[飛] 다만 맑은 음악소리만이 들린다.

또 선계의 꽃[仙花]이 어지럽게 떨어져서 자줏빛 정원에 돌아다니는 것을 보며 진기한 향기가 가득하게 되니 삼천의 공이 차게 되면 속세의 사람이 아니게 되어, 한 심지의 향이 사라질 때면 이미 봉래섬 사람이니 곧 초범입성(超凡入聖)하며 형체를 벗어버리고 신선으로 오르는 것이다."

제십오(第十五) 조원(朝元)을 논하다

여동빈 조사가 묻기를,

"연형하는 이치는 이미 알았습니다.

이른바 조원(朝元)이라는 것을 얻어들을 수 있겠습니까?"

종리권 조사께서 이르시기를,

"대약(大藥)이 장차 이루어지면 옥액으로 환단해서 선인(仙人)의 태(胎)를 목욕시키고 진기가 이미 생기면 이로써 옥액을 부딪쳐 상승시키고 속세의 뼈를 바꾸니 옥액(玉液) 연형(煉形)이라 한다.

무릇 뒤로 이끌어 금정(金晶)을 일으키고 날게 하는 데에 이르러서는 물수레로 내원(內院)에 들이고 위로부터 가운데로 가운데로부터 아래로 금액으로 환단하여 금사(金砂)를 단련하면 오기(五氣)가 조원(朝元)하고 세 양[三陽]이 머리에 모이는데, 곧 기(氣)를 단련하고 신(神)을 이루는 것이니 연형하여 세상에 머무르는 것뿐이 아닌 것이다.

이른바 조원은 고금(古今)에 아는 이가 드물고 진실로 혹 그것을 알더라도 성현(聖賢)들이 발설하지 않았는데, 대개 이것은 곧 참 신선을 대성(大成)하는 법으로 묵묵히 감추어진 천지의 헤아릴 수 없는 기밀이며 진실로 삼청(三淸)의 은밀한 일이고 말[言]을 잊고 상(象)을 잊어버리는 현묘한 가르침이며 물음도 없고 응함도 없는 묘한 이치이기 때문인데, 그대의 뜻이 독실하지 못하여 배움이 전일하지 못하고 마음이 편안하지 못하여 물음이 절실하지 못한데도 가볍고 쉽게 말한다면 도리어 나는 성인의 기밀을 누설하는 허물을 더하여 피차에 각각 무익하게 될까 두렵다."

여동빈 조사가 말하기를,

"비로소 진선(眞仙)을 깨닫고 큰 도를 알았습니다.

다음으로는 시후(時候)를 알아 천기(天機)를 통달했고, 수화(水火)의 진실한 근원을 구별하여 용호(龍虎)가 간과 폐에서 생하지 않는다는 것을 알았으며, 빼고 보태는 큰 이치를 살펴서 납과 수은이 감(坎)과 이(離)가 아니라는 것을 알았고, 오행(五行)이 전도(顚倒)하는 법에 대해서도 이미 가르침을 받았습니다.

세 단전에 반복하는 기밀도 또한 감사하게 일러주셔서 환단과 연형의 이치도 잘 깨달았으며 장생불사하는 술수도 깊이 알았습니다.

그러나 초범입성(超凡入聖)하는 원리와 형체를 벗어나 신선으로 상승하는 도(道)는 연기(煉氣)하고 조원(朝元)하는 데에 바탕이 됩니다.

이른바 조원에 대해서 감히 고하건대 대략이라도 요결을 가르쳐 주시기 바랍니다."

종리권 조사께서 이르시기를,

"도는 본래 형체가 없는데 태초에 근원이 질박하게〔朴〕나타나 위는 맑고 아래는 탁함이 합하여 하나가 되었다.

태초의 질박함이 이미 나뉨에 혼돈함이 비로소 갈라져 하늘과 땅이 되고 하늘과 땅 안에서 동·서·남·북이 다섯 방향으로 벌어졌다.

매 방위에는 각기 한 임금〔帝〕이 있고 매 임금에게는 각각 두 자식이 있는데, 하나는 양이 되고 하나는 음이 되어 두 기(氣)가 상생(相生)과 상성(相成)을 하여 오행(五行)으로 나뉜다. 오행으로 상생과 상성을 하여 육기(六氣)를 정하니 곧 세 양과 세 음이 있게 된다.

이로써 미루어 보면 사람이 태를 받는 처음에는 정(精)과 기(氣)가 하나로 되나 정기가 이미 나누어지는 데에 이르면 먼저 두 개의 신장〔腎〕이 생기면서 하나의 신장은 왼쪽에 있고 왼쪽은 현(玄)이 되는데 현은 기를 상승시켜 위〔上〕로 간에 전달하며, 하나의 신장은 오른쪽에 있고 빈(牝)이 되는데 빈은 액을 거두어들여 아래로 방광에 전달한다.

현빈(玄牝)은 본래 무(無) 가운데에서 오고 무로써 유(有)가 되는데 곧 부모의 진기(眞氣)가 순음(純陰)의 땅〔地〕에 간직된 것이다.

그러므로 곡신불사(谷神不死)라 하고 이것을 현빈이라 하는데, 현빈의 문은 천지의 뿌리가 되니 현빈은 두 신장(腎臟)이다.

　신장으로부터　생하니　오장육부(五臟六腑)가　온전해지면　그　중　간(肝)은　목(木)이　되니　갑을(甲乙)이라　하여　동방　청제(靑帝)에　비교할　수　있고,　심장은　화(火)가　되니　병정(丙丁)이라　하여　남방　적제(赤帝)에　비교할　수　있고,　폐는　금(金)이　되니　경신(庚辛)이라　하여　서방　백제(白帝)에　비교할　수　있고,　비장(脾臟)은　토(土)가　되니　무기(戊己)라　하여　중앙　황제(黃帝)에　비교할　수　있고,　신장(腎臟)은　수(水)가　되니　임계(壬癸)라　하여　북방　흑제(黑帝)에　비교할　수　있다.

　사람이　처음　생함에　본래　형상이　없었고　하나의　음과　하나의　양에　머물렀으나　태가　완성되어　장(腸)과　위(胃)가　있게　되는　데에　이르면　곧　육기(六氣)로　나뉘니　삼남(三男)　삼녀(三女)이다.

　일기(一氣)가　오행을　움직이고　오행은　육기를　움직이니　먼저　음(陰)과　양(陽)을　알아야　하는데　양에는　음　중의　양이　있고　음에는　양　중의　음이　있는　것이며,　다음으로　알　것은　금(金)·목(木)·수(水)·화(火)·토(土)인데　수　중의　화와　화　중의　수도　있고　수　중의　금과　금　중의　목도　있으며　목　중의　화와　화　중의　토도　있어서　다섯　가지가　서로　교합하니,　두　기가　나뉘어　육기가　되고　큰　도가　흩어져　오행을　이루는　것이다.

　만약　동지(冬至)　뒤에　하나의　양〔一陽〕이　다섯　방위의　땅에서　생하면　양이　다　생한　것으로,　한　임금〔帝〕이　그　운행의　명령을　담당하고　네　임금〔四帝〕은　그것을　돕는다.

　만약　봄〔春〕이　명령을　이미　행사했는데도　흑제(黑帝)가　그　명령을　거두지　않으면　추위가　따뜻하게　변할　수　없고,　적제(赤帝)가　그　명령을　구비하지　않으면　따뜻함이　더위로　변할　수　없게　된다.

　하지(夏至)　뒤에　하나의　음〔一陰〕이　다섯　방위의　하늘에서　생하면　음이　모두　내린　것으로　한　임금이　그　운행의　명령을　담당하고　네　임금은 그것을 돕는다.

만약 가을[秋]이 명령을 이미 행사했는데도 적제가 그 명령을 거두지 않으면 더위가 서늘하게 변할 수 없고, 흑제가 그 명령을 갖추지 않으면 서늘함이 추위로 바뀌지 않는 것이니, 동지에는 양이 땅에서 생하여 하늘에 기가 모이고 하지에는 음이 하늘에서 생하여 땅에 기가 모이게 된다.

도를 받드는 사람은 마땅히 이 이치를 깊이 연구해야 한다.

일월(日月) 사이에 하나의 양이 처음 생하면 오장(五臟)의 기가 중원에 모이고 하나의 음이 처음 생하면 오장의 액이 하원에 모이며 음 중의 양과 양 중의 음과 음양 중의 양인 세 양이 상승하여 내원(內院)의 심신(心神)에 모이고 천궁(天宮)으로 돌아가는데 이것이 다 조원이라는 것이다."

여동빈 조사가 묻기를,

"양이 생할 때 오기(五氣)가 중원(中元)에서 모이고 음이 생할 때 오액(五液)이 하원(下元)에서 모이며 양 중의 양과 음 중의 양과 음양 중의 양이 상원(上元)에 모이게 하는 이와 같은 수련을 또한 아는 사람들도 있습니까?

어찌해야 초탈해서 속세를 벗어날 수 있겠습니까?"

종리권 조사께서 이르시기를,

만약 원양(元陽)의 기가 하나의 양을 처음 생할 때면 상승하여 중원에 모이는데 사람들이 다 이와 같이 하고, 만약 기를 쌓아 액이 생하여 하나의 음이 처음 생할 때면 하강하여 하원에 모이는데 사람들이 다 이와 같이 하는데, 만약 이와 같이 수행한다면 초탈하기는 어려운 것이다.

만약 초범입성(超凡入聖)하고 형체를 벗어나 신선으로 오르고자 하면 마땅히 먼저 용호(龍虎)를 교합해서 대약(大藥)을 이루어야 한다.

대약을 이미 이루면 진기(眞氣)가 생하고 진기가 생하면 해[年] 가운데에서 달[月]을 써 달 위에서 일어남과 사라짐을 정하고 달[月] 가운데에서 날[日]을 써 날 위에서 맡은 일을 헤아리며 날 가운데에서 시(時)를 써 시 가운데에서 호흡의 숫자를 정한다.

양으로 양을 길러서 양 가운데에 음이 머무르지 못하게 하고 양으로 음을 단련하여 음 중의 양이 흩어지지 않게 해야 한다.

무릇 봄에는 간이 왕성하고 비장이 약하며 여름에는 심장이 왕성하고 폐가 약하며 가을에는 폐가 왕성하고 간이 약하며 겨울에는 신장이 왕성하고 심장이 약한 것이다.

사람은 신장으로 근본을 삼는 것인데 매 계절의 끝마다 비장이 왕성하고 신장이 약하여 홀로 사계절의 손상됨이 있으니 사람들에게 질병이 많은 것이 이것 때문인 것이다.

무릇 갑을(甲乙)이 간에서 일을 맡아 비장의 기가 다니지 못하게 방어하고 병정(丙丁)이 심장에서 일을 맡아 폐장의 기가 다니지 못하게 방어하며 무기(戊己)가 비장에서 일을 맡아 신장의 기가 다니지 못하게 방어하며 경신(庚辛)이 폐에서 일을 맡아 간장의 기가 다니지 못하게 방어하고 임계(壬癸)가 신장에서 일을 맡아 심장의 기가 다니지 못하게 방어하여, 하나의 기가 왕성하면 하나의 기가 약해지고 하나의 장부(臟腑)가 왕성해지면 하나의 장부가 쇠약해지는 것이니 사람들에게 질병이 많은 것은 이것 때문인 것이다.

무릇 심장의 기는 해(亥)에서 싹터 인(寅)에서 생하고 사(巳)에서 왕성하다가 신(申)에서 약해지며, 간장의 기는 신(申)에서 싹터 해(亥)에서 낳고 인(寅)에서 왕성하다가 사(巳)에서 약해지고, 폐의 기는 인(寅)

에서 싹터 사(巳)에서 낳고 신(申)에서 왕성하다가 해(亥)에서 약해지며, 신장의 기는 사(巳)에서 싹터 신(申)에서 낳고 해(亥)에서 왕성하다가 인(寅)에서 약해진다.

비장의 기는 봄에는 간을 따르고 여름에는 심장을 따르며 가을에는 폐를 따르며 겨울에는 신장을 따르는데, 사람들이 날마다 쓰면서도 알지 못하고 생하고 왕성하며 강하고 약한 때를 깨닫지 못하니 질병이 많은 까닭이 이것 때문이다.

만약 월·일·시의 세 양이 이미 모이면 마땅히 양을 단련하여 음이 생하지 않게 해야 하고, 만약 월·일·시의 세 음이 이미 모였으면 마땅히 양을 길러 양이 흩어지지 않게 해야 한다.

다시 진기가 생하면 순양의 기로 오장의 기를 단련하여 쉬지 않고 나아가면 본래의 색이 일거에 천지(天池)에 도달하는데, 비로소 음이 없어지고 아홉 강[九江]에 풍랑이 없게 된다.

다음에는 간이 음을 없애서 팔관(八關)이 막히고, 다음에는 폐가 음을 없애서 금과 화가 화로[爐]를 같이하고, 다음에는 비장이 음을 없애서 옥호(玉戶)가 열리지 않으며, 다음에는 진기(眞氣)가 상승하여 네 가지 기를 모아 하나가 된다.

비록 금액(金液)이 하강하더라도 한 잔의 물로는 수레에 실린 짚더미에 붙은 불은 끌 수가 없는 것과 같으니 수화(水火)가 서로 싸안고 합하여 하나가 되어 신궁(神宮)으로 들어가는데 호흡을 안정시켜 내부를 관조하면서 뜻을 전일하게 하여 분산시키지 않으면 정신과 의식이 함께 묘해지고 고요한 가운데에서 항상 음악소리가 들리며 꿈과 같으나 꿈은 아닌 것같이 된다.

만약 허무한 경지에 있게 되면 아름다운 경치가 속세에 비할 수가 없는데 번화하고 화려함이 인간세계보다 월등하고 누대(樓臺)와 궁궐의 푸른 기와에는 연기가 모여 있으며 진주와 비취와 아름다운 비단들이 늘어서 있고 향기로운 냄새가 가득한 것들이 나타난다.

이러한 때를 당해서 곧 내원(內院)을 뛰어넘으면 양신(陽神)이 바야흐로 모이게 되니 상단전으로 돌이켜 신을 단련하고 신선을 이루어서 큰 도에 합하는데 한 번 천문(天門)을 치면 금빛 광채 속에 법신(法身)이 나타나고 아름다운 꽃 속에 범체(凡體)를 앉힌 것 같으며 허공에 오르는 것이 평평한 시냇물을 밟는 것과 같고 만 리(萬里)가 팔을 한 번 펴는 것과 같아진다.

만약 다시 돌이켜 본래의 몸으로 들어가면 신과 형체가 합하여 천지와 더불어 나란히 장구(長久)하게 되고 만약 속세에서 사는 것이 싫어져 범인의 태(胎)를 버리고 십주(十洲)로 돌아가면 자부태미진군(紫府太微眞君) 처소에서 태어난 곳을 살피고 성명(姓名)을 대조하며 기량과 공적의 높고 낮음이 헤아려 삼도(三島)에 거처하여 노닐면서 영원히 속세의 바깥에 있게 되니 곧 속세를 뛰어넘고 범인의 몸을 벗어 버렸다고 하는 것이다."

여동빈 조사가 묻기를,

"형체를 단련함은 세상에 머무르는 데에 그치는 것이고 기를 단련해야만 바야흐로 신선의 자리에 올라갈 수 있는데 세상 사람들은 현묘한 기밀에 통달하지 못해 약도 없이 먼저 태식(胎息)을 행하여 억지로 배에 머물러 있게 하니 혹은 냉기(冷氣)를 쌓아서 병을 이루고 혹은 허약한 양을 일으켜 질병을 만들게 되는 것입니다.

수행은 본래 장생을 바라는 것인데 이와 같이 미혹에 잡혀 오히려 질병을 면하지 못하니 신선의 태를 이루면 진기가 생하고 진기가 생하면 자연히 태식이 되며 태식으로 기를 단련하며 기를 연성하여 신을 이룬다는 것을 모르는 것입니다.

그러나 기를 연성하는 데에는 반드시 연(年) 중의 월(月)과 월 중의 일(日)과 일 중의 시(時)를 살피면서 고요한 방에서 단정하게 거처하여 기틀을 잊고 자취마저 없애야 합니다.

이때가 되면 마음의 경계에서 제거하지 못한 것을 다 제거해야 하나 혹 망상이 그치지 않아 지식으로 누설되어 뜻이 신선으로 상승하는 데에 있으나 심신이 안정되지 못하면 어찌해야 합니까?"

종리권 조사께서 이르시기를,

"교합에는 각기 때가 있고 수행하는 데에는 각기 법이 있는 것이니 때에 의지해서 법을 행하고 법에 나아가서 도를 구하면 날을 가리키면서 성공하는 것이니 손을 뒤집는 것같이 쉬운 것이다.

고금의 통달한 사람들은 눈을 감고 마음을 잠재워 심오한 경지에 들어갔는데 진실로 내관(內觀)으로 말미암아 신이 저절로 머무른다는 것을 알게 되는 것이다."

제십육(第十六). 내관(內觀)을 논하다

여동빈 조사가 묻기를,

"이르신 바 내관(內觀)의 이치를 얻어들을 수 있겠습니까?"

종리권 조사께서 이르시기를,

"내관과 좌망(坐忘)과 존상(存想)의 법은 선대의 현인(賢人)과 후대의 성인들께서 취한 것도 있고 취하지 않은 것도 있었다.

원숭이 같은 마음과 말[馬] 같은 뜻이 멈추고 머무를 곳이 없음을 염려하고 사물로 인하여 뜻을 잃게 될까 두려워하여 없는 가운데에서 상을 세워 귀는 들리지 않고 눈은 보이지 않으며 마음은 미혹되지 않으며 뜻은 어지러워지지 않게 한 것이니 사물을 상상으로 있게 하는 데에는 내관과 좌망이 없을 수가 없는 것이다.

어찌하여 배움이 적고 무지한 자들은 교합하는 때를 알지 못하고 또 수행하는 법을 알지 못하면서 다만 존상하는 것만으로 성공을 바라고 의식으로 안에서 단을 만들고 상상 중에서 약을 취하며 코를 당기고 입으로 삼켜서 유형(有形)한 일월(日月)과 무위(無爲)한 천지를 바라 배와 입에 머물러 두려 하니 아이들 장난이라 할 만하다.

달사(達士)와 기인(奇人)들도 좌망과 존상에 대해서는 일단 그것을 비방하여 이르기를 꿈 속에서 재물을 얻은들 어찌 쓸 수 있으며 땅에 떡을 그린들 어찌 배고픔을 채울 수 있겠는가.

빈 가운데에 또 빈 것이니 거울 속의 꽃이요 물 속의 달과 같은 것으로 마침내 이를 성사시키기 어렵다고 하였다.

그러나 취할 만한 것도 있는 것이니 움직이기 쉬운 것이 마음이요 복종시키기 어려운 것이 뜻으로 좋은 날 좋은 시간에는 채택할 수 있는 것이다.

비록 청정한 경지는 알고 있지만 마음이 일에 부려지고 뜻이 정에 움직여서 털끝만큼이라도 어긋남이 있으면 하늘과 땅 사이처럼 멀어져 해마다 더하고 달마다 쌓아도 공이 나타나지 않으니 그것이 실패하는 것은 마음이 산란되고 뜻이 미혹된 데에 있는 것이다.

보기를 좋아하는 사람은 뜻을 단청의 아름다움에 두어 큰 화려함은 보지 않고 듣기를 좋아하는 사람은 뜻을 악기의 소리에 두어 우렛소리를 듣지 않으니, 눈과 귀의 조그마한 쓰임도 오히려 또한 이와 같은데 하물며 일심으로 온 천지를 돌아다니며 이르지 않은 곳이 없게 하고 때를 얻어 법을 쓸 때에 존상과 내관을 하지 않고 그것을 이룰 수 있겠는가."

여동빈 조사가 묻기를,

"이르신 바 내관(內觀)과 존상(存想)은 대략 어떠합니까?"

종리권 조사께서 이르시기를,

"양을 상승시킬 것 같으면 많이들 상상하기를 남자로 하고 용(龍)으로 하고 불로 하고 하늘로 하고 구름으로 하고 학(鶴)으로 하고 해〔日〕로 하고 말〔馬〕로 하고 연기(煙氣)로 하고 안개〔霞〕로 하고 수레로 하고 가마〔駕〕로 하고 꽃으로 하고 기(氣)로 하는데, 이와 같은 종류는 다 내관 존상으로 이와 같이 하는 것이니 양이 상승하는 모양에 해당한다.

음을 하강시킬 것 같으면 많이들 상상하기를 여자로 하고 호랑이로 하고 물로 하고 땅으로 하고 비〔雨〕로 하고 거북〔龜〕으로 하고 달〔月〕로 하고 소〔牛〕로 하고 샘으로 하고 진흙〔泥〕으로 하고 납〔鉛〕으로 하고 잎사귀로 하는데, 이와 같은 종류는 다 내관 존상으로 이와 같이 하는 것이니 음이 하강하는 모양에 해당한다.

청룡(靑龍)·백호(白虎)와 주작(朱雀)·현무(玄武)는 이미 이러한 이름이 있었기 때문에 모름지기 이러한 현상이 있는 것이고 오악(五岳)·구주(九州)와 사해(四海)·삼도(三島)와 금남(金男)·옥녀(玉女)와 하거(河車) 중루(重樓) 등의 이름으로 불리는 이러한 종류들은 다 기술할 수도 없는 것으로, 다 없는 가운데에서 형상을 세워 신(神)과 식(識)을 안정시키는 것이니 물고기를 잡지 못했으면 통발을 버릴 수 없고 토끼를 잡지 못했으면 올가미를 없앨 수 없다.

뒷수레가 무게를 가졌으면 반드시 앞수레의 자취를 밟아야 하고 큰 그릇이 이미 이루어지면 반드시 뒷그릇의 본보기가 되니 내관의 법을 행하는 것도 빠뜨릴 수 없다.

오랫동안 집착하는 것도 좋지 않고 잠깐 동안에 그치는 것도 좋지 않다. 만약 잡념이 끊어져 망상이 없어지면 이것이 참된 생각이 되고 참된 생각 이것이 참된 공이 되니, 참된 공의 한 경계는 곧 참됨을 만나고 변화하여 혼잡한 거리를 벗어나 점점 초탈하는 것이다.

기초를 닦는 처음에는 날을 가리키며 공에 나가고 존상을 쓸 수 있는데, 또한 날마다 덜어가는 도(道)로써 심오한 도의 경지에 들어가고 스스로 덜고 살피는 것으로 법을 삼는 것은 전부 내관에 있다."

여동빈 조사가 묻기를,

"만약 용호가 교합하고 음양이 짝하면 그 모양이 무엇과 같습니까?"

종리권 조사께서 이르시기를,

"처음에는 교합으로써 음양을 짝하고 감리(坎離)를 정하는데 그 상상하는 것은 구황진인(九黃眞人)이 붉은 옷을 입은 한 어린아이를 이끌어 상승시키고 구황진모(九黃眞母)가 검은 옷을 입은 한 소녀를 이끌어 내려서 황실(黃室) 앞에서 서로 마주보게 하면 황색 옷을 입은 한 노파가 있어 이끌어 접촉시켜 인간 부부와 같은 예를 행하게 한다.

즐거운 시간이 다하면 여자는 하강시키고 남자는 상승시키는데 인간이 이별하는 일과 같게 한다.

이미 끝나면 황색 옷을 입은 노파가 한 물건을 안고 있어 모양이 붉은 귤과 같은데 아래로 던져 누런 집[黃室]으로 들여보내어 금그릇[金器]에 담아 머무르게 한다.

그러나 이 남자는 건(乾)이 곤(坤)을 찾은 것이니 그 양을 다시 본래

의 위치로 돌이켜 양으로 음을 지고 본래의 고향에서 모이고, 이 여자
는 곤이 건을 찾은 것이니 그 음을 다시 본래의 위치로 돌이켜 음으로
양을 안고 본래의 고향에서 모이니, 이것이 감(坎)과 이(離)가 교합하
고 음양이 짝을 짓는 것이다.

만약 활활 타는 불 가운데에서 검은 호랑이 한 마리가 나타나 상승
하고 도도한 물결 속에서 붉은 용 한 마리가 나타나 하강하면, 두 짐
승이 서로 만나 엉켜 싸우며 누각 앞에 있는 붉은 문이 활짝 열리며
솟아나는 자욱한 연기 가운데에서 어떤 왕이 커다란 불이 하늘에서
타는 것을 손가락으로 가리키며 돌아보고, 그 위에는 만 길이나 되는
파도가 있어 불이 일어났다가 다시 떨어지니, 연기가 천지에 가득 차
게 된다.

용과 호랑이가 하나는 휘감고 하나는 도사려 한 금그릇 속으로 들
어가게 하고 하강시켜 누런 집 사이로 들어가게 하여 상자 속에 넣어
두는 것같이 하는데, 이것이 용호(龍虎)가 교구(交媾)하여 황아(黃芽)로
변하는 존상(存想)이다."

여동빈 조사가 묻기를,

"음양이 짝짓고 용호를 교구시키는 내관 존상은 이미 알았습니다.
이르신 바 불에 나아가 단을 태우고 약을 단련하는 것은 존상하는
것이 어떻습니까?"

종리권 조사께서 이르시기를,

"그것을 존상하는 것은 한 그릇이 있어 솥도 같고 가마도 같은데
왼쪽에는 청룡이 있고 오른쪽에는 백호가 있으며 앞에는 주작이 있고
뒤에는 현무가 있으며 옆에는 두 신하가 자줏빛 도포를 입고 몸에 홀
〔躬圭〕을 들고 서 있다.

254

다음에는 하인들이 땔나무를 가지고 그릇에 불을 때고 있으며 다음에는 붉은 옷을 입은 한 왕이 있어 붉은 말에 올라 불구름〔火雲〕을 타고 공중으로부터 오면서 채찍을 들어 부르며 가리키니 오직 불이 적고 불꽃이 미약해질까 염려하고 공중에서 활활 타오르게 한다.

천문(天門)을 치고 나아가고자 하나 천관(天關)이 열리지 않으면 연기와 불꽃을 다시 내려 사람과 물건과 솥과 그릇의 주위를 사방으로 둘러싸고 왕과 신하들을 다 붉은 불꽃 속에서 있어 서로 손짓하여 부르며 다투어 물에 나아가기를 바라게 하면 그릇 가운데에 물이 기가 없어져 응결한 것 같고 물 가운데에 구슬이 밝지는 않으나 광채가 나는 것같이 된다.

이것이 불에 나아가 단약을 태우는 존상이다."

여동빈 조사가 묻기를,

"내관(內觀) 존상(存想)은 약(藥)을 채취하고 불에 나아가는 데에 그칩니까? 아니면 법을 좇고 일을 좇음이 있습니까?"

종리권 조사께서 이르시기를,

"구름과 벼락이 하강하고 연기와 불꽃이 위로 일어나면 혹은 하늘에서 기이한 꽃비가 내리거나 상서로운 바람과 서기(瑞氣)가 궁전 뜰 아래서 일어나고 혹은 선녀와 옥녀(玉女)가 아름다운 봉황과 상서로운 난새〔鸞〕를 타고 푸른 하늘로부터 와서 황금쟁반 가운데에 옥 같은 감로와 안개 같은 음료수를 받들고 내려와 왕에게 드리게 된다.

이와 같은 것은 곧 금액환단(金液還丹)이 이미 끝난 존상(存想)이다.

만약 용호가 불 가운데에서 수레를 끌고 올라가면 삼관(三關)에 부딪치는데, 삼관에는 각기 병사들이 있어 숫자가 헤아릴 수 없이 많고 갑옷을 입고 창을 들고 기계에 엎드려 사람들을 두렵게 한다.

먼저 용호로 쳐서 열리지 않으면 다시 큰 불로 태우면 비로소 열리는데, 곤륜산(崑崙山)에 이르러서도 머무르지 못하고 천지(天池)에 이르러서야 바야흐로 그치니, 혹은 삼학(三鶴)이 삼천(三天)에 날고 혹은 한 쌍의 나비가 삼궁(三宮)으로 들어오며 혹은 오색 구름 가운데에 붉은 옷을 입은 어린아이를 받들어 천문을 지나고 혹은 황금수레와 옥수레로 왕을 태우고 삼계(三界)를 뛰어넘으니, 이와 같은 것은 곧 뒤로 이끌어 금정(金晶)에 날리는 것과 큰 물수레〔河車〕의 존상이다.

무릇 붉은 옷을 입은 사자(使者)가 수레를 타고 돌아다니는 데에 이르러서는 기주(冀州)로부터 연주(兗州)로 들어가고 연주로부터 청주(靑州)로 들어가며 청주로부터 서주(徐州)로 들어가고 서주로부터 양주(揚州)로 들어가며 양주로부터 형주(荊州)로 들어가고 형주로부터 양주(梁州)로 들어가며 양주로부터 옹주(雍州)로 들어갔다가 옹주로부터 다시 기주로 돌아가, 동·서·남·북을 예주(豫州)에서 마쳐 머무른 뒤에 다시 돌아다니는 것이니, 얻는 것은 금과 옥이고 주관하는 일은 응체(凝滯)한 것이다.

한 관리가 명령을 전달하여 구주(九州)가 화목하게 왕래하고 돌면 다시 시작하여 운행함이 그치지 않고 혹은 오악(五岳)에서 노니는데 항산(恒山)에서부터 시작하고 혹은 오호(五湖)를 떠다니는데 북쪽 호수에서부터 시작하며 혹은 천부(天符)로 오제(五帝)에게 명령하고 혹은 왕명(王命)으로 다섯 제후〔五候〕를 부르니, 이와 같은 것은 환단의 존상이다.

무릇 구슬과 옥을 땅에 던져 흩어지는 데에 이르면 혹은 비〔雨〕와 이슬〔露〕이 만물을 윤택하게 하고 혹은 바닷물이 온갖 강에 가득한데 혹은 양이 생하여 온갖 무리가 일어나고 혹은 불이 일어나서 천지(天地)에 두루 미치며 혹은 연기와 이슬이 우주에 충만하니, 이와 같은

256

것은 연형(煉形)의 존상이다.

혹은 학(鶴)이 둥지를 떠나는 것 같고 혹은 용(龍)이 굴[穴]을 나오는 것 같으며 혹은 오제(五帝)가 하늘에 모이는 것 같은 데에 이르면 혹은 오색 구름이 일어나고 혹은 붉은 봉황에 걸터앉아 창공에 오르며 혹은 꿈 속에서 하늘나라에 오르고 혹은 하늘에서 꽃이 어지럽게 떨어지며 선계의 음악[仙樂]이 낭자하고 금빛 광채가 둘러싸 궁전의 번화한 곳으로 들어가는데, 이와 같은 것은 다 조원(朝元)의 존상이다.

조원한 뒤에는 다시 존상은 하지 않는데 바야흐로 내관(內觀)이라 부른다."

여동빈 조사가 묻기를,

"내관(內觀)의 현묘한 이치는 앞의 방법에 비교할 바가 아니니 얻어 들을 수 있겠습니까?"

종리권 조사께서 이르시기를,

"고금(古今)의 도를 닦는 사람들이 천기(天機)를 통달하지 못하여 처음부터 법대로 행해야 한다는 것을 알지 못하고 속히 초탈하기만 바라서, 많이 들이쉬고 적게 내보내는 것을 태식(胎息)으로 삼고 마음을 잠재우고 눈을 감는 것으로 내관을 행해서 청정한 가운데에서 음신(陰神)을 출현시키는 데에 이르니 곧 청정하고 영묘한 귀신을 만든 것으로 순양(純陽)의 신선이 된 것이 아니다.

진선(眞仙)과 상성(上聖)께서 약을 캐고 불을 때며 납을 뽑고 수은을 더하며 단(丹)을 돌이키고 형(形)을 단련하며 근원에 모이고 기를 합하는 데에 대해서 간절하고 상세하게 말씀하셨다.

오직 세상 사람들이 깨닫지 못하여 내관을 마음에 두지 않고 내관법을 몰라 틀려질 것을 염려하셨으니 곧 음양을 변환하는 법이며 신선과 범인(凡人)으로 바뀌는 때인 것이다.

도를 받드는 사람들은 가볍게 보고 적게 쓰지 말 것이다.

또 앞서 항목의 일들은 교합하는 데에 시일이 있고 수행하는 데에 법칙이 있으니 무릇 행동을 삼가고 마음으로 믿으며 때에 의지하고 법칙대로 수행하여 털끝만큼이라도 어긋나지 않게 하면 머지않아 공(功)이 나타나는 것이다.

그러나 이와 같은 내관은 첫째로 시일이 없고 둘째로 법칙이 없는 것이니, 깊고 고요한 방에 거처하여 밤낮으로 자세를 바로 하고 양신(陽神)을 인식하여 음귀(陰鬼)를 쫓아내는 것이다.

달마(達摩)는 9년을 면벽(面壁)하고서야 바야흐로 내원(內院)을 뛰어 넘었고 석가는 6년 동안이나 마음을 가라앉히고 나서야 범부(凡夫)의 울타리를 벗어났으니, 내관은 참으로 어려운 일이다.

처음에는 위로부터 내려가서 자하거(紫河車)를 천궁(天宮)으로 운반하여 들어가면 천궁의 부귀는 무엇이나 부러워하지 않을 것이 없는데 어떤 사람은 오고 어떤 사람은 가나 도를 받드는 사람은 평소에 청정하고 맑고 깨끗함을 지켜서 고요하게 그친 지 이미 오래된 것이다.

공(功)을 이룬 숫자가 차면 문득 즐거움을 얻는데 진주와 비취로 된 누대(樓臺)에서는 여자들이 음악을 연주하고 진귀한 음식과 맛있는 반찬〔珍羞美饌〕이 있고 진기한 풀과 기이한 꽃들〔異草奇花〕이 있는 아름다운 경치가 그림같이 눈에 들어온다.

그러면 그 사람은 깨닫지 못하고 장차 실제로 하늘나라의 궁전에 도달할 것처럼 말하나 자신의 내원에서 인식〔認〕으로 진경(眞境)을 만든 것으로, 옛 가르침대로 출입하는 것을 모르니 곧 피곤하게 혼란한 거리에 있게 되며, 형체가 세상에 머물러 있게 되니 형질을 벗고 신선이 될 수 없어 천궁(天宮)에 도달하지 못하는 것이다.

바야흐로 내관(內觀)에 있으면 음귀(陰鬼)와 외마(外魔)가 뜻으로 인
하여 형상을 만들고 형상으로 인하여 경계가 생겨나 마의 군대가 되
는 것이니, 도를 받드는 사람이 그로 인해 미치고 방탕하며 삿된 가운
데에 들어가거나 혹 외도(外道)에 몸을 잃게 되어 마침내 신선이 될
수 없는 것이니, 대개 삼시(三尸)와 칠백(七魄)은 사람이 죽어 자신들
이 즐거워지기를 바라고 구충(九蟲)과 육적(六賊)은 사람이 편안해져
머물러 있을 곳이 없어지는 것을 괴로워하기 때문이다."

제십칠(第十七). 마난(魔難)을 논하다

여동빈 조사가 말하기를,

"내관(內觀)하여 양신(陽神)을 모으고 신을 단련하여 내원(內院)을
초월하며 위로 뛰어올라 천문(天門)을 벗어나면 곧 바로 초탈하여 성
인의 자리에 들어갑니다.

이미 나오고 이미 들어가서 오고감에 어긋남이 없고 혹은 가고 혹
은 와서 멀고 가까움이 어긋나지 않고 세상에 머무르고자 하여 신(神)
과 형(形)을 합하며 신선으로 상승하고자 하여 봉래섬으로 멀리 유람
하는 것들은 다 내관으로부터 초탈함을 얻을 수 있으나, 음귀(陰鬼)와
사마(邪魔)를 어떻게 제압해야 도를 받드는 사람이 신선으로 상승하는
지 알지 못하겠습니다."

종리권 조사께서 이르시기를,

"도를 받드는 사람은 먼저 믿는 마음을 세웠으면 은혜나 사랑이나
이익이나 명예 등의 세상의 일들로 그 큰 뜻이 변하지 않게 해야 한다.

다음에는 간절한 뜻을 일으키고 부지런히 고요함에 힘써서 일체를 청정하고 허무한 경지에 두고 그 최초의 마음을 바꾸지 않게 해야 한다.

반드시 크게 이루고자 해도 중간 정도 이루는 데에 그칠 뿐이고 반드시 중간 정도 이루고자 해도 조금 이루는 데에 그칠 뿐인데 또 더구나 큰 도를 알지 못하고는 천기를 깨닫기 어려운 것이다.

소소한 법〔小法〕을 배우고 이단(異端)들을 좋아하면 세월만 지나고 그 공이 나타나지 않아 만년에는 늙고 쇠약해져 다시 윤회(輪廻)에 들어가게 되니 후대의 도(道)를 좋아하는 사람들에게 이로써 장생(長生)은 허망한 설(說)이고 초탈한다는 것도 헛된 말이라 하는 데에 이르게 하여 가끔 도를 들어도 깨닫지 못하고 경계를 대하면 마음을 생하고 사물로 뜻〔志〕을 상하여 끝내 열 가지 마〔十魔〕와 아홉 가지 어려움〔九難〕 속을 벗어날 수가 없게 된다."

여동빈 조사가 묻기를,

"아홉 가지 어려움이라 하는 것은 무엇입니까?"

종리권 조사께서 이르시기를,

"대약이 이루어지지 않으면 추위와 더위를 감당하기 어려우므로 일년 가운데의 사계절마다 의복이 필요하고, 진기가 생기기 전에는 아직 배고픔과 목마름이 있으므로 하루 세 끼의 식사가 필요한 것이니, 도를 받드는 사람으로서 옷과 음식에 핍박받는 것을 근심하는 것이 첫 번째 어려움이다.

무릇 업(業)의 인연이 무거워 응당 금세(今世)에 갚아야 하는 데에 이르러서는 바쁜 생활 가운데에 시간을 내고자 하나 윗사람들과의 약속이 두렵고 친지들을 차마 떨어지지 못하여 청정하게 수행하고자 하나 한가한 틈을 얻기 어려우므로, 도를 받드는 사람으로서 친지와 이별하는 것을 근심하는 것이 두 번째 어려움이다.

무릇 사랑하시는 부모와 아기는 아내나 자식에 이르면 은혜는 목에 채우는 칼이 되고 정(情)은 손을 묶는 수갑이 되어 날마다 더욱 조여 드니 불붙은 집의 근심스러운 수레가 잠시도 쉴 때가 없게 되어 비록 청정한 마음이 있더라도 근심과 번뇌의 경계를 대적하기 어려우니, 도를 받드는 사람으로서 은혜와 사랑에 끌려가 매이게 됨을 근심하는 것이 세 번째 어려움이다.

무릇 부유하기가 만 가구나 되는 집의 재산을 합한 것 같고 귀하기가 세 정승자리에 오를 정도여도 망령된 마음으로 잠시도 쉬기 좋아하지 않고 탐욕스런 마음으로 오직 만족하지 못할까 염려하니, 도를 받드는 사람으로서 명예와 이익에 얽매이게 됨을 근심하는 것이 네 번째 어려움이다.

무릇 나이가 적을 때 수행하기를 좋아하지 않으면 늙어서 다만 백(魄)이 떨어져 상하는 데에 이르는 것이니 기가 약해져 병이 나도 완고한 마음으로 살펴 깨닫지 못하고 수명을 깎아먹는 재앙을 초래하여 현세에서 이미 고생을 겪으니, 도를 받드는 사람으로서 온갖 재앙이 거듭 나타나는 것을 근심하는 것이 다섯 번째 어려움이다.

무릇 스승을 구하는 것에만 급급하여 진짜와 가짜를 가리지 못하는 데에 이르면 혹은 능란한 말솜씨로 혹은 도사 같은 모습이나 나이가 들어 보이는 얼굴로 처음에는 자신이 득도한 신선의 무리를 만났다고 말하는데 오랜 뒤에야 비로소 이익을 좋아하고 시류(時流)의 흐름에 영합하는 무리들이라는 것을 알게 되니, 도를 받드는 사람으로서 눈이 먼 스승과 약속할까 근심하는 것이 여섯 번째 어려움이다.

무릇 눈먼 스승과 광적인 친구들에게 망령되게 방문(旁門)을 지도 받아 지엽적인 것을 찾아다니는 데에만 이르게 되면 끝내 들어맞는 것이 없는데도 소소한 법과 이단으로 서로 비결이라 가르치니 해와 달이 뜨지 않음과 같은 것으로 해와 달이 뜨면 크게 밝아져 눈이 있는 자들은 다 볼 수 있게 되고 우렛소리가 울리지 않음과 같은 것으로 우렛소리가 울리면 크게 놀라 귀가 있는 자들은 다 들을 수 있다는 것을 알지 못하는 것이다. 그들은 횃불 같은 빛과 우물 안의 개구리 같은 말로 반짝이고 요란하게 떠드니 어찌 같이 합할 수 있겠는가. 도를 받드는 사람으로서 이론에 차별이 있는 것을 근심하는 것이 일곱 번째 어려움이다.

무릇 아침에는 수행하다가 저녁에 바꾸며 앉아서는 닦다가 일어서면 잊어버리고 잠시 동안은 좋아하나 나중에는 나태하고 게을러지는 데에 이르니, 도를 받드는 사람으로서 의지가 게으르고 나태해질까 근심하는 것이 여덟 번째 어려움이다.

무릇 몸 가운데에서 연(年)을 잃고 연 가운데에서 월(月)을 잃으며 월 가운데에서 일(日)을 잃고 일 가운데에서 시(時)를 잃는 데에 이르게 되면 젊어서는 명리(名利)를 마음에서 잊지 못하고 늙어서는 자손들이 항상 마음에 있어서 금년이 지나면 내년을 기다리고 오늘이 지나면 내일을 기다리니 오늘 오히려 내일을 보장할 수 없는데 늙은 나이에 다시 소년이 되기를 다투니, 도를 받드는 사람으로서 세월을 놓칠까 염려하는 것이 아홉 번째 어려움이다.

이 아홉 가지 어려움을 면해야 바야흐로 도를 받들 수 있는데, 아홉 가지 어려움 가운데에서 혹 한두 가지라도 있으면 다만 수고만 하고 성공할 수가 없는 것이다."

여동빈 조사가 묻기를,

"아홉 가지 어려움은 이미 알았습니다만, 이르신 바 열 가지 마장〔十魔〕이라는 것을 얻어들을 수 있겠습니까?"

종리권 조사께서 이르시기를,

"이른바 열 가지 마장이란 것은 무릇 세 가지 차등이 있으니, 첫째는 몸 밖에 나타나 있는 것이라 하고 둘째는 꿈 속이라 하며 셋째는 내부를 보는 것이라 한다.

만약 아름다운 꽃이 눈에 가득하고 감미로운 음악소리가 귀에 가득하며 혀에는 달콤한 맛이 즐거이 느껴지고 코에는 기이한 향기가 진동하고 감정과 생각이 여유 있어지고 의기가 양양해지는 것과 같은 것들이 나타나도 인식하지 않아야 하는데, 이것이 육적마(六賊魔)이다.

만약 옥과 보석으로 장식한 누각이 있고 그 기둥과 대들보에는 그림과 조각들이 새겨져 있으며 진주로 된 발과 비단으로 된 휘장이 쳐져 있고 난초로 둘러싸인 향기로운 방도 있으며 산호가 땅에 여기저기 널려 있고 금과 옥이 집에 가득한 것과 같은 것들이 나타나도 인식하지 않아야 하는데, 이것이 부마(富魔)이다.

만약 금과 옥으로 장식된 말을 타고 화려한 수레를 자랑하며 제후가 되어 만 호(萬戶)를 책봉받고 사절(使節)들의 깃발이 분주하며 벼슬아치들이 대문에 가득하고 관복을 장식하는 물건들이 상에 가득하게 나타나는 것 같아도 인식하지 않아야 하는데, 이것은 귀마(貴魔)이다.

만약 가벼운 연기는 물결처럼 흐르고 따뜻한 해가 천천히 퍼지며 거친 바람이 불며 큰 비가 오고 우레가 치고 번개가 번쩍이며 음악소리가 멀리서 들려오고 슬피 울면서 비통해하고 근심함과 같은 것들이 나타나도 인식하지 않아야 하니, 이것은 육정마(六情魔)이다.

만약 친척들이 재난을 당해 근심하고 가족이 재앙과 상처를 입으며 자식들이 질병에 걸리고 부모를 잃으며 형제는 흩어지고 처첩이 떨어져 나가는 것들이 나타나도 인식하지 않아야 하니, 이것은 은애마(恩愛魔)이다.

만약 불타는 가마솥 속에다 몸을 잃고 높은 언덕에서 추락하며 악충(惡蟲)에게 해를 입고 독약에 상하며 길에서 감당하기 어려운 것들을 만나고 법망에 걸려 몸을 잃는 것과 같은 것들이 나타나도 인식하지 않아야 하니, 이것은 환난마(患難魔)이다.

만약 온 세계가 밝게 되어 삼청(三淸)의 옥황(玉皇)과 사신칠요(四神七曜)와 오악팔왕(五嶽八王)들이 위엄 있는 거동으로 질서정연하게 같이 오고가는 것과 같은 것들이 나타나도 인식하지 않아야 하니, 이것은 성현마(聖賢魔)이다.

만약 병사와 말들이 구름처럼 진을 쳐서 무기들이 서릿발과 같으며 창과 방패를 다투어 들고 활과 화살을 일제히 당겨 앞을 다투어 와서 살해하며 빠르고 용맹스러워 감당하기 어려운 것들이 나타나도 인식하지 않아야 하니 이것은 도병마(刀兵魔)이다.

만약 선녀나 옥녀(玉女)가 나열하여 줄을 이루고 음악소리가 들려오며 무지개 같은 치맛자락을 쳐들며 쌍쌍이 붉은 옷소매로 다투어 금술잔을 바치는 것 같은 것들이 나타나도 인식하지 않아야 하니, 이것은 여락마(女樂魔)이다.

만약 말할 수 없이 예쁘고 고운데 어여쁜 몸에 짙은 화장을 하고 향기로운 누대에서 밤새도록 술을 마시며 옥 같은 몸과 얇은 치마와 사람을 녹이는 교태로 다투어 짝이 되기를 바라는 것과 같은 것들이 나타나도 인식하지 않아야 하는데, 이것은 여색마(女色魔)이다.

이 열 가지 마가 비록 있으나 이것을 인식하지 않아야 한다.

인식하면 달라붙고 달라붙으면 집착하게 되니 도를 이루지 못하는 까닭이 진실로 이것 때문인 것이다.

264

만약 도를 받드는 사람이 몸 밖에 있는 것을 보아도 인식하지 않고 집착하지 않으면 마음이 후퇴되지 않고 의지가 흔들리지 않는 것이며 꿈 속에서도 인식하지 않고 집착하지 않으면 신이 미혹되지 않고 혼이 흩어지지 않는 것이다.

내관(內觀)할 때에 만약 이와 같은 것들이 나타나면 마땅히 그 허실을 살피고 그 참과 거짓을 판별해서 물결의 파도를 따라가면서 적을 자식으로 삼지 말아야 한다.

삼매의 진화를 일으키는 데에 이르러 몸을 태워서 한번 휘두르면 마장의 무리들이 저절로 흩어지니 자하거(紫河車)를 써서 자기의 양신을 운반하여 내원을 뛰어넘어 천궁에 오른 연후에야 초탈을 구할 수 있는 것이다.

고금의 도를 좋아하는 무리들이 청정하고자 하는 마음은 있으나 경계를 당하면 뜻을 바꾸고 왕왕 열 가지 마장〔十魔〕과 아홉 가지 어려움〔九難〕에서 피하지 못하니, 공연히 도를 좋아한다는 헛된 이름만 갖게 되고 끝내 도를 얻는 결실을 보지 못하는 것이다.

혹시 속세의 수고로움을 벗어나 조용하게 거처하여 종적을 끊고 뜻을 현문(玄門)에 두면 아홉 가지 어려움을 다 제거할 수 없거나 열 가지 마장에 혹 한두 가지가 있더라도 도(道)를 얻지 못하는 것은 아니나, 도 가운데에서 혹은 중성(中成)을 얻거나 신선 가운데에서 혹은 인선(人仙)이 되고 혹은 지선(地仙)이 되는 것이다.

만약 마장을 다 제거하고 순서대로 증험하고 절차대로 올라가서 내관으로 양신을 합하면 날을 지정하고 삼도(三島)로 돌아가게 된다.”

제십팔(第十八). 증험(證驗)을 논하다

여동빈 조사가 묻기를,

"싫은 것이 병(病)이니 도를 좋아하는 사람은 병 없이 오랫동안 편안하기를 구하며, 두려운 것이 죽음이니 도를 좋아하는 사람은 죽지 않고 오래 살려 하고, 온 세상 사람들이 세상 가운데에 있으나 도를 좋아하는 사람은 범인을 초월해서 통천으로 들어가고자 하여 노고를 달게 여기고 가난하고 천하게 지내는 것입니다.

마음을 청정하고 담박한 가운데에다 두고 광야의 황량하고 치우친 곳에 종적을 감추며 일심(一心)으로 수행을 해나가나, 공부의 깊고 낮음과 법의 교환을 알지 못하면 고쳐 옮기는 것의 늦고 빠름을 헤아리기 어렵습니다.

이른바 공부한 뒤의 증험하는 순서는 어떠합니까?"

종리권 조사께서 이르시기를,

"굳건한 뜻을 가지고 수행해도 마침내 공을 보지 못하는 것은 도가 사람을 저버린 것이 아니라 대개 도를 받드는 사람들이 밝은 스승을 따르지 않고 법이 아닌 것을 받았기 때문이며, 법에 의해 수행해도 끝내 공을 보지 못하는 것은 도가 사람을 저버린 것이 아니라 대개 도를 받드는 사람들이 시후(時候)를 알지 못하여 이루지 못하는 것이다.

만약 밝은 스승을 만나 법을 얻고 큰 법으로 때에 따라 수행하면 어찌 증험이 없는 것을 염려하겠는가."

여동빈 조사가 묻기를,

"법이라 하는 것에 숫자가 있습니까?

때에 따라 하는 것에 숫자가 있습니까?"

종리권 조사께서 이르시기를,

"법에는 열두 과(科)가 있는데, 음양을 짝짓는 것이 첫 번째이고 수
화(水火)를 모으고 흩는 것이 두 번째이며, 용호(龍虎)가 교합하는 것
이 세 번째이고 단약(丹藥)을 단련하고 태우는 것이 네 번째이며, 뒤로
올려 금정(金晶)에 날리는 것이 다섯 번째이고 옥액(玉液)으로 단을 돌
이키는 것이 여섯 번째이며, 옥액으로 형체를 단련하는 것이 일곱 번
째이고 금액환단(金液還丹)이 여덟 번째이며, 금액연형(金液煉形)이 아
홉 번째이고 조원연기(朝元煉炁)가 열 번째이며, 내관(內觀)으로 교환
하는 것이 열한 번째이고 초탈하여 형체를 나누는 것이 열두 번째이
다.

그때에는 연(年) 중에서 천지의 음양이 승강하는 법칙을 본받고 월
(月) 중에서 일월이 왕래하는 수(數)를 법으로 삼고 일(日) 가운데에 있
은 사정(四正) 팔괘(八卦)와 십간(十干) 십이지(十二支)와 일백 각(刻)
육천 분(分)을 법에 따라 구분하는데, 일일(一日) 이후로부터 차례차례
증험하여 이로써 형질을 벗어난 신선으로 상승하는 데에 이르니, 털
끝만큼이라도 어긋남이 없게 하면 비로소 음란하고 삿된 것이 다 없
어지니 외행(外行)을 겸하여 수련한다.

무릇 약을 캐는 차례는 금정이 충만하면 마음의 경계가 제거되니
이로써 음귀를 소멸시키고, 다음에는 심경이 위로 솟구치며 입에 달
콤한 액체가 생기며, 다음에는 음양이 싸워 때때로 뱃속에서 바람과
우렛소리가 들리며, 다음에는 혼백이 안정되지 못해 꿈 속에서 두렵
고 놀라는 경우가 많아진다.

다음에는 육부(六腑)와 사지(四肢)에 혹 가볍고 소소한 질병이 생기
는데 치료하지 않아도 자연히 낫고, 다음에는 단전(丹田)이 자연히 따

뜻해지고 형체가 청수해지며, 다음에는 암실에 거처하면 눈에 신광(神光)이 생하고, 다음에는 꿈 속에서 굳세고 용맹해지고 사물이 해를 입히지 못하며 사람들이 속일 수 없으며 혹 아이를 얻어 안은 것 같고, 다음에는 금관(金關)과 옥쇄(玉瑣)가 굳게 지켜져 꿈에 설정(泄精)하거나 누설하는 것이 없게 된다.

다음에는 우렛소리가 한 번 울려 관문이 차례대로 연달아 통함에 놀라 식은땀이 사방에 가득하고, 다음에는 옥액(玉液)을 빨아 응결된 연유를 이루며, 다음에는 영액(靈液)이 고약처럼 이루어져 점차 비린내나 노린내가 나는 것을 멀리하여 이로써 입과 배를 채우고, 다음에는 속세인의 뼈가 점차 가벼워져 신실(神室)을 변화시키고 달리는 말처럼 다니되 가고 멈춤이 나는 것 같아진다.

다음에는 경계를 대해도 무심해져 기호[嗜]와 욕심이 끊어지고, 다음에는 진기(眞氣)를 물(物)에 넣고 사람의 질병을 치료할 수 있으며, 다음에는 내부를 환히 보게 되어 어두운 것이 없어지고, 다음에는 두 눈의 눈동자가 검은 점을 찍은 것 같아지고 얼굴의 주름살이 펴지며 검은머리가 다시 나고 이미 늙은 사람은 영원히 동안(童顔)으로 머무르게 되며 다음에는 진기가 점점 충족되면 항상 배가 부른 것 같아 먹는 것이 많지 않고 술을 한없이 마셔도 취하지 않는다.

다음에는 신체에서 광택이 나고 신기(神氣)가 뛰어나게 아름다워지고 성스러운 단(丹)이 맛을 내고 신령한 액이 향기를 내서 진기한 향과 기이한 맛이 항상 입과 코 사이에 있어서 사람들이 간혹 알아서 그 냄새를 맡게 되고, 다음에는 백 보(步) 밖에서도 가는 털끝을 보게 되며, 다음에는 신체에 있는 예전의 상처자국이나 흔적들이 자연히 없어지고 눈물·콧물과 침과 땀도 역시 볼 수 없게 된다.

다음에는 태(胎)가 완전해지고 기가 충족되어 음식을 끊게 되며, 다

268

음에는 안으로 뜻이 맑고 고상해져 태허(太虛)에 합해 범부(凡夫)의 정과 사랑이 마음의 경계에서 자연히 끊어지니 아래로는 구충(九蟲)이 없어지고 위로는 삼시(三尸)가 죽게 되고 다음에는 혼백이 나다니지 않아 잠에 꿈이 없어져 신(神)은 빛나고 감정이 상쾌해져서 다시는 밤낮이 없어진다.

다음에는 양정(陽精)으로 육체가 이루어지고 신부(神府)가 견고해져 몸이 추위와 더위를 두려워하지 않게 되고, 다음에는 죽고 사는 것이 간섭하지 못하고 좌망(坐忘)과 내관(內觀)으로 신선의 나라인 화서국(華胥國)에서 노닐며 여자와 누대(樓臺)에서 즐기는데 번화(繁華)하고 아름답고 고운 것이 인간 세상에 있는 것들이 아니다.

다음에는 공(功)이 차고 수행이 충분해지면 남 모르게 베푼 공덕의 보응(報應)으로 은밀하게 하늘의 진서(眞書)를 받아 음양을 변화시키고 인사(人事)를 미리 알아 재앙과 복을 먼저 보게 되고, 다음에는 속세에서 눈에 띄는 것이 번거롭고 왕래가 싫어져서 몸을 깨끗하게 하고 고요하게 거처하여 신선의 태(胎)를 출현시키고 몸 밖의 몸이 있게 되니 이것을 신성(神聖)이라 한다.

다음에는 진기(眞氣)와 순양(純陽)이 외부의 수은(汞)을 불어 마르게 할 수 있고, 다음에는 선태(仙胎)가 항상 날아오르려 하고 상서로운 빛이 침실에서 생하며, 다음에는 고요한 가운데에 때때로 음악소리를 듣고, 다음에는 항상 사람을 대면하면 비록 그들이 부귀한 무리들이라도 비린내나고 더러운 냄새를 맡게 되는데 대개 평범한 사람들로 속세에 있는 몸이기 때문이다.

다음에는 정신과 풍채를 스스로 변화시킬 수 있어 용모와 거동이 신선의 모습을 이루어 옥으로 된 나무에 비길 만하고 기이한 향기와 황금빛이 나오고, 다음에는 가고 머무르는 곳에 항상 천지의 신명(神

明)들이 스스로 와서 배알(拜謁)하니 손으로 가리켜 불러서 부리는데
하나같이 자신의 뜻대로 움직인다.

다음에는 고요한 가운데에서 외부를 바라보면 자줏빛 안개가 눈에
가득 차고 금빛 광명이 몸을 덮으며, 다음에는 몸 가운데에서 갑자기
불로 된 용이 날거나 혹은 검은 학이 일어나는데 곧 이 신령스러운 것
으로서 평범한 뼈대를 벗어나고 속세의 무리를 뛰어넘으니 초탈(超脫)
이라고 한다.

다음에는 초탈한 뒤에는 아름다운 구름이 둘러싸고 상서로운 기가
가득하며 하늘에서는 기이한 꽃들이 내리고 현학(玄鶴)을 마주하면서
나는데 기이한 향기가 흩어지며 옥녀(玉女)가 하강하여 천서(天書)와
자조(紫詔)를 주고, 그것을 마치면 선인(仙人)의 모자나 옷 같은 종류
들이 구비되어 절제되고 위엄스러운 거동을 갖추게 되고 전후좌우에
서 헤아릴 수도 없는 많은 이들이 서로서로 이끌어서 봉래섬으로 돌
아가고 자부(紫府)에서 태미진군(太微眞君)을 배알하여 고향과 성명을
대조하여 보고 공덕이 등급과 다른지 헤아려서 삼도(三島)에 편안히
거처하게 되니 곧 진인(眞人)과 선자(仙子)라 한다."

여동빈 조사가 말하기를,

"오늘 존경하는 스승님께서 특별한 은혜를 베푸시어 심오한 큰 도
의 이치와 천지의 현묘한 기밀을 설명해 주시니 귀와 눈이 밝아지며
정신이 깨끗해졌으니 남은 몸을 의탁하면 마침내 무너져 내리는 담과
같은 종류는 되지 않게 될 것입니다.

그러나 그것을 아는 사람이라도 반드시 행할 수는 없고 그것을 실
행한 사람이라도 반드시 얻을 수는 없는 것이니, 죽고 사는 일의 큰
것을 생각하면 세월이 신속하게 지나가서 비록 묘한 이치를 알았으나

실행하지 못하면 마침내 성공하지 못하게 되니 모르는 것과 다름이 없습니다.

감히 청하건대 교합하여 만나는 때와 수행하는 법은 어떻게 시작하며 어떤 공부법을 쓰는지 가르쳐 주시기 바랍니다."

종리권 조사께서 이르시기를,

"나에게 '영보필법(靈寶畢法)'이 있는데 모두 열 권 열여섯 과목으로, 그 가운데에 육의(六義)가 있다.

첫째는 금고(金誥)라 하고 둘째는 옥서(玉書)라 하며 셋째는 진원(眞元)이라 하고 넷째는 비유(比喩)라 하며 다섯째는 진결(眞訣)이라 하고 여섯째는 도요(道要)라 하니, 대도(大道)를 망라하고 삼청(三淸)을 인유(引喩)하며 천지 음양이 승강하는 것을 가리켜 본보기로 삼고 일월(日月)의 정화(精華)가 왕래하는 것에 나아가 법칙을 삼은 것으로서 진실로 오선(五仙)의 뜻이며 삼성(三成)의 규칙과 법식이다.

마땅히 날을 택하여 그대에게 전수할 것이다."

편역자 후기

　이 책은 역자가 여러 선도 서적들 중에서 여자의 수련에 바른 길잡이가 될 만한 것들을 몇 종류 모아 번역한 것이다. 부록으로는 여동빈 선인과 종리권 선인이 도에 대해 주고받은 문답집 「수진전도론」을 추가하였다.

　선도에는 육체와 정신을 같이 수련하므로 육체의 구조가 남자와 다른 여자는 당연히 남자와는 다른 수행법을 취해야 한다고 본다. 그러나 사람이라는 본질은 같으므로 남자와 크게 다른 것은 아니어서 남녀가 같은 수행법을 취해 수행해도 소소한 부분만 달리 하면 되는 것이다.

　일반적으로 선도는 속세를 떠나서 해야 한다고 알고 있으나, 어찌 자신에게 부여된 임무와 사람 된 도리를 버리고 무엇을 구할 수 있겠는가. 수련은 반드시 자신의 주어진 환경에서 해야 하며 사람의 도리를 벗어나서는 결코 성공하기 어려운 것이다.

　선도 용어에 대한 주석은 「손불이 내단시 주해(孫不二 內丹詩 註解)」를 숙독하면 자연히 알 것이라 생각되어 하지 않았고 또 책이 번

잡해질까 염려되었다.

책이 나오는 데에 여러 가지로 도움을 주신 임승혁 교수, 정인 스님, 김태현 원장, 그리고 정진성, 김진영, 김수희 씨 등에게 감사드린다.

나종우